obiettivo grammatica

Eleonora Fragai
Ivana Fratter
Elisabetta Jafrancesco

teoria, esercizi e test di lingua italiana

2

Livelli B1-B2+

ornimi
EDITIONS

Eleonora Fragai è laureata in Didattica della lingua italiana a stranieri e ha conseguito il Master in *E-learning* (Università per Stranieri di Siena). Si occupa di apprendimento/insegnamento dell'Italiano L2. È formatrice di insegnanti in Italia e all'estero. È collaboratrice ed esperta linguistica presso l'Università per Stranieri di Perugia. Ha collaborato con il Centro CILS dell'Università per Stranieri di Siena. Ha condotto attività di ricerca, dedicandosi alla valutazione della competenza linguistico-comunicativa in Italiano L2 di bambini e adolescenti figli di immigrati in Italia e all'uso dei *social network* nella didattica. È autrice e co-autrice di pubblicazioni scientifiche sulla didattica dell'Italiano L2 e di materiali e manuali didattici per diversi profili di apprendenti.

....

Ivana Fratter ha conseguito il titolo di Dottoressa di ricerca in Linguistica (Università di Verona). È collaboratrice ed esperta linguistica presso l'Università di Padova, dove ha anche insegnato Tecnologie educative nel Master in Didattica dell'italiano come L2. Ha lavorato come docente a contratto presso diverse Università (Trieste, Udine, Verona). È formatrice di insegnanti sia in Italia che all'estero ed è inoltre *counselor* professionista (CNCP) in campo socio-educativo. I suoi ambiti di ricerca riguardano l'acquisizione dell'Italiano L2, le metodologie di insegnamento linguistico con le TIC, la comunicazione interpersonale e la gestione dei gruppi di apprendimento. È (co)autrice di articoli e volumi su questi temi e ha al suo attivo numerosi materiali per la didattica dell'Italiano L2.

....

Elisabetta Jafrancesco ha conseguito il titolo di Dottoressa di ricerca in Linguistica e Didattica della lingua italiana (Università per Stranieri di Siena). È collaboratrice ed esperta linguistica presso l'Università di Firenze. Ha insegnato Didattica dell'italiano a minori immigrati nel Master in Didattica dell'italiano come L2 (Università di Padova). Ha lavorato come *tutor* online per il Master DITALS (Università per Stranieri di Siena). È formatrice di formatori in ambito glottodidattico in Italia e all'estero. I suoi temi di ricerca riguardano la didattica a distanza, la verifica e la valutazione delle competenze linguistiche, la scrittura accademica. È autrice di testi scientifici e per la didattica dell'Italiano L2. Collabora con varie riviste, fra cui «Lingua In Azione» (LIA) (Atene, Ornimi Editions), di cui è responsabile di redazione.

....

Il volume è il risultato della collaborazione fra le autrici. Tuttavia gli argomenti sono da attribuire nel modo seguente:
E. Fragai: Sezione 1.2, 1.4, 1.5, 1.6, 1.7, 3; Sezione 2: 3.1.1, 3.1.3, 3.2.1, 3.2.2, 3.2.4, 3.3, 6.1, 6.2, 6.3.
I. Fratter: Sezione 1: 1.1, 1.8, 1.9, 4.1, 4.2, 8, 9, 10, 13.2; Sezione 2: 1.1, 1.2, 1.3, 1.4, 4.1.1, 4.1.2, 4.1.3, 4.1.4, 4.1.5, 5.1, 5.2, 5.3, 5.4.
E. Jafrancesco: Sezione 1: 2.1, 2.2, 2.6.2, 5.1, 5.2, 6.1, 6.2, 7.1, 7.2, 11, 12, 13.1, 14; Sezione 2: 2.1, 2.2, 3.2.3, 4.2, 4.3, 4.3.1, 7.1, 7.2, 7.2.1, 7.3.1, 7.3.2.

Redazione: **Gennaro Falcone**
Impaginazione e progetto grafico: **ORNIMI Editions**
Foto: **Shutterstock**

© 2022 ORNIMI Editions
Ristampa: giugno 2024
ISBN: 978-618-5554-02-6

ORNIMI Editions
Lontou 8
10681 Atene
T. +30 210 3300073
www.ornimieditions.com

L'Editore è a disposizione degli aventi diritto che non è stato possibile rintracciare e per eventuali omissioni o inesattezze. Tutti i diritti di traduzione, memorizzazione elettronica, riproduzione e di adattamento parziale o totale, tramite qualsiasi mezzo (digitale o supporti di qualsiasi tipo), di quest'opera sono riservati in Italia e all'estero.

Presentazione

Apparentemente, *Obiettivo Grammatica* è una delle tante grammatiche per stranieri. L'impianto descrittivo, rigoroso e ben strutturato, è di stampo tradizionale, così come tradizionale è la terminologia usata. Questa scelta di fondo fa sì che docenti e apprendenti possano ritrovarsi in un ambiente familiare, che condivide forma della descrizione e terminologia con la maggior parte delle grammatiche descrittive.

Ma, a partire da questo fondo tradizionale, *Obiettivo Grammatica* si caratterizza per almeno tre aspetti peculiari, che vanno visti come punti di forza.

Il primo è lo spazio dato al verbo. Ogni volume suddivide i contenuti in due sezioni: una dedicata interamente al verbo e la seconda alle altre parti del discorso. Questo ruolo particolare attribuito al verbo è motivato da una parte dalla funzione fondamentale esercitata da questa parte del discorso, che è il perno delle frasi, dall'altra dalla complessità morfosintattica del verbo italiano.

Il secondo punto di forza è costituito dalle produzioni linguistiche utilizzate per le esercitazioni. Qualche volta gli esempi sono formati da singole frasi, se il contenuto dell'unità didattica lo richiede; ma più frequentemente sono interi testi (di dimensioni compatibili con l'esecuzione di esercizi da parte di apprendenti dei vari livelli). In questo modo si mettono a contatto studentesse e studenti con produzioni linguistiche reali e non solo con singole frasi costruite a tavolino. Oltre a questo, si offre loro l'opportunità di ricavare informazioni sulla cultura dell'Italia di oggi, nel senso più largo del termine. I testi proposti sono di diversa natura: lettere, diari, racconti, articoli di giornale o post di blog, testi espositivi ed enciclopedici, ricette, istruzioni per l'uso. Anche i temi trattati sono vari, ma tutti legati ad argomenti di attualità.

Infine, il terzo elemento di interesse è l'attenzione posta, nei box di approfondimento, alla varietà sociolinguistica dell'italiano e in particolare alle forme innovative che, soprattutto nel parlato, stanno sostituendo o ormai hanno sostituito le forme tradizionali.

A queste caratteristiche, maggiormente innovative, si possono aggiungere altre caratteristiche di fondo: la finalizzazione di entrambi i volumi all'acquisizione di precisi livelli di competenza secondo il *Quadro comune europeo per le lingue* e quindi la possibilità di usarli come preparazione alla certificazione; la presenza di esercizi di diversa tipologia, in relazione alle abilità da sviluppare; l'uso che si può fare di questo libro, sia come strumento di supporto dell'insegnante, sia come manuale per l'apprendente che segue un corso, sia come strumento per lo studio autonomo.

Da questa rapida descrizione delle caratteristiche di questo manuale si comprende che si tratta di uno strumento pienamente adeguato per l'insegnamento dell'italiano del XXI secolo (e indirettamente delle specificità della vita sociale italiana di questi anni) per parlanti di qualsiasi lingua.

Michele A. Cortelazzo

Introduzione

Obiettivo Grammatica. Teoria, esercizi e test per la lingua italiana 1 (livello A1-A2) e *Obiettivo Grammatica. Teoria, esercizi e test per la lingua italiana 2* (livello B1-B2+) si rivolgono a studenti stranieri adulti e giovani adulti e propongono percorsi di apprendimento incentrati sui contenuti grammaticali della lingua italiana, per i livelli di competenza linguistico-comunicativa in Italiano di livello basico e indipendente del *Quadro comune europeo di riferimento per le lingue* (QCER).

L'opera è uno strumento per lavorare in modo efficace con la lingua italiana, che l'insegnante può integrare con qualsiasi corso di italiano e che lo studente può utilizzare in un percorso di apprendimento autonomo, in quanto presenta in modo semplice attraverso tabelle e riquadri il sistema delle regole e degli usi della lingua. I volumi sono graduati in base ai livelli di competenza linguistico-comunicativa (A1-A2; B1-B2+) del QCER. Sono di agevole consultazione per la scelta di una terminologia metalinguistica trasparente, condivisa dalla maggior parte delle grammatiche descrittive consultate, e quindi di facile accesso agli studenti destinatari dell'opera. I volumi sono inoltre corredati da un ricco apparato di esercizi e attività per la riflessione grammaticale esplicita.

L'aspetto innovativo di *Obiettivo Grammatica* riguarda l'articolazione di ogni singolo contenuto linguistico in livelli di competenza, così come proposto nei sillabi di Italiano L2 di riferimento[1]. Tuttavia, in alcuni casi gli argomenti grammaticali sono stati distribuiti in modo diverso in base alle esigenze che emergono dalla pratica didattica. Ogni contenuto linguistico viene presentato in modo ciclico poiché ogni struttura della lingua può essere appresa a gradi diversi di complessità a seconda del livello di competenza linguistico-comunicativa degli studenti.

Esempi	Usiamo il presente per esprimere
– Il triangolo rettangolo **ha** un angolo retto; La democrazia **è** una forma di governo in cui il popolo esercita il potere; L'ospite **è** come il pesce: dopo tre giorni **puzza**.	– eventi sempre validi in descrizioni scientifiche e concetti universali, citazioni o proverbi (presente atemporale)
– Calvino **nasce** nel 1923 a Cuba ed **è** uno degli autori italiani più importanti del Novecento.	– situazioni ed eventi passati attualizzati (presente storico)

Esempio di uso dell'indicativo presente (*Obiettivo Grammatica 2*).

Esempi	Usiamo il presente per esprimere
– Che cosa **fa** adesso Gianni in salotto?	– eventi in svolgimento al presente
– Dopo cena **bevo** sempre un caffè.	– azioni abituali
– La casa in montagna **è** nuova.	– qualità, caratteristiche del soggetto
– Chi **parte** domani per Assisi?	– eventi futuri, in genere con espressioni di tempo (p. es. *fra qualche ora, domani, la settimana prossima*)
– Se **vieni** a trovarmi al mare, ci divertiamo.	– condizioni al futuro nel periodo ipotetico
– Se vieni a trovarmi al mare, **ci divertiamo**.	– conseguenze al futuro nel periodo ipotetico

Esempio di uso dell'indicativo presente (*Obiettivo Grammatica 1*).

---

[1] M. G. Lo Duca, *Sillabo di italiano L2. Per studenti universitari in scambio*, Roma, Carocci, 2006; A. Benucci (a cura di), *Sillabo di italiano per stranieri. Una proposta del Centro linguistico dell'Università per Stranieri di Siena*, Perugia, Guerra Edizioni.

Obiettivo Grammatica si distingue inoltre poiché valorizza lo sviluppo della competenza grammaticale, ponendo l'attenzione sugli usi della lingua, sulla dimensione pragmatica e sugli aspetti sociolinguistici. Questi aspetti riguardano principalmente il registro e le differenze fra scritto e parlato. La sensibilità sociolinguistica favorisce infatti la capacità di scegliere in modo consapevole, fra un ventaglio di alternative possibili, la forma linguistica più adeguata a un particolare contesto comunicativo. Alla dimensione sociolinguistica sono dedicati specifici spazi di approfondimento (**Lingua in uso**) sull'italiano contemporaneo, elencati in un apposito indice alla fine del volume.

LINGUA IN USO

Uso dell'indicativo imperfetto al posto del condizionale composto
Nella lingua parlata di uso comune usiamo l'indicativo imperfetto al posto del condizionale composto per esprimere
- eventi irrealizzati/irrealizzabili con i verbi modali *dovere, potere, volere* (*Carlo **doveva** (= avrebbe dovuto) avvertire del ritardo, ma non l'ha fatto; Potevo (= sarei potuto) partire anche domani, ma preferisco rimandare*)
- eventi futuri rispetto a eventi passati (*Mi ha detto che **tornava** (= sarebbe tornato) presto*).

Nella lingua parlata di uso comune usiamo l'indicativo imperfetto al posto del condizionale composto e del congiuntivo trapassato per esprimere conseguenze e condizioni irreali nel periodo ipotetico dell'irrealtà (III tipo) (*Marco **si divertiva** (= si sarebbe divertito), se **veniva** (= fosse venuto) alla gita*).

Uso del condizionale nel linguaggio giornalistico
Nel linguaggio giornalistico usiamo il condizionale composto per riferire fatti passati attendibili, ma non sicuri, cioè non oggettivamente certi (*Secondo la stampa, il Presidente della Repubblica ieri **sarebbe stato** a colloquio con il capo del governo*).

Esempio di **Lingua in uso** (*Obiettivo Grammatica 2*).

Obiettivo Grammatica presenta una ricca varietà di generi e tipologie testuali, che offrono modelli di uso linguistico e che sono rappresentativi di una determinata struttura della lingua, per esempio, l'uso dell'imperativo nei testi regolativi (regolamenti, istruzioni per l'uso), dei connettivi pragmatici interazionali nei testi argomentativi (interviste) e dei tempi passati nei testi narrativi (messaggi di blog, romanzi). I testi selezionati presentano contenuti motivanti per i diversi pubblici dell'Italiano L2, poiché fanno riferimento a temi di cultura italiana e di attualità.

Obiettivo Grammatica propone varie tipologie di esercizi e attività, non solo in frasi, ma anche in testi, che favoriscono la comprensione dei contenuti di apprendimento attraverso la diversificazione dei formati (p. es. abbinamenti, *cloze*, cruciverba, completamenti, riordini, scelte multiple, trasformazioni, tecniche insiemistiche). Il volume predilige esercizi e attività di tipo chiuso, che agevolano l'acquisizione delle strutture della lingua e che consentono inoltre l'uso autonomo del volume da parte dello studente.

Obiettivo Grammatica è suddiviso in due Sezioni principali: la **Sezione 1** è dedicata al verbo, elemento centrale della frase, mentre la **Sezione 2** riguarda le restanti parti del discorso (articolo, nome, aggettivo, pronome, avverbio, preposizioni, connettivi). Ogni argomento linguistico è introdotto da una sintetica descrizione, seguita dalla presentazione dei contenuti linguistici per i vari livelli. I contenuti della Sezione 1 sono articolati in due parti: la prima **Forme**, la seconda **Usi e funzioni della lingua**. Gli argomenti della Sezione 2 presentano insieme i due aspetti (**Forme e usi**) e sono suddivisi in sottoargomenti sviluppati per livello di complessità crescente. La riflessione sui vari contenuti linguistici è sviluppata attraverso una ricca gamma di esercizi e attività per l'applicazione delle regole.

Gli argomenti linguistici presentano in genere riquadri con approfondimenti delle descrizioni grammaticali presentate.

Pronomi relativi *il/la quale, i/le quali*
I pronomi *il/la quale, i/le quali* permettono di individuare con precisione l'antecedente e li usiamo
- per evitare ambiguità (*Ho incontrato il ragazzo di una mia coinquilina, **il quale** canta con me nel coro* al posto di ~~*Ho incontrato il ragazzo di una mia amica, che canta con me nel coro*~~, in cui il pronome *che* può riferirsi a "ragazzo", ma anche ad "amica"
- per evitare una ripetizione (*Sapevo **che** Laura, **la quale** studia per un concorso, non esce mai* al posto di ~~*Sapevo che Laura, che studia per un concorso, non esce mai*~~)
- per riferirsi a un antecedente lontano (*Il professore ha parlato della data in cui dovremo consegnare il progetto, **la quale** (= la data) è abbastanza vicina* al posto di ~~*Il professore ha parlato della data in cui dovremo consegnare il progetto, che è abbastanza vicina*~~); in alternativa è possibile ripetere l'antecedente (*Il professore ha parlato della data in cui dovremo consegnare il progetto, **data che** (= la quale data) è abbastanza vicina*).

Esempio di riquadro di approfondimento (*Obiettivo Grammatica 2*).

Obiettivo Grammatica è corredato da:

- **Test di controllo**, che offrono allo studente la possibilità di verificare l'apprendimento dei contenuti linguistici presentati
- **Tavole dei verbi** (*essere* e *avere*, regolari, irregolari, forma passiva), che rappresentano un supporto agevole e rapido allo studio
- **Soluzioni** di esercizi e attività, che lo studente può usare per lo studio autonomo.

Eleonora Fragai, Ivana Fratter, Elisabetta Jafrancesco

ETICHETTE LINGUA IN USO

Le etichette usate nei riquadri Lingua in uso fanno riferimento al modello delle varietà dell'italiano di G. Berruto (*Sociolinguistica dell'Italiano contemporaneo*, 2a ed. Roma, Carocci, 2022).

- linguaggio burocratico = italiano burocratico
- lingua parlata e scritta standard = italiano standard letterario
- lingua parlata e scritta di uso comune = italiano neostandard
- lingua parlata di uso colloquiale = italiano colloquiale

Simboli grafici utilizzati

*	attività/esercizio complesso
=	trasformazione linguistica equivalente
/	forma alternativa
➲	rimando interno ad altro argomento
	rimando esterno a *Obiettivo Grammatica 1*
grassetto	fenomeno linguistico oggetto di riflessione
~~abcd~~	parola/frase non grammaticale
"parola/espressione"	spiegazione del significato

INDICE

SEZIONE 1 – VERBO

1. INDICATIVO 10
1.1. Indicativo – Presente 10
1.2. Indicativo – Passato prossimo 13
1.3. Indicativo – Imperfetto 17
1.4. Indicativo – Trapassato prossimo 20
1.5. Indicativo – Futuro semplice 24
1.6. Indicativo – Futuro composto/anteriore 27
1.7. Indicativo – Passato remoto 30
1.8. Indicativo – Verbi ausiliari (*essere*, *avere*) nei tempi composti 36

2. CONDIZIONALE 40
2.1. Condizionale – Semplice/Presente 40
2.2. Condizionale – Composto/Passato 43

3. IMPERATIVO 46

4. CONGIUNTIVO 51
4.1. Congiuntivo – Presente 51
4.2. Congiuntivo – Passato 54
Congiuntivo presente e passato nelle frasi subordinate oggettive, soggettive, interrogative indirette 55
Congiuntivo presente e passato in altri tipi di frasi subordinate: temporali, finali, concessive 58
4.3. Congiuntivo – (Presente e Passato) nelle frasi indipendenti 60
4.4. Congiuntivo – Imperfetto 62
4.5. Congiuntivo – Trapassato 64
Congiuntivo imperfetto e trapassato nelle frasi subordinate oggettive, soggettive, interrogative indirette 65
Congiuntivo imperfetto e trapassato in altri tipi di frasi subordinate: temporali, finali, condizionali, concessive 67
4.6. Congiuntivo – (Imperfetto e Trapassato) nelle frasi indipendenti 70

5. INFINITO 72
5.1. Infinito – Semplice/Presente 72

6. GERUNDIO 76
6.1. Gerundio – Semplice/Presente 76

7. PERIFRASI VERBALI/VERBI FRASEOLOGICI 79

8. FORMA RIFLESSIVA E PRONOMINALE DEL VERBO 81

9. *SI* IMPERSONALE 84

10. FORMA PASSIVA 88

11. PERIODO IPOTETICO 92

12. CONCORDANZA DEI TEMPI 96
12.1. Concordanza dei tempi all'indicativo 96
12.2. Concordanza dei tempi al congiuntivo 102

13. DISCORSO INDIRETTO 107

SEZIONE 2 – ARTICOLO, NOME, AGGETTIVO, PRONOME, AVVERBIO, PREPOSIZIONI, CONNETTIVI, LINGUAGGIO DI GENERE

1. ARTICOLO 118
1.1. Articolo determinativo 118
1.2. Articolo indeterminativo 123

INDICE

pagina

1.3. Articolo determinativo e indeterminativo	126
2. NOME	128
2.1. Maschile e femminile, singolare e plurale	128
2.2. Formazione del femminile	131
3. AGGETTIVO	137
3.1. Aggettivo qualificativo	137
3.1.1. Maschile e femminile, singolare e plurale	137
3.1.2. Particolarità degli aggettivi qualificativi	139
3.1.3. Gradi dell'aggettivo	143
3.2. Aggettivi e pronomi	147
3.2.1. Indefiniti	147
3.3. Posizione dell'aggettivo	152
3.3.1. Posizione dell'aggettivo qualificativo	152
3.3.2. Posizione obbligatoria dell'aggettivo	153
4. PRONOME	155
4.1. Pronomi personali	155
4.1.1. Pronomi soggetto	155
4.1.2. Pronomi riflessivi	159
4.1.3. Pronomi allocutivi e forma di cortesia	162
4.1.4. Pronomi combinati	165
4.1.5. Pronomi personali sintesi	169
4.2. Particelle pronominali *ci/vi* e *ne*	173
4.3. Pronomi relativi	178
4.3.1. Pronomi relativi doppi *chi* e *quanto*	183
5. AVVERBIO	186
5.1. Avverbi di giudizio, tempo, luogo, quantità, modo	186
5.2. Posizione dell'avverbio	189
5.3. Gradi dell'avverbio	191
6. PREPOSIZIONI	194
6.1. Preposizioni semplici e articolate	194
6.2. Verbi e aggettivi con preposizioni	197
7. CONNETTIVI	201
7.1. Connettivi/Congiunzioni coordinanti	201
7.2. Connettivi/Congiunzioni subordinanti	204
8. LINGUAGGIO DI GENERE	209
TEST DI CONTROLLO E TAVOLE DEI VERBI (ONLINE)	216
INDICE LINGUA IN USO (OG1 E OG2)	217
SOLUZIONI	221
FONTI	230

SEZIONE 1
VERBO

1. INDICATIVO
1.1. Indicativo – Presente
1.2. Indicativo – Passato prossimo
1.3. Indicativo – Imperfetto
1.4. Indicativo – Trapassato prossimo
1.5. Indicativo – Futuro semplice
1.6. Indicativo – Futuro composto/anteriore
1.7. Indicativo – Passato remoto
1.8. Indicativo – Verbi ausiliari (*essere*, *avere*) nei tempi composti

2. CONDIZIONALE
2.1. Condizionale – Semplice/Presente
2.2. Condizionale – Composto/Passato

3. IMPERATIVO

4. CONGIUNTIVO
4.1. Congiuntivo - Presente
4.2. Congiuntivo - Passato
4.3. Congiuntivo - Presente e Passato nelle frasi indipendenti
4.4. Congiuntivo - Imperfetto
4.5. Congiuntivo - Trapassato
4.6. Congiuntivo - Imperfetto e Trapassato nelle frasi indipendenti

5. INFINITO
5.1. Infinito - Semplice/Presente

6. GERUNDIO
6.1. Gerundio - Semplice/Presente

7. PERIFRASI VERBALI/VERBI FRASEOLOGICI

8. FORMA RIFLESSIVA E PRONOMINALE DEL VERBO

9. *SI* IMPERSONALE

10. FORMA PASSIVA

11. PERIODO IPOTETICO

12. CONCORDANZA DEI TEMPI
12.1. Concordanza dei tempi all'indicativo
12.2. Concordanza dei tempi al congiuntivo

13. DISCORSO INDIRETTO

obiettivo grammatica

FORME | **USI E FUNZIONI**

1. INDICATIVO

Il modo indicativo esprime una azione presentata come reale e certa. Si usa in frasi principali e subordinate. L'indicativo ha quattro tempi semplici (presente, imperfetto, futuro, passato remoto) e quattro tempi composti (passato prossimo, futuro composto, trapassato prossimo, trapassato remoto).

1.1. Indicativo - Presente

- **Verbi regolari e verbi *essere* e *avere***

	-are	-ere	-ire		essere	avere
	cur-are	tem-ere	avvert-ire	colp-ire		
(io)	cur-o	tem-o	avvert-o	colp-**isc**-o	sono	ho
(tu)	cur-i	tem-i	avvert-i	colp-**isc**-i	sei	hai
(lui/lei/Lei)	cur-a	tem-e	avvert-e	colp-**isc**-e	è	ha
(noi)	cur-iamo	tem-iamo	avvert-iamo	colp-iamo	siamo	abbiamo
(voi)	cur-ate	tem-ete	avvert-ite	colp-ite	siete	avete
(loro/Loro)	cur-ano	tem-ono	avvert-ono	colp-**isc**-ono	sono	hanno

- **Verbi irregolari**

- **andare:** vado, vai, va, andiamo, andate, vanno
- **bere:** bevo, bevi, beve, beviamo, bevete, bevono
- **cogliere:** colgo, cogli, coglie, cogliamo, cogliete, colgono
- **dare:** do, dai, dà, diamo, date, danno
- **dire:** dico, dici, dice, diciamo, dite, dicono
- **dovere:** devo, devi, deve, dobbiamo, dovete, devono
- **fare:** faccio, fai, fa, facciamo, fate, fanno
- **parere:** paio, pari, pare, pariamo, parete, paiono
- **porre:** pongo, poni, pone, poniamo, ponete, pongono
- **potere:** posso, puoi, può, possiamo, potete, possono
- **rimanere:** rimango, rimani, rimane, rimaniamo, rimanete, rimangono
- **salire:** salgo, sali, sale, saliamo, salite, salgono
- **sapere:** so, sai, sa, sappiamo, sapete, sanno
- **scegliere:** scelgo, scegli, sceglie, scegliamo, scegliete, scelgono
- **sedere:** siedo, siedi, siede, sediamo, sedete, siedono
- **stare:** sto, stai, sta, stiamo, state, stanno
- **tenere:** tengo, tieni, tiene, teniamo, tenete, tengono
- **tradurre:** traduco, traduci, traduce, traduciamo, traducete, traducono
- **trarre:** traggo, trai, trae, traiamo, traete, traggono
- **uscire:** esco, esci, esce, usciamo, uscite, escono
- **valere:** valgo, vali, vale, valiamo, valete, valgono
- **venire:** vengo, vieni, viene, veniamo, venite, vengono
- **volere:** voglio, vuoi, vuole, vogliamo, volete, vogliono

➡ Tavola dei verbi irregolari, p. 216

PARTICOLARITÀ

I verbi della I coniugazione (-are) in
- *–care* e *–gare* (cercare, spiegare) prendono una *h* davanti alla *i* della desinenza (Cer*chi* Anna?; Io e i miei amici cer*chi*amo un appartamento al mare per l'estate)
- *–ciare*, *–giare*, *–sciare* (cominciare, mangiare, lasciare) perdono la *i* del tema verbale davanti alla *i* della desinenza (A che ora comin*ci* a lavorare?; Man*gi*amo insieme stasera?)
- *–iare* (studiare) perdono la *i* del tema verbale davanti alla desinenza della II persona singolare e della I persona plurale (Ora stu*di* matematica; Stu*di*amo insieme questo pomeriggio?)
- *–iare* (inviare) con *i* accentata sul tema presentano due *ii* nella II persona singolare (Inv*ii* tu la lettera a Maria?).

I verbi della II coniugazione (-ere) in
- *–gliere* (accogliere, scegliere) cambiano in *lg* nella I persona singolare e nella III persona plurale (io/loro) (Io acco*lg*o gli ospiti in ingresso; Loro sce*lg*ono gli invitati).

Alcuni verbi della III coniugazione (-ire)
- inseriscono il suffisso *–isc–* alla I, II, III persona singolare e alla III persona plurale dell'indicativo (e del congiuntivo presente), e alla II persona singolare dell'imperativo. Seguono questo modello i verbi *capire, costruire, finire, pulire, preferire, trasferire* (Non cap*isc*o il significato di questa parola).

1.1. Indicativo - Presente

 OG1 ➔ p. 14, per gli esercizi sulle forme

Esempi	Usiamo il presente per esprimere
– Il triangolo rettangolo **ha** un angolo retto; La democrazia **è** una forma di governo in cui il popolo esercita il potere; L'ospite **è** come il pesce: dopo tre giorni **puzza**.	– eventi sempre validi in descrizioni scientifiche e concetti universali, citazioni o proverbi (presente atemporale)
– Calvino **nasce** nel 1923 a Cuba ed è uno degli autori italiani più importanti del Novecento.	– situazioni ed eventi passati attualizzati (presente storico)

 OG1 ➔ p. 15, per altri usi e funzioni dell'indicativo presente (eventi in svolgimento; azioni abituali; qualità, caratteristiche; eventi futuri; condizioni reali; conseguenze reali)

LINGUA IN USO

Uso dell'indicativo presente al posto del passato
L'indicativo presente rende più vivo un racconto passato (*Ieri **vado** (= sono andato) al mare. E chi **trovo** (= ho trovato)? La mia professoressa di matematica del liceo!*). Usiamo l'indicativo presente con funzione di presente storico al posto dell'indicativo passato prossimo, imperfetto, passato remoto.

---

1 Completa le frasi con l'indicativo presente. Abbina le frasi alle funzioni.

1. A: Perché la Terra (surriscaldarsi) _____?
   B: A causa dei gas serra prodotti dall'uomo.

2. A: Ragazzi, quanti pianeti (girare) _____ intorno al Sole?
   B: La Terra e altri sette.

3. A: Quando (scoppiare) _____ la prima guerra mondiale?
   B: Nel 1914, con l'uccisione a Sarajevo dell'arciduca erede al trono d'Austria.

4. A: Marta (uscire) _____ sempre con Luca?
   B: Non lo so.

5. A: Dove (essere) _____ adesso i ragazzi?
   B: Sono in pizzeria con i loro amici.

6. A: Quando andrai in vacanza?
   B: Ci (andare) _____ la prossima settimana.

7. A: Al cuore non si (comandare) _____.
   B: Sì, è proprio vero.

a. situazioni ed eventi passati attualizzati **b.** eventi futuri
c. eventi in svolgimento **d.** azioni abituali **e.** eventi sempre validi

obiettivo grammatica

FORME | **USI E FUNZIONI**

2 Scrivi una frase con l'indicativo presente, come nell'esempio.

1. situazioni ed eventi passati attualizzati: 1597 / 1598 / "Davide e Golia" / dipingere / Caravaggio
   Caravaggio dipinge "Davide e Golia" tra il 1597 e il 1598.

2. situazioni ed eventi passati attualizzati: Luciano Pavarotti / 1935 / 2007 / morire / nascere

3. eventi sempre validi: gelare / 0° gradi / acqua

4. eventi in svolgimento: esami / svolgersi / oggi / maturità

5. eventi futuri: avere luogo / elezioni comunali / prossimo mese

6. azioni abituali: estate / piante / più spesso / noi-annaffiare

7. situazioni ed eventi passati attualizzati: elezioni politiche / 1948 / ottenere / Democrazia cristiana / 48% dei voti

8. eventi sempre validi: chi / fare / sé / fare / tre

3 Completa il testo con i verbi della lista all'indicativo presente.

trasferirsi – produrre – cominciare – mostrare – nascere – portare – conoscere
migliorare – essere – offrire – avere – iniziare – avvenire – essere – volere

Marcello Matroianni: gli inizi della carriera

Marcello Mastroianni (1) _____ il 28 settembre 1928 in provincia di Frosinone. L'infanzia di Mastrioanni non (2) _____ semplice, il padre infatti (3) _____ problemi al lavoro perché non (4) _____ prendere la tessera del Partito fascista.

Marcello Mastroianni (5) _____ le scuole a Torino, nel 1933, ma la famiglia (6) _____ a Roma, dove però la situazione economica non (7) _____. Già dai tempi della scuola il giovane Mastroianni (8) _____ la sua vena artistica recitando nella parrocchia del suo quartiere. Ma il debutto sulle scene (9) _____ a 14 anni, nel 1938, con il film Marionette a Cinecittà.

In quegli anni, Marcello (10) _____ a stringere un po' di amicizie che, negli anni a seguire, lo (11) _____ a fare la comparsa in film importanti. (12) _____ gli anni della guerra, però il cinema italiano (13) _____ numerosi suoi film e al contempo (14) _____ buone opportunità per l'ormai diciottenne Mastroianni. Questi sono gli anni in cui il giovane Mastroianni (15) _____ De Sica, già celebre attore degli anni Trenta. Né Mastroianni né tantomeno De Sica immaginano a quel tempo che la loro vita futura li vedrà a lungo legati.

1.1. Indicativo - Presente

obiettivo grammatica

FORME | USI E FUNZIONI

1.2. Indicativo – Passato prossimo

Il passato prossimo si forma in questo modo:

indicativo presente di *essere* o *avere* + participio passato del verbo

- **Verbi *essere* e *avere***

	essere	avere
(io)	sono	ho
(tu)	sei	hai
(lui/lei/Lei)	è } stato/a	ha } avuto
(noi)	siamo	abbiamo
(voi)	siete } stati/e	avete
(loro/Loro)	sono	hanno

- **Participio passato dei verbi regolari**

-are	-ere	-ire
cur-are	tem-ere	avvert-ire
cur-**ato**	tem-**uto**	avvert-**ito**

Scelta dell'ausiliare
Con i verbi transitivi in genere formiamo il passato prossimo con l'ausiliare *avere* (**Ho** mangiato la pizza). Con molti verbi intransitivi (Sara **è** andata a Firenze), con i verbi riflessivi (Ci **siamo** divertiti) e con i verbi pronominali (Mi **sono** accorto dell'errore) usiamo l'ausiliare *essere*.
Alcuni verbi formano il passato prossimo con entrambi gli ausiliari (**Ho** cominciato le lezioni; Le lezioni **sono** cominciate).

Accordo del participio passato
Con i verbi con l'ausiliare *essere* (intransitivi, pronominali, riflessivi) il participio passato si accorda con il soggetto (Luisa è uscit**a** di casa alle otto; Anna si è annoiat**a** a morte; Le ragazze si sono alzat**e** presto).

Con i verbi con l'ausiliare *avere* (transitivi, intransitivi) il participio passato rimane invariato (Laura ha preparat**o** la cena; I bambini hanno viaggiat**o** in treno).

Accordo del participio passato con i pronomi diretti e il partitivo *ne*
Con i verbi composti il participio passato si accorda con l'oggetto quando è preceduto
- dai pronomi atoni diretti *lo, la, li, le* (Ho scritto la mail, ma non l'ho inviat**a**)
- dal partitivo *ne* (Hai fatto gli esercizi? **Ne** ho fatt**i** solo due).

→ **Uso degli ausiliari nei tempi composti** → Indicativo-Verbi ausiliari (*essere, avere*) nei tempi composti, p. 36

obiettivo grammatica

FORME | **USI E FUNZIONI**

- **Verbi irregolari al participio passato**

Gruppi	Participio passato
–*dere*	–*so* (**chiudere**: *chiuso*) Seguono questo modello *accendere, chiedere, decidere…*
–*cere*, –*gere*	–*to* (**vincere**: *vinto*; **piangere**: *pianto*) Seguono questo modello *dipingere, spingere…*
–*eggere*	–*etto* (**correggere**: *corretto*) Seguono questo modello *leggere, reggere…*
–*igere*	–*etto*, –*atto* (**dirigere**: *diretto*; **esigere**: *esatto*) Seguono questo modello *erigere, prediligere, redigere…*
–*gliere*, –*lgere*, –*lvere*	–*lto* (**scegliere**: *scelto*; **avvolgere**: *avvolto*; **dissolvere**: *dissolto*) Seguono questo modello *togliere, coinvolgere, risolvere…*
–*arre*	–*atto* (**attrarre**: *attratto*) Seguono questo modello *distrarre, estrarre, sottrarre…*
–*orre*	–*osto* (**comporre**: *composto*) Seguono questo modello *esporre, porre, riporre…*
–*primere* (< *premere*)	–*esso* (**esprimere**: *espresso*) Seguono questo modello *deprimere, reprimere, sopprimere…*
–*urre*	–*otto* (**dedurre**: *dedotto*) Seguono questo modello *condurre, introdurre, ridurre…*

I verbi in –*ere* sono in genere irregolari.

• **aprire:**	aperto	• **friggere:**	fritto	• **rompere:**	rotto
• **bere:**	bevuto	• **leggere:**	letto	• **scendere:**	sceso
• **cogliere:**	colto	• **mettere:**	messo	• **scrivere:**	scritto
• **chiedere:**	chiesto	• **morire:**	morto	• **spegnere:**	spento
• **cuocere:**	cotto	• **muovere:**	mosso	• **stringere:**	stretto
• **concedere:**	concesso	• **nascere:**	nato	• **succedere:**	successo
• **conoscere:**	conosciuto	• **parere:**	parso	• **tradurre:**	tradotto
• **coprire:**	coperto	• **perdere:**	perso	• **trarre:**	tratto
• **crescere:**	cresciuto	• **piacere:**	piaciuto	• **valere:**	valso
• **discutere:**	discusso	• **prendere:**	preso	• **vedere:**	visto
• **aprire:**	aperto	• **ridere:**	riso	• **vivere:**	vissuto
• **dire:**	detto	• **rimanere:**	rimasto		
• **fare:**	fatto	• **rispondere:**	risposto		

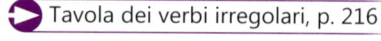 Tavola dei verbi irregolari, p. 216

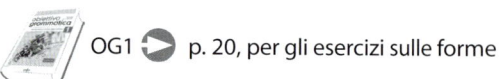 OG1 p. 20, per gli esercizi sulle forme

1.2. Indicativo – Passato prossimo

FORME | USI E FUNZIONI

1.2 Indicativo – Passato prossimo

Esempi	Usiamo il passato prossimo per esprimere
– **Ho studiato** il cinese molti anni fa, ma mi ricordo ancora molte parole.	– eventi conclusi nel passato con un legame con il presente
– Il progresso della tecnologia **ha portato** sempre grandi cambiamenti.	– eventi iniziati nel passato, ma non ancora conclusi nel presente, con espressioni di tempo come *negli ultimi anni, in questo mese, in questo secolo, finora…*
– Nell'ultimo anno Luca **ha cambiato** lavoro (per) tre volte.	– eventi conclusi nel passato e ripetuti per un determinato numero di volte
– Il tempo **era** bello e poi **è cominciato** a piovere.	– azioni di primo piano concluse nel passato che fanno avanzare la storia sullo sfondo di altri eventi

 OG1 → p. 21, per altri usi e funzioni del passato prossimo (eventi o serie di eventi conclusi nel passato; eventi conclusi nel passato in un periodo di tempo definito)

LINGUA IN USO

Uso del passato prossimo e differenze regionali
Nella lingua parlata l'uso del passato prossimo presenta differenze regionali: usiamo l'opposizione tra passato prossimo e passato remoto in Toscana e nell'Italia centrale, ma usiamo prevalentemente il passato prossimo nell'Italia del Nord e il passato remoto nell'Italia del Sud.

Uso del presente storico al posto del passato prossimo → Indicativo presente, p. 10
Uso del passato prossimo al posto del futuro composto → Futuro composto, p. 27
Uso del passato prossimo al posto del trapassato prossimo → Trapassato prossimo, p. 20

1 Completa le frasi con il passato prossimo. Abbina le frasi alle funzioni.

1. Finora le cose (andare) _____ bene, per fortuna, ☐
2. La barriera corallina (rischiare) _____ di scomparire per cinque volte negli ultimi 30.000 anni. ☐
3. Era notte e camminavano per la strada, quando all'improvviso (sentire) _____ un urlo di donna. ☐
4. Gli antichi Romani (costruire) _____ ponti e acquedotti che ancora oggi usiamo. ☐
5. Negli ultimi anni i consumi di energia elettrica (aumentare) _____ notevolmente. ☐
6. La luce della stanza era accesa, allora la donna ha suonato il campanello, ma non le ha risposto nessuno e lei (andarsene) _____ . ☐

a. eventi conclusi nel passato con un legame con il presente **b.** eventi iniziati nel passato, ma non ancora conclusi nel presente **c.** eventi conclusi nel passato e ripetuti **d.** azioni di primo piano concluse nel passato

obiettivo grammatica

FORME | **USI E FUNZIONI**

2 Scegli l'alternativa corretta (indicativo passato prossimo o imperfetto). Fai attenzione all'espressione di tempo.

1. ☐ **Si è trasferita** ☐ **Si trasferiva** in campagna due anni fa e non vorrebbe tornare più in città.
2. Mentre ☐ **ha letto** ☐ **leggeva** il libro, ha ritrovato una vecchia fotografia tra le pagine.
3. Ogni sera i bambini ☐ **hanno guardato** ☐ **guardavano** i cartoni animati alla TV.
4. Finora l'azienda ☐ **è riuscita** ☐ **riusciva** a raggiungere gli obiettivi stabiliti.
5. Durante il liceo ☐ **ho frequentato** ☐ **frequentavo** un corso di recitazione per un anno.
6. Tutte le volte che ☐ **ha provato** ☐ **provava** a parlare, lo interrompevano continuamente.
7. Prima di iscrivermi all'università, ☐ **ho vissuto** ☐ **vivevo** in Germania da luglio a gennaio.
8. In questo anno ☐ **hanno venduto** ☐ **vendevano** milioni di smartphone.

3 Trasforma i verbi sottolineati dal presente al passato prossimo. Attenzione alla forma passiva (P).

Una stella internazionale della danza… Roberto Bolle

Roberto Bolle (1) scopre _____ la sua passione per la danza fin da giovanissimo. A dodici anni (2) decide _____ di partecipare alle audizioni per entrare nella Scuola di Ballo del Teatro alla Scala di Milano, le (3) supera _____ brillantemente e dopo pochi mesi (4) si deve _____ trasferire nel capoluogo lombardo per frequentare i corsi di danza. Al Teatro alla Scala Roberto Bolle (5) può _____ incontrarsi con Rudolf Nureyev che lo (6) propone _____ per il balletto "Morte a Venezia", ma il giovane ballerino, quindicenne, (7) deve _____ rifiutare l'offerta per l'età troppo giovane.
Étoile della Scala dal 2004, nel 2006 (8) partecipa _____ alla cerimonia di apertura dei Giochi olimpici invernali di Torino e, dopo il clamoroso successo che (9) riscuote _____ al suo esordio al Metropolitan di New York nel 2007, nel 2009 (10 - P) è nominato _____ Principal Dancer dell'American Ballet Theatre, primo ballerino italiano a ricevere questo titolo contemporaneamente a quello di étoile della Scala. Nel 2010 due grandi registi cinematografici, Peter Greenway e Bob Wilson, lo (11) celebrano _____ come simbolo della danza con due installazioni: *Italy of cities* – realizzata da Greenway a Shangai – e *Perchance to dream* – realizzata da Wilson a New York. Nel 2014 (12) riceve _____ la Medaglia dell'UNESCO per il valore artistico della danza come espressione culturale vivente e come strumento di dialogo.

1.2. Indicativo – Passato prossimo

obiettivo grammatica

FORME | **USI E FUNZIONI**

1.3. Indicativo – Imperfetto

FORME

- **Verbi regolari e verbi *essere* e *avere***

	-are	-ere	-ire		essere	avere
	cur-are	tem-ere	avvert-ire			
(io)	cur-avo	tem-evo	avvert-ivo		ero	avevo
(tu)	cur-avi	tem-evi	avvert-ivi		eri	avevi
(lui/lei/Lei)	cur-ava	tem-eva	avvert-iva		era	aveva
(noi)	cur-avamo	tem-evamo	avvert-ivamo		eravamo	avevamo
(voi)	cur-avate	tem-evate	avvert-ivate		eravate	avevate
(loro/Loro)	cur-avano	tem-evano	avvert-ivano		erano	avevano

- **Verbi irregolari**

- **bere:** bevevo, bevevi, beveva, bevevamo, bevevate, bevevano
- **dire:** dicevo, dicevi, diceva, dicevamo, dicevate, dicevano
- **fare:** facevo, facevi, faceva, facevamo, facevate, facevano

- **porre:** ponevo, ponevi, poneva, ponevamo, ponevate, ponevano
- **tradurre:** traducevo, traducevi, traduceva, traducevamo, traducevate, traducevano
- **trarre:** traevo, traevi, traeva, traevamo, traevate, traevano

➤ Tavola dei verbi irregolari, p. 216

 OG1 ➤ p. 23, per gli esercizi sulle forme

USI E FUNZIONI

Esempi	Usiamo l'indicativo imperfetto per
– Quel mostro mi **guardava** con gli occhi di fuoco e io **gridavo**, ma dalla mia bocca non **usciva** nessun suono.	– raccontare sogni (imperfetto onirico)
– Facciamo che io **ero** il Principe ranocchio e tu la principessa.	– simulare ruoli nei giochi dei bambini (imperfetto ludico)
– Ecco che l'attaccante **scartava** l'avversario; Il malvivente **riusciva** a scappare e si **dileguava** a piedi nel bosco.	– richiamare l'attenzione su eventi passati (cronache giornalistiche, resoconti militari, verbali di polizia) al posto del passato prossimo o del passato remoto (imperfetto narrativo)
– Quasi quasi **credevo** a quello che stava dicendo.	– esprimere eventi che sarebbero potuti accadere (imperfetto imminenziale), in genere preceduto da *quasi quasi, a momenti* (si può sostituire con la perifrasi verbale *stare per* + infinito).
– Il tempo **era** bello e poi **è cominciato/cominciò** a piovere.	– esprimere eventi e situazioni di sfondo rispetto a eventi conclusi nel passato: passato prossimo, passato remoto, uso dei tempi passati

 OG1 ➤ p. 24, per altri usi dell'indicativo imperfetto (eventi in svolgimento; azioni abituali e ripetute; situazioni o persone; stati fisici o psicologici; qualità; richieste cortesi)

obiettivo grammatica

FORME | **USI E FUNZIONI**

LINGUA IN USO

Uso dell'indicativo imperfetto
Nella lingua parlata di uso comune usiamo l'indicativo imperfetto con i verbi modali al posto del condizionale composto per indicare un evento non realizzato nel passato (*Ieri **dovevo*** (= avrei dovuto) pagare la bolletta, ma la posta era chiusa).

Uso del presente storico al posto dell'indicativo imperfetto → Indicativo presente, p. 10
Uso dell'indicativo imperfetto al posto del condizionale composto → Condizionale composto, p. 43
Uso dell'indicativo imperfetto nel periodo ipotetico dell'irrealtà (III tipo) → Periodo ipotetico, p. 92

1 Completa le frasi con l'indicativo imperfetto. Abbina le frasi alle funzioni.

1. Ho sognato che (rompersi) _____ l'auto e (io-chiedere) _____ aiuto sul ciglio della strada.

2. La due donne (salire) _____ sull'autobus affollato e un ladruncolo, indisturbato (rubare) _____ loro il portafoglio dalla borsa.

3. Salendo le scale sono inciampata e quasi quasi (finire) _____ a terra e mi (rompersi) _____ l'osso del collo.

4. Facciamo che tu (essere) _____ il lupo cattivo e io la bambina buona che (portare) _____ i dolcetti alla nonna.

5. Il sinistro (verificarsi) _____ l'8 febbraio 2016 a causa di una macchia d'olio presente sul manto stradale che (determinare) _____ lo sbandamento di un'autovettura.

6. Dottoressa, (volere) _____ informarla che domani non sarò presente all'appuntamento per un imprevisto e (volere) _____ scusarmi con Lei.

a. raccontare sogni **b.** richiamare l'attenzione su eventi passati **c.** simulare ruoli nei giochi **d.** intenzioni o richieste cortesi **e.** esprimere eventi che sarebbero potuti accadere

2 Scegli l'alternativa corretta (indicativo imperfetto o passato prossimo). Fai attenzione all'espressione di tempo.

1. A quel tempo ☐ **portavo** ☐ **ho portato** sempre con me lo zainetto nei miei spostamenti.
2. Oggi alle nove ☐ **hanno proclamato** ☐ **proclamavano** Francesca dottoressa in chimica.
3. Mentre tu ☐ **eri** ☐ **sei stato** al telefono, io ho pagato on line la bolletta dell'acqua.
4. Quando mi sono fidanzata con Francesco, ☐ **lo conoscevo** ☐ **l'ho conosciuto** da un anno.
5. Nell'estate dello scorso anno a Ferragosto ☐ **mi trovavo** ☐ **mi sono trovata** a Riccione.
6. Ieri pomeriggio ☐ **studiavo** ☐ **ho studiato** nella biblioteca del dipartimento per tre ore.
7. Lunedì scorso ☐ **rimanevo** ☐ **sono rimasta** nello studio del medico più a lungo del solito.
8. Nella primavera del 2015 tu ed io non ☐ **ci conoscevamo** ☐ **ci siamo conosciuti** ancora.

1.3. Indicativo – Imperfetto

FORME | **USI E FUNZIONI**

3 Completa il testo con i verbi della lista all'indicativo imperfetto.

volere – essere – preparare – guardare – ascoltare – tenere
soffrire – bastare – succedere – dipendere – raccogliere

Storia del calcio minuto per minuto

La trasmissione radiofonica "Tutto il calcio minuto per minuto" si (1) _____ ovunque, in macchina e a passeggio, in pullman o sullo skilift, mentre si (2) _____ gli esami, oppure al distributore di benzina, dove il gestore, la domenica pomeriggio, sicuramente (3) _____ la radio accesa e appoggiata sulla pompa. Ai fedelissimi (4) _____ capire una parola qui e una là per sapere cosa (5) _____ sui campi. Un boato sulla voce inconfondibile del cronista sportivo Sandro Ciotti dall'Olimpico di Roma (6) _____ dire che aveva segnato la squadra di casa, o la Roma o la Lazio, (7) _____ dalla giornata. Il silenzio (8) _____ sinonimo di gol degli avversari. Guglielmo Moretti, che aveva inventato il programma assieme a Sergio Zavoli e Roberto Bortoluzzi, lo aveva copiato da una trasmissione francese dedicata al rugby, sport che in Italia però (9) _____ solo pochi appassionati.

Da noi "Tutto il calcio" trovò subito il modo di convivere beatamente con gli altri sport, la pallacanestro, la pallavolo, lo stesso rugby, l'hockey. Il pubblico con un occhio (10) _____ allo stadio il derby ovale tra Petrarca e Rovigo e con l'auricolare (11) _____ per il Milan allo stadio Bentegodi.

Oggi che la radio è stata soppiantata dalla tv, gli appassionati invece di portarsi in tasca la radiolina restano a casa davanti al televisore e spesso le tribune delle altre discipline sportive restano mezze vuote. "Tutto il calcio" è una trasmissione a suo modo democratica. Forse è anche per questo che oggi rischia di diventare un po' fuori moda.

(G. Barca, *Tutto il calcio minuto per minuto*, "Storie di calcio. Il football come lo abbiamo sognato e amato", URL: https://bit.ly/2LyG9Ui, ultimo accesso: 2.11.2022).

1.3 Indicativo – Imperfetto

obiettivo grammatica

FORME | USI E FUNZIONI

1.4. Indicativo – Trapassato prossimo

Il trapassato prossimo si forma in questo modo:

indicativo imperfetto di *essere* o *avere* + participio passato del verbo

- **Verbi *essere* e *avere***

Uso degli ausiliari nei tempi composti → Indicativo-Verbi ausiliari (*essere, avere*) nei tempi composti, p. 36

1 Completa la tabella, come nell'esempio.

verbo	trapassato prossimo	verbo	trapassato prossimo
1. voi-venire	*eravate venuti/e*	9. lei-annoiarsi	
2. io-ritrarre		10. noi-capire	
3. lei-decidere		11. voi-riflettere	
4. tu-allontanarsi		12. loro-dire	
5. voi-telefonare		13. noi-addormentarsi	
6. io-finire		14. tu-vincere	
7. lui-chiudere		15. loro-fare	
8. loro-dare		16. lei-aprire	

2 Trasforma i verbi dall'indicativo imperfetto al trapassato prossimo.

1. ti nascondevi		6. stavi		11. diceva	
2. temevano		7. leggevate		12. andavano	
3. si serviva		8. traduceva		13. partivamo	
4. scrivevate		9. ti divertivi		14. supponevi	
5. facevano		10. incontravate		15. chiedevamo	

1.4. Indicativo – Trapassato prossimo

USI E FUNZIONI

Esempi	Usiamo il trapassato prossimo per esprimere
– L'estate scorsa, quando è arrivata in Italia, **aveva già studiato** l'italiano; Ti **avevo pregato** (ma non l'hai fatto) di telefonarmi!	– eventi conclusi che avvengono prima di altri nel passato (il riferimento all'evento passato può essere espresso o non espresso), in genere in frasi subordinate causali, subordinate relative, subordinate temporali
– Ciao! **Ero venuta** (= sono venuta) per chiederti un favore.	– intenzioni o richieste cortesi
– **Aveva ripetuto** l'esame (per) tre volte, dato che era molto difficile.	– eventi conclusi e ripetuti nel passato un determinato numero di volte
– La signora **aveva comprato** quell'appartamento con i suoi risparmi, l'**aveva arredato** con gusto e **aveva scelto** dei mobili etnici. L'appartamento era accogliente e aveva un piccolo balcone.	– eventi e situazioni di sfondo, come antefatto rispetto agli eventi successivi del racconto

LINGUA IN USO

Usi del trapassato prossimo
Nella lingua parlata di uso comune è possibile usare il passato prossimo al posto del trapassato prossimo (*Ho letto il libro che mi* **hai prestato**) e il trapassato prossimo al posto del congiuntivo trapassato e del condizionale composto (*Se il treno non* **era arrivato** *in ritardo,* **ero passato** *da voi*) nel periodo dell'irrealtà.

→ Uso del trapassato prossimo nel periodo ipotetico dell'irrealtà (III tipo) → Periodo ipotetico, p. 92
→ Congiuntivo trapassato, p. 64 → Condizionale composto, p. 43

---

3 Completa le frasi con i verbi al trapassato prossimo. Abbina le frasi alle funzioni.

1. All'inizio non (essere) _____ facile per loro ambientarsi in una nuova città. Vivevano in una bella casa, ma non conoscevano nessuno. ☐

2. Il professore all'esame finale premiava le studentesse e gli studenti meritevoli, che (frequentare) _____ le sue lezioni con impegno. ☐

3. (succedere) _____ molte cose e avevano avuto delle discussioni. Tuttavia i due fratelli continuarono a essere molto uniti. ☐

4. Buongiorno. (noi-venire) _____ per sapere se sono disponibili i moduli per la domanda di iscrizione al concorso. ☐

5. Quel ragazzo (provare) _____ per l'ennesima volta a cambiare vita, ma ci è riuscito solo in parte. ☐

6. Scusami! Non ti ho risposto semplicemente perché (dimenticarsi) _____ il cellulare in macchina. ☐

a. eventi conclusi che avvengono prima di altri **b.** eventi conclusi e ripetuti
c. intenzioni o richieste cortesi **d.** eventi e situazioni di sfondo

obiettivo grammatica

FORME | **USI E FUNZIONI**

4 Completa il testo con il trapassato prossimo o il passato prossimo.

Blog di viaggi – Cave di Carrara
Da Anna

Una strada suggestiva tra le montagne, tunnel spettacolari scavati nella roccia, splendidi scenari: questa è la visita alle Cave di marmo bianco di Carrara!
Per il ponte del 2 giugno, io e le mie amiche (1. decidere) _____ di organizzare un viaggio in un posto che ancora non (2. avere) _____ il piacere di visitare: Carrara, in cui (3. noi-fermarsi) _____ qualche anno prima per una piccola sosta e di cui (4. vedere) _____ solo il Duomo.
Questa volta (5. scegliere) _____ di dormire a Carrara, la città di marmo, in un piccolo bed and breakfast, che io (6. prenotare) _____ una settimana prima di partire.
La mattina successiva siamo partite per la Cava di Fantiscritti, che è scavata proprio all'interno della montagna. Ricordo che, appena siamo arrivate, Emma (7. dire) _____ che (8. atterrare) _____ sulla Luna! Poi abbiamo iniziato la nostra escursione nel ventre della montagna con caschetti e scarpe comode, mentre la guida ci spiegava le caratteristiche e i metodi di lavorazione del marmo. Abbiamo visitato anche il Museo del marmo all'aperto e (9. rendersi) _____ conto della dura vita dei cavatori, che ogni giorno lavoravano rischiando la vita per estrarre il marmo.
Insomma, è stata un'esperienza unica, che non (10. fare-mai) _____ prima di allora e che rifaremmo volentieri!

Lascia un commento   Leggi di più

5 Completa i testi con i nomi dei personaggi e con il trapassato prossimo.

1. Cristoforo Colombo

2. Michelangelo Buonarroti

3. Caterina de' Medici

Testo 1 – _____ nel 1533 ha sposato Enrico di Valois, secondogenito di Francesco I re di Francia, per volere del papa Clemente VII, suo zio, che l'(1. crescere) _____, portando in dote ingenti ricchezze che dovevano risanare le casse francesi. Non bella ma intelligente, non è mai amata dal coniuge, ma ha introdotto con l'apprezzamento dei francesi novità italiane, per esempio, l'uso della forchetta, un oggetto che a Firenze (2. diffondersi) _____ da tempo, ma che in Francia non si conosceva ancora.

Testo 2 – Il 12 ottobre 1492 il genovese _____ con il suo viaggio in America ha cambiato la geografia e la storia del mondo intero. Eppure la figura dell'esploratore è circondata da luoghi comuni. Il più clamoroso riguarda la scoperta della sfericità della Terra, a lui attribuita, che però molto tempo prima Pitagora e altri matematici greci nel VI secolo a.C. (3. dimostrare) _____ ampiamente e, due secoli dopo, anche Aristotele, che già (4. fornire) _____ prove empiriche sulla questione.

Testo 3 – _____ ha creato la statua del David da un unico blocco di marmo, tra il 1501 e il 1504. Quando ha iniziato la scultura aveva solo ventisei anni, ma (5. diventare) _____ già il più famoso artista dell'epoca grazie alla scultura della *Pietà* collocata nella Basilica di San Pietro a Roma. Il *David* è stato commissionato dall'Arte della Lana e dall'Opera del Duomo di Firenze ed è stato scolpito dall'artista in un blocco marmoreo immenso, che molto probabilmente altri scultori (6. abbozzare) _____.

obiettivo grammatica

FORME | **USI E FUNZIONI**

1.5. Indicativo – Futuro semplice

FORME

- **Verbi regolari e verbi *essere* e *avere***

	-are cur-are	**-ere** tem-ere	**-ire** avvert-ire	**essere**	**avere**
(io)	cur-erò	tem-erò	avvert-irò	sarò	avrò
(tu)	cur-erai	tem-erai	avvert-irai	sarai	avrai
(lui/lei/Lei)	cur-erà	tem-erà	avvert-irà	sarà	avrà
(noi)	cur-eremo	tem-eremo	avvert-iremo	saremo	avremo
(voi)	cur-erete	tem-erete	avvert-irete	sarete	avrete
(loro/Loro)	cur-eranno	tem-eranno	avvert-iranno	saranno	avranno

- **Verbi irregolari**

  - Alcuni verbi in *–are* conservano la *a* della desinenza dell'infinito. Seguono questo modello *dare, fare, stare*.
  - In alcuni verbi cade la *e* della desinenza del futuro. Seguono questo modello *andare, cadere, dovere, potere, sapere, vedere, vivere*.
  - In alcuni verbi cade la *e* della desinenza del futuro e la *r* raddoppia. Seguono questo modello *bere, porre, rimanere, tenere, tradurre, venire, volere*.

- **andare:** andrò, andrai, andrà, andremo, andrete, andranno
- **bere:** berrò, berrai, berrà, berremo, berrete, berranno
- **cadere:** cadrò, cadrai, cadrà, cadremo, cadrete, cadranno
- **dare:** darò, darai, darà, daremo, darete, daranno
- **dire:** dirò, dirai, dirà, diremo, direte, diranno
- **dovere:** dovrò, dovrai, dovrà, dovremo, dovrete, dovranno
- **fare:** farò, farai, farà, faremo, farete, faranno
- **parere:** parrò, parrai, parrà, parremo, parrete, parranno
- **porre:** porrò, porrai, porrà, porremo, porrete, porranno
- **potere:** potrò, potrai, potrà, potremo, potrete, potranno
- **rimanere:** rimarrò, rimarrai, rimarrà, rimarremo, rimarrete, rimarranno
- **sapere:** saprò, saprai, saprà, sapremo, saprete, sapranno
- **sedere:** siederò, siederai, siederà, siederemo, siederete, siederanno
- **stare:** starò, starai, starà, staremo, starete, staranno
- **tenere:** terrò, terrai, terrà, terremo, terrete, terranno
- **tradurre:** tradurrò, tradurrai, tradurrà, tradurremo, tradurrete, tradurranno
- **trarre:** trarrò, trarrai, trarrà, trarremo, trarrete, trarranno
- **valere:** varrò, varrai, varrà, varremo, varrete, varranno
- **vedere:** vedrò, vedrai, vedrà, vedremo, vedrete, vedranno
- **venire:** verrò, verrai, verrà, verremo, verrete, verranno
- **vivere:** vivrò, vivrai, vivrà, vivremo, vivrete, vivranno
- **volere:** vorrò, vorrai, vorrà, vorremo, vorrete, vorranno

➡ Tavola dei verbi irregolari, p. 216

PARTICOLARITÀ

I verbi della I coniugazione (–are)

- in *–care* e *–gare* (*cercare, spiegare*) prendono una *h* davanti alla *e* della desinenza (*Laura cercherà una casa a Roma*).
- in *–ciare, –giare, –sciare* (*cominciare, mangiare, lasciare*) perdono la *i* del tema verbale davanti alla *e* della desinenza (*Anna comincerà il corso di italiano lunedì*).
- con il tema verbale terminante in *–e* (*creare*) conservano la *e* davanti alla *e* della desinenza (*L'azienda creerà una nuova linea di prodotti*).

OG1 ➡ p. 27, per gli esercizi sulle forme

| FORME | USI E FUNZIONI |

1.5. Indicativo – Futuro semplice

USI E FUNZIONI

Esempi	Usiamo il futuro semplice per esprimere
– So che sabato **ci sarà** un concerto rock; Saprò nel pomeriggio a che ora domani **consegneranno** il pacco.	– eventi posteriori rispetto a eventi al presente o al futuro
– Dove è Antonio? Non lo so. **Sarà** in biblioteca (Forse è in biblioteca; Penso che sia in biblioteca).	– dubbi o supposizioni nel presente

 OG1 → p. 28, per altri usi dell'indicativo futuro semplice (fare previsioni; fare progetti; comunicare notizie e annunci; condizioni reali; conseguenze reali)

LINGUA IN USO

Uso del futuro semplice per esprimere dubbi o supposizioni
Le frasi che esprimono un dubbio o una supposizione con il futuro semplice sono riconducibili alla lingua parlata di uso comune (*Dove sono le chiavi di casa?* **Saranno** (= probabilmente sono) *sul tavolo della cucina*).

→ Uso del futuro semplice al posto del futuro composto → Futuro composto p. 27

---

1 Completa le frasi con il futuro semplice. Abbina le frasi alle funzioni.

1. A: Quanti anni ha il compagno della tua amica?
   B: (avere) _____ quaranta anni, ma non ne sono sicura. ☐

2. Se vorrete maggiori informazioni sulle varie opzioni di viaggio, (potere) _____ consultare il nostro sito all'indirizzo www.trenitalia.com. ☐

3. A: È strano! Oggi Lisa non è venuta a lezione.
   B: (essere) _____ malata. ☐

4. A: Credo che (loro-inaugurare) _____ la mostra su Caravaggio domani.
   B: Andiamo insieme a vederla? ☐

5. A: Che cosa fate di bello nel fine settimana?
   B: Se il tempo (essere) _____ bello, andremo a fare un giro nel Salento. ☐

a. condizioni reali **b.** dubbi o supposizioni nel presente **c.** conseguenze reali **d.** eventi posteriori

---

2 Scrivi una frase ed esprimi un dubbio o una supposizione con il futuro semplice, come nell'*esempio*.

1. Forse il supermercato apre alle otto. — *Il supermercato aprirà alle otto.*
2. Luca forse non si trova a suo agio con i colleghi. _____
3. Probabilmente i pazienti stanno seguendo una dieta. _____
4. Forse sapete già la mia risposta. _____
5. Luca probabilmente sta studiando in biblioteca. _____
6. I miei compagni forse stanno mangiando alla mensa. _____
7. Le mie amiche Sara e Paola forse sono malate. _____
8. Probabilmente il professore sta correggendo i compiti. _____

obiettivo grammatica

FORME | **USI E FUNZIONI**

3 Completa il testo con i verbi della lista.

potremo – saranno – accadrà – saranno – assisteremo – faranno – cambierà – aumenterà – sarà – trarrà

Ecco la scuola del terzo millennio. Intervista a Seymour Papert

Quale è la sua opinione sull'uso delle nuove tecnologie nella didattica?

Quando parliamo di nuove tecnologie nella scuola, è importante chiarire se si parla di una prospettiva di lungo periodo, che cosa succederà tra dieci o venti anni o se si parla di che cosa (1) _____ domani. Di sicuro (2) _____ a una grande trasformazione dell'educazione, che (3) _____ tanto quanto sono cambiati i trasporti o le telecomunicazioni.

Quali sono le nuove possibilità dell'insegnamento e chi ne (4) _____ vantaggio? Ci (5) _____ alcuni più svantaggiati di altri?

Se ci guardiamo intorno, vediamo che alcuni ragazzi hanno accesso a Internet – anche in Italia (6) _____ la maggior parte – e il loro apprendimento è più veloce; altri ragazzi, che non hanno questa opportunità, rimarranno indietro e il dislivello (7) _____. E l'unico modo per evitare che ciò si verifichi è assicurarsi che ogni studente possa usare il computer.

Che cosa succederà nel futuro più prossimo?

Dobbiamo renderci conto che in futuro la scuola (8) _____ completamente diversa. Ma non credo che noi (9) _____ sapere come sarà veramente tra venti o trent'anni. Sono certo comunque che le persone creative (10) _____ sempre cose che ci sorprenderanno.

(Testo adattato, Mediamente-RAI Educational, *Ecco la scuola del terzo millennio. Intervista a Seymour Papert, uno dei pionieri dell'intelligenza artificiale*, «La Repubblica.it», 14.09.1998, URL: https://goo.gl/DGRXoG, ultimo accesso: 2.11.2022).

1.5. Indicativo – Futuro semplice

obiettivo grammatica

FORME | USI E FUNZIONI

1.6. Indicativo – Futuro composto/anteriore

Il futuro composto si forma in questo modo:

futuro semplice di *essere* o *avere* + participio passato del verbo

- **Verbi *essere* e *avere***

	essere		avere	
(io)	sarò		avrò	
(tu)	sarai	stato/a	avrai	
(lui/lei/Lei)	sarà		avrà	avuto
(noi)	saremo		avremo	
(voi)	sarete	stati/e	avrete	
(loro/Loro)	saranno		avranno	

➡ **Uso degli ausiliari nei tempi composti** → Indicativo-Verbi ausiliari (*essere*, *avere*) nei tempi composti, p. 36

1 Completa la tabella, come nell'*esempio*.

verbo	futuro composto	verbo	futuro composto
1. noi-telefonare	*avremo telefonato*	9. noi-vivere	
2. voi-alzarsi		10. io-scrivere	
3. loro-prendere		11. loro-accomodarsi	
4. lui-rimanere		12. tu-spiegare	
5. io-dedicarsi		13. voi-uscire	
6. voi-salire		14. noi-chiarirsi	
7. tu-guarire		15. lei-ritornare	
8. lui-pentirsi		16. io-prepararsi	

2 Trasforma i verbi dall'indicativo presente al futuro composto.

1. ti diverti _____
2. ottenete _____
3. mi trovo _____
4. vinciamo _____
5. giunge _____

6. scommettono _____
7. decidete _____
8. scompaiono _____
9. rispondete _____
10. nasce _____

11. preferisci _____
12. accendiamo _____
13. ti metti _____
14. tolgo _____
15. riducono _____

obiettivo grammatica

FORME | **USI E FUNZIONI**

USI E FUNZIONI

Esempi	Usiamo il futuro composto per esprimere
– Dopo che ti **avrò spiegato** che cosa è accaduto, capirai meglio la situazione.	– eventi anteriori rispetto ad altri eventi futuri, con (non) appena che, dopo che, finché (non), quando (subordinata temporale)
– Giulio non è ancora arrivato. **Avrà trovato** traffico.	– dubbi o supposizioni al passato

LINGUA IN USO

Uso del futuro composto per esprimere dubbi o supposizioni
Le frasi che esprimono un dubbio o una supposizione con il futuro composto sono riconducibili alla lingua parlata di uso comune (*A che ora è uscita ieri Laura? Ieri **sarà uscita*** (= probabilmente è uscita) *di casa verso le otto*).

Uso del futuro semplice al posto del futuro composto
Nella lingua parlata di uso comune usiamo il futuro semplice al posto del futuro composto per esprimere un'azione anteriore rispetto a un'azione al futuro (*Quando Lisa **finirà*** (= avrà finito) *l'esame, ti telefonerà*).

Uso del passato prossimo al posto del futuro composto
Nella lingua parlata di uso comune usiamo il passato prossimo al posto del futuro composto con un presente con valore di futuro (*Dopo che **hai capito*** (= avrai capito) *come sono andate le cose, possiamo* (= potremo) *riparlarne più tardi*).

---

3 Completa le frasi con il futuro composto e indicane la funzione: eventi anteriori rispetto ad altri eventi futuri (A), dubbi o supposizioni nel passato (B), come nell'esempio.

                                                                                         A   B

1. A: Quando andrete ad abitare nella nuova casa?
   B: Ci trasferiremo appena i lavori di restauro *saranno finiti*. ✓ ☐

2. A: Esci con noi stasera?
   B: Sì, ma verrò solo dopo che (finire) _____ di studiare. ☐ ☐

3. A: Non ritrovo la cartella con i miei documenti.
   B: L' (dimenticare) _____ in ufficio. Telefona subito alla segretaria. ☐ ☐

4. A: Non riesco a contattare Alice. È irraggiungibile.
   B: (spegnere) _____ il telefono. Mandale una e-mail. ☐ ☐

5. Per fare un'insalata estiva, dopo che (scolare) _____ la pasta, la passerete sotto l'acqua corrente fredda e poi aggiungerete le verdure. ☐ ☐

6. A: Mi hanno detto che ci sono già i risultati dell'esame scritto, ma non li ho visti.
   B: (uscire) _____ ieri sul sito Internet, ma non ho ancora controllato. ☐ ☐

1.6. Indicativo – Futuro composto/anteriore

4 Scrivi una frase ed esprimi un dubbio o una supposizione al passato con il futuro composto, come nell'esempio.

1. Probabilmente voi avete discusso già le varie questioni.
   Avrete discusso già le varie questioni.

2. Forse il meccanico ha riparato la macchina questa mattina.
   _____

3. Forse le tue amiche si sono annoiate alla festa.
   _____

4. Probabilmente Marta ha scritto la e-mail, ma io non l'ho letta.
   _____

5. Forse erano le sei, quando sono arrivati. Non ricordo bene.
   _____

6. È tardi ormai. Probabilmente gli impiegati sono andati via dall'ufficio.
   _____

*5 Completa il testo con il futuro composto o il futuro semplice. Attenzione alla forma passiva (P).

Concorso letterario

Art. 1 – Finalità

Il Concorso letterario Scintille di Minerva ha lo scopo di stimolare la lettura e la capacità di scrittura nelle/nei giovani.

Art. 2 - Modalità di partecipazione e iscrizione

(1. potere) _____ partecipare al Concorso le opere di narrativa italiana inedite scritte da ragazze o ragazzi iscritti alle scuole secondarie di II grado che non (2. compiere) _____ vent'anni alla data indicata. L'iscrizione al concorso (3. riservare/P) _____ a tutte le scuole italiane e italiane all'estero, incluse le sezioni italiane presso scuole straniere. (4. ammettere/P) _____ alla selezione le sole opere segnalate dalle/dai docenti incaricate/i della selezione delle opere nel proprio istituto.

Art. 3 – Elaborati

Una/Un candidata/o può partecipare al Concorso con una propria opera e inviarla anche ad altri concorsi letterari, dopo che lo (5. comunicare) _____ alla Segreteria del Concorso. Se la/il candidata/o (6. vincere) _____ un altro concorso prima che l'edizione del Concorso Scintille sia terminata, (7. dovere) _____ comunicarlo alla Segreteria del Concorso. Nel caso in cui un'opera dovesse vincere il concorso, l'autrice/autore dovrà rinunciare agli altri concorsi a cui (8. partecipare) _____ con la stessa opera, pena l'esclusione dal Concorso.

Art. 4 – Modalità di invio degli elaborati

Gli elaborati, in formato DOCX e in PDF, (9. dovere) _____ essere inviati dall'indirizzo di posta certificata della scuola all'indirizzo di posta certificata della casa editrice Minerva. Dopo che i manoscritti (10. arrivare) _____, la Segreteria del Concorso (11. confermare) _____ la ricezione tramite una mail di risposta.

(Testo adattato, *Concorso Scintille*, URL: http://www.concorsoscintille.it/regolamento-3-edizione/ ultimo accesso: 2.11.2022).

obiettivo grammatica

FORME | **USI E FUNZIONI**

1.7. Indicativo – Passato remoto

- **Verbi regolari e verbi *essere* e *avere***

	-are	**-ere**	**-ire**	**essere**	**avere**
	cur-are	**tem-ere**	**avvert-ire**		
(io)	cur-ai	tem-ei (tem-etti)	avvert-ii	fui	ebbi
(tu)	cur-asti	tem-esti	avvert-isti	fosti	avesti
(lui/lei/Lei)	cur-ò	tem-é (tem-ette)	avvert-ì	fu	ebbe
(noi)	cur-ammo	tem-emmo	avvert-immo	fummo	avemmo
(voi)	cur-aste	tem-este	avvert-iste	foste	aveste
(loro/Loro)	cur-arono	tem-erono (tem-ettero)	avvert-irono	furono	ebbero

- **Verbi irregolari**

> I verbi al passato remoto hanno forme irregolari alla I e alla III persona singolare e alla III persona plurale (*scegliere*: *scelsi, scelse, scelsero*). I verbi della II coniugazione (*–ere*) sono in genere irregolari. Tra questi è possibile distinguere i seguenti gruppi.

Gruppi	Passato remoto
–dere, –ndere, –cere, –gere	(io) **–si**, (lui/lei/Lei) **–se**, (loro) **–sero** (**chiudere**: **chiusi**, chiudesti, **chiuse**, chiudemmo, chiudeste, **chiusero**; **prendere**: **presi**, prendesti, **prese**, prendemmo, prendeste, **presero**; **vincere**: **vinsi**, vincesti, **vinse**, vincemmo, vinceste, **vinsero**; **piangere**: **piansi**, piangesti, **pianse**, piangemmo, piangeste, **piansero**) Seguono questo modello *chiedere, accendere, torcere, emergere*…
–eggere, –igere, –imere	(io) **–essi**, (lui/lei/Lei) **–esse**, (loro) **–essero** (**reggere**: **ressi**, reggesti, **resse**, reggemmo, reggeste, **ressero**; **dirigere**: **diressi**, dirigesti, **diresse**, dirigemmo, dirigeste, **diressero**; **reprimere**: **repressi**, reprimesti, **represse**, reprimemmo, reprimeste, **repressero**) Seguono questo modello *correggere, erigere, esprimere*…
–ggere, –tere, –vere	(io) **–ssi**, (lui/lei/Lei) **–sse**, (loro) **–ssero** (**sconfiggere**: **sconfissi**, sconfiggesti, **sconfisse**, sconfiggemmo, sconfiggeste, **sconfissero**; **discutere**: **discussi**, discutesti, **discusse**, discutemmo, discuteste, **discussero**; **vivere**: **vissi**, vivesti, **visse**, vivemmo, viveste, **vissero**) Seguono questo modello *leggere, connettere, scrivere*…
–gliere, –lere, –lgere, –lvere	(io) **–lsi**, (lui/lei/Lei) **–lse**, (loro) **–lsero** (**scegliere**: **scelsi**, scegliesti, **scelse**, scegliemmo, sceglieste, **scelsero**; **valere**: **valsi**, valesti, **valse**, valemmo, valeste, **valsero**; **volgere**: **volsi**, volgesti, **volse**, volgemmo, volgeste, **volsero**; **risolvere**: **risolsi**, risolvesti, **risolse**, risolvemmo, risolveste, **risolsero**) Seguono questo modello *raccogliere, prevalere, coinvolgere, dissolvere*…
–arre, –urre	(io) **–ssi**, (lui/lei/Lei) **–sse**, (loro) **–ssero** (**attrarre**: **attrassi**, attraesti, **attrasse**, attraemmo, attraeste, **attrassero**; **condurre**: **condussi**, conducesti, **condusse**, conducemmo, conduceste, **condussero**) Seguono questo modello *distrarre, ritrarre, introdurre, produrre*…

FORME | USI E FUNZIONI

1.7. Indicativo – Passato remoto

Gruppi	Passato remoto
–orre	(io) –**si**, (lui/lei/Lei) –**se**, (loro) –**sero** (**porre**: **posi**, ponesti, **pose**, ponemmo, poneste, **posero**) Seguono questo modello *comporre, esporre, proporre, riporre...*
con raddoppiamento della consonante finale della radice	(io) –**i**, (lui/lei/Lei) –**e**, (loro) –**ero** (**bere**: **bevvi**, bevesti, **bevve**, bevemmo, beveste, **bevvero**; **nascere**: **nacqui**, nascesti, **nacque**, nascemmo, nasceste, **nacquero**); **piacere**: **piacqui**, piacesti, **piacque**, piacemmo, piaceste, **piacquero**; **rompere**: **ruppi**, rompesti, **ruppe**, rompemmo, rompeste, **ruppero**) Seguono questo modello *ca**d**ere, pio**v**ere, sa**p**ere, ta**c**ere, te**n**ere, vo**l**ere...*

- **Altri verbi irregolari**

• **comparire:**	comparvi, comparisti, comparve, comparimmo, compariste, comparvero
• **dare:**	detti/diedi, desti, dette/diede, demmo, deste, dettero/diedero
• **dire:**	dissi, dicesti, disse, dicemmo, diceste, dissero
• **distinguere:**	distinsi, distinguesti, distinse, distinguemmo, distingueste, distinsero
• **conoscere:**	conobbi, conoscesti, conobbe, conoscemmo, conosceste, conobbero
• **crescere:**	crebbi, crescesti, crebbe, crescemmo, cresceste, crebbero
• **fare:**	feci, facesti, fece, facemmo, faceste, fecero
• **mettere:**	misi, mettesti, mise, mettemmo, metteste, misero
• **muovere:**	mossi, muovesti, mosse, muovemmo, muoveste, mossero
• **parere:**	parvi, paresti, parve, paremmo, pareste, parvero
• **rimanere:**	rimasi, rimanesti, rimase, rimasero, rimanemmo, rimaneste, rimasero
• **stare:**	stetti, stesti, stette, stemmo, steste, stettero
• **vedere:**	vidi, vedesti, vide, vedemmo, vedeste, videro
• **venire:**	venni, venisti, venne, venimmo, veniste, vennero

➤ Tavola dei verbi irregolari, p. 216

PARTICOLARITÀ: I verbi della II coniugazione (*–ere*) possono avere una doppia forma alla I e alla III persona singolare, e alla III persona plurale: *–etti, –ette, –ettero*, in genere di uso più letterario (*ricevere*: *ricevei/**ricevetti**, ricevesti, ricevé/**ricevette**, ricevemmo, riceveste, riceverono/**ricevettero**).

1a Completa le tabelle con i verbi all'indicativo passato remoto regolare.

	telefonare	vendere	aprire	sentire
(io)	telefonai	vendei	_____	sentii
(tu)	_____	vendesti	apristi	sentisti
(lui/lei/Lei)	telefonò	_____	aprì	_____
(noi)	telefonammo	vendemmo	_____	sentimmo
(voi)	_____	vendeste	apriste	_____
(loro/Loro)	telefonarono	_____	aprirono	sentirono

obiettivo grammatica

FORME | USI E FUNZIONI

	preferire	ricevere	ascoltare	offrire
(io)	_____	ricevei	ascoltai	offrii
(tu)	preferisti	_____	ascoltasti	_____
(lui/lei/Lei)	_____	ricevé	ascoltò	offrì
(noi)	preferimmo	ricevemmo	_____	offrimmo
(voi)	preferiste	_____	ascoltaste	_____
(loro/Loro)	preferirono	riceverono	_____	offrirono

1b Completa le tabelle con i verbi all'indicativo passato remoto irregolare.

	chiudere	scrivere	bere	raccogliere
(io)	chiusi	_____	bevvi	_____
(tu)	chiudesti	scrivesti	_____	raccogliesti
(lui/lei/Lei)	_____	scrisse	bevve	raccolse
(noi)	chiudemmo	_____	bevemmo	raccogliemmo
(voi)	_____	scriveste	beveste	_____
(loro/Loro)	chiusero	scrissero	_____	raccolsero

	decidere	sapere	risolvere	volere
(io)	decisi	seppi	_____	volli
(tu)	_____	sapesti	risolvesti	_____
(lui/lei/Lei)	decise	_____	risolse	volle
(noi)	decidemmo	sapemmo	_____	volemmo
(voi)	decideste	_____	risolveste	voleste
(loro/Loro)	_____	seppero	risolsero	_____

2 Trasforma i verbi dal singolare al plurale e dal plurale al singolare, come nell'esempio.

singolare	plurale
1. lui fece	*loro fecero*
2. _____	loro espressero
3. lui ridusse	_____
4. _____	voi mangiaste
5. lui disse	_____
6. _____	noi fummo
7. io condussi	_____
8. _____	noi componemmo
9. io venni	_____
10. _____	loro finsero

1.7. Indicativo – Passato remoto

1.7. Indicativo – Passato remoto

FORME

3 Trasforma i verbi dal passato prossimo al passato remoto.

1. avete saputo _____
2. ho convinto _____
3. hai detto _____
4. si è dimenticato _____
5. hanno ricevuto _____
6. ho dato _____
7. siamo cresciuti _____
8. hai spinto _____
9. avete coinvolto _____

USI E FUNZIONI

Esempi	Usiamo il passato remoto per esprimere
– Da piccolo **lessi** il "Barone rampante" e **mi appassionai** alla scrittura di Italo Calvino.	– eventi passati percepiti distanti sul piano psicologico e cronologico, e non legati al presente
– **Arrivammo** in anticipo all'appuntamento, **aspettammo** qualche minuto e lo **vedemmo** arrivare.	– eventi conclusi in successione, accaduti in un passato lontano
– Per tanto tempo il nipote **andò** a trovare i nonni il fine settimana.	– eventi passati ripetuti a intervalli regolari
– Quel giorno il tempo **era** bello, ma poi **cominciò** a piovere, allora **decisi** di rimandare l'escursione al giorno dopo.	– azioni di primo piano concluse al passato che fanno avanzare la storia, soprattutto in testi narrativi scritti (romanzi, fiabe, narrazioni storiche, biografie)

Uso del passato remoto e del passato prossimo

Il passato remoto si riferisce a un evento concluso nel passato, percepito come distante psicologicamente dal presente e senza legami con la situazione attuale, mentre il passato prossimo si riferisce in genere a un evento concluso nel passato, ma che mantiene un legame psicologico ed emotivo con il presente secondo l'atteggiamento personale di chi parla o scrive (**Seguì** *i suggerimenti del suo più caro amico e* **migliorò** *il suo comportamento;* **Ha seguito** *i suggerimenti del suo più caro amico e, come si può notare,* **ha migliorato** *il suo comportamento*).

LINGUA IN USO

Uso del passato remoto e differenze regionali

Nella lingua parlata l'uso del passato remoto presenta differenze regionali: usiamo l'opposizione tra passato prossimo e passato remoto in Toscana e nell'Italia centrale, ma usiamo prevalentemente il passato prossimo nell'Italia del Nord e il passato remoto nell'Italia del Sud.

Uso del passato remoto al posto del trapassato remoto

Possiamo usare il passato remoto al posto del trapassato remoto (*Non appena* **finì** *(= ebbe finito) di mettere a posto i documenti, uscì dall'ufficio*).

 Uso dell'indicativo presente al posto del passato → Indicativo presente, p. 10

obiettivo grammatica

FORME | **USI E FUNZIONI**

4 Completa le frasi con il passato remoto o con il passato prossimo. Abbina le frasi alle funzioni.

1. I miei nonni emigrarono in Argentina a causa della difficile situazione economica che li (costringere) _____ a lasciare il Paese.

2. Negli ultimi anni (noi-assistere) _____ al recupero dei dialetti in svariati contesti comunicativi, dai testi delle canzoni alla pubblicità.

3. Per diversi mesi la giovane (ricevere) _____ lettere anonime, piene di minacce e insulti personali, poi denunciò l'accaduto alla Polizia.

4. Circa 70 milioni di anni fa (comparire) _____ sulla Terra alcuni mammiferi, i primati, da cui si formarono nuove specie, tra cui gli ominidi.

5. La donna parcheggiò la macchina vicino al fiume, (scendere) _____ e rimase a guardare l'acqua senza fare niente.

6. Il testimone (cercare) _____ più volte di spiegare quello che era successo, ma non lo ascoltarono.

7. Fin dai tempi più remoti, gli esseri umani (rivolgere-sempre) _____ la loro attenzione alle erbe per trovare rimedi naturali.

8. Attraversai tutta Roma per andare verso la basilica di San Paolo, alla basilica feci il pieno di benzina e poi (avviarsi) _____ per la strada. (A. Moravia)

> **a.** eventi passati percepiti distanti **b.** eventi conclusi nel passato con un legame con il presente **c.** eventi conclusi in successione **d.** eventi passati ripetuti

5 Completa i testi con il passato prossimo, il passato remoto o l'imperfetto.

Testo 1 – Esistono diverse ipotesi riguardo la scomparsa dei dinosauri, ma nessuna (1) ☐ **ha trovato** ☐ **trovò** ☐ **trovava** ancora piena validità scientifica. Una di queste ipotesi è riconducibile a imponenti eruzioni vulcaniche che, liberando nell'atmosfera milioni di tonnellate di sostanze chimiche e ceneri, (2) ☐ **hanno reso** ☐ **rendevano** ☐ **resero** l'aria tossica e oscurarono il Sole. Si creò così un terrificante effetto serra, che cambiò radicalmente il clima e le stagioni perché la Terra non (3) ☐ **riuscì** ☐ **è riuscita** ☐ **riusciva** più a disperdere nello spazio l'eccesso di calore ricevuto dal Sole.

Testo 2 – Avevo scritto un romanzo, *Branchie*, più per me che con l'obiettivo di pubblicarlo. Poi venni a sapere che (4) ☐ **cercavano** ☐ **cercarono** ☐ **hanno cercato** autori esordienti per una nuova collana e così pubblicai il mio primo romanzo e a quel punto (5) ☐ **ho cominciato** ☐ **cominciavo** ☐ **cominciai** a capire che la scrittura poteva diventare anche un lavoro. Posso dire che tutto quello che (6) ☐ **successe** ☐ **succedeva** ☐ **è successo** da allora è andato oltre le mie aspettative. Adesso sto girando come regista una serie televisiva, che ho scritto io.

Testo 3 – Nell'Ottocento il luogo più caratteristico della socialità fu indubbiamente il salotto privato, il cui scopo era lo stare insieme e il conversare. La conversazione (7) ☐ **poteva** ☐ **ha potuto** ☐ **poté** riguardare anche la situazione politica: sebbene i salotti risorgimentali avessero carattere mondano, (8) ☐ **costituirono** ☐ **hanno costituito** ☐ **costituivano**, per lungo tempo, un surrogato di associazionismo politico al tempo vietato e furono un luogo di confronto tra posizioni e opinioni anche diverse, come di recente (9) ☐ **sottolineava** ☐ **sottolineò** ☐ **ha sottolineato** Maria Teresa Mori in un suo studio.

(Testi adattati, URL: http://bit.ly/2OmPnoD; http://bit.ly/2vAZkro; http://bit.ly/2vXRNSO, ultimo accesso: 2.11.2022).

6 Trasforma i verbi sottolineati dal presente storico al passato remoto.

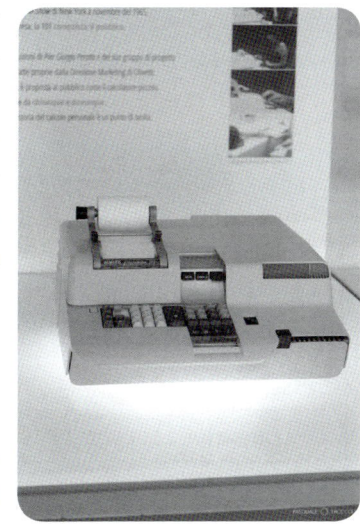

Negli anni Sessanta la gente ancora non aveva idea di che cosa fosse un computer. I primi personal computer, infatti, erano degli apparati ingombranti, costosissimi e gestiti esclusivamente dagli addetti ai lavori.
Nel 1962 l'Olivetti, famosa come grande casa produttrice italiana di macchine da scrivere e calcolatrici, (1) decide _____ di creare un apparecchio di piccole dimensioni e dai costi contenuti. Nel grande cantiere creativo e utopistico dell'azienda eporediese, l'ingegnere Pier Giorgio Perotto (2) forma _____ un'equipe di giovani ricercatori per lavorare a questo ambizioso e straordinario progetto.
Verso la fine del 1963 il progetto (3) assume _____ una connotazione precisa, tanto che nella primavera del 1964 (4) inizia _____ lo sviluppo del prototipo definitivo della macchina, in azienda ben presto battezzata come "la perottina", che (5) viene completato _____ verso la fine del 1964: (6) nasce _____ così la Programma 101, una macchina funzionale ed efficace per l'inserimento e la rielaborazione dei dati. La nuova creazione della Olivetti (7) viene proposta _____ ufficialmente al pubblico nel 1965 alla fiera di New York e (8) riscuote _____ un grande successo tra la stampa statunitense.
Quindici anni prima di Steve Jobs e Bill Gates la Olivetti (9) comprende _____ che il computer poteva essere qualcosa di diverso, un oggetto personale e "casalingo". L'era della digitalizzazione (10) comincia _____ da qui, grazie alla genialità e alla tecnologia italiana.

(Testi adattati, *Storia della Olivetti*, URL: http://bit.ly/2npuUnF; http://bit.ly/2MzmPaX ultimo accesso: 2.11.2022).

Il gruppo della Programma 101.

obiettivo grammatica

FORME | USI E FUNZIONI

1.8. Indicativo – Verbi ausiliari (*essere*, *avere*) nei tempi composti

I verbi *essere* e *avere* servono per formare i tempi composti e si chiamano "ausiliari", cioè "che aiutano".

- **Formazione dei tempi composti (passato prossimo)**

Passato prossimo di *essere*	Passato prossimo di *avere*
(io) **sono stato**	(io) **ho avuto**
indicativo presente + participio passato del di *essere* verbo	indicativo presente + participio passato di *avere* del verbo

 OG1 ➔ p. 32, per la scelta dell'ausiliare nei tempi composti

- **Scelta dell'ausiliare nei tempi composti**

verbi con *essere*	
- *essere*	*Sono stato* a Roma.
- intransitivi	*La donna è entrata in casa.*
- riflessivi	*Laura si è vestita in fretta.*
- forma pronominale	*Il padre si è arrabbiato con il figlio.*
- *si* impersonale	*Si è lavorato fino a tardi.*
- forma passiva	*Quei dipinti sono stati restaurati di recente.*
- *si* passivante	*Si è studiato il latino.* *Si sono seguiti due corsi.*

verbi con *avere*	
- *avere*	*Luca ha avuto pazienza.*
- transitivi	*Ho comprato un'auto nuova.*
- intransitivi	*Mario ha viaggiato molto.*

verbi con *essere* e con *avere*	
- intransitivi	*Il pallone è rimbalzato sul muro.* *Il pallone ha rimbalzato più volte.*
- intransitivi (fenomeni atmosferici)	*Ieri è/ha piovuto.* *Ha piovuto tutta la mattinata.*
- usati in modo transitivo o intransitivo	*Sono salito al terzo piano.* *Ho salito le scale di corsa.*

1.8. Indicativo – Verbi ausiliari (*essere*, *avere*) nei tempi composti

verbi con *essere* e con *avere*	
- modali	
• verbi intransitivi	*Laura **è dovuta restare** a casa.* *Laura **ha dovuto restare** a casa.*
• verbi riflessivi	*Laura **si è dovuta svegliare** presto.* *Laura **ha dovuto svegliarsi** presto.*
• verbi pronominali	***Mi sono dovuto pentire** di quell'acquisto.* ***Ho dovuto pentirmi** di quell'acquisto.*
• verbi con particella *ci* (locativo)	*I bambini sono al parco, **ci sono voluti andare**.* *I bambini sono al parco, **hanno voluto andarci**.*

- **Tempi semplici e tempi composti dei vari modi (*curare*)**

modi	tempi semplici	esempi	tempi composti	esempi
indicativo	presente	*curo*	passato prossimo	**ho** *curato*
	imperfetto	*curavo*	trapassato prossimo	**avevo** *curato*
	futuro semplice	*curerò*	futuro composto	**avrò** *curato*
	passato remoto	*curai*	trapassato remoto	**ebbi** *curato*
congiuntivo	presente	*curi*	passato	**abbia** *curato*
	imperfetto	*curassi*	trapassato	**avessi** *curato*
condizionale	semplice	*curerei*	composto	**avrei** *curato*
infinito	semplice	*curare*	composto	**avere** *curato*
gerundio	semplice	*curando*	composto	**avendo** *curato*

Scelta dei verbi ausiliari (*essere*, *avere*)

La scelta dell'ausiliare è certa solamente con i verbi transitivi, che richiedono *avere*, e con i verbi alla forma riflessiva, pronominale, impersonale e passiva, che richiedono *essere*, negli altri casi non ci sono regole precise ed è utile fare riferimento a un dizionario.

Verbi intransitivi nei tempi composti

I verbi intransitivi

- *grandinare*, *nevicare*, *piovere*…, che indicano fenomeni atmosferici, in genere hanno l'ausiliare *essere* quando l'azione è puntuale (*Oggi **è** piovuto*), hanno invece *avere* quando è indicata la durata dell'azione (*Ieri **ha** nevicato **per tre ore***).
- in alcuni casi hanno l'ausiliare *essere*, quando è indicata una direzione/destinazione (*Il pallone **è** rimbalzato sul muro*), e hanno *avere*, quando indicano movimento in senso assoluto (*Il pallone **ha** rimbalzato più volte*).

37

obiettivo grammatica

Verbi con *essere* e con *avere* nei tempi composti
Usiamo alcuni verbi
- come *affondare, avanzare, bollire, cambiare, cessare, cominciare, diminuire, esplodere, finire, guarire, iniziare, migliorare, sbandare, terminare...* in modo intransitivo con l'ausiliare *essere* (*La lezione **è iniziata** alle nove*) e in modo transitivo con *avere* (*Il professore **ha iniziato** la lezione*).
- come *correre, volare* in modo intransitivo con l'ausiliare *essere* quando è indicata una direzione/destinazione (*L'uomo **è corso** a casa*; ***Sono volato** a scuola*), in genere con *avere* quando è indicata la durata (*Il giovane **ha corso** tutto il giorno*; *È un pilota esperto: **ha volato** molti anni*) e quando sono usati in modo transitivo (*Il ciclista **ha corso** il Giro d'Italia*).
- come *atterrare, durare, sbandare...* in modo intransitivo con l'ausiliare *essere* e in modo transitivo con *avere*, con differenze di significato (*Il volo **è atterrato** a Milano Malpensa*; *Il pugile **ha atterrato*** (= "ha steso a terra") *l'avversario*; *Il temporale **è durato** alcune ore*; *Il direttore **ha durato*** (= "ha resistito") *poco*; *L'auto **è sbandata** a causa del ghiaccio*; *La polizia **ha sbandato*** (= "ha disperso") *i dimostranti*).
- intransitivi come *inciampare, prevalere* con l'ausiliare *essere* e con *avere* senza differenza di significato (*Carlo **è/ha** inciampato ed è caduto a terra*).

Verbo *avere* con i verbi modali (*dovere, potere, volere*) nei tempi composti
Con i verbi modali seguiti dal verbo *essere* usiamo l'ausiliare *avere* (*Le mie coinquiline **hanno voluto** essere a casa per le cinque*).

1 Completa le frasi al passato prossimo con l'ausiliare *essere* o *avere*. Attenzione alla forma passiva.

1. Luca _____ volat____ a casa a prendere il libretto universitario.
2. I miei amici _____ volut____ essere presenti alla discussione della tesi.
3. Ieri Anna si _____ stancat____ molto al lavoro.
4. Sabato scorso _____ nevicat____ sulle regioni appenniniche.
5. Filippo e Maria _____ già vissut____ in questa zona della città.
6. Questa mattina _____ piovut____ per qualche ora e adesso fa meno caldo.
7. La proposta di lavoro _____ rifiutat____ da Giulia.
8. I laboratori _____ terminat____ alle sei del pomeriggio.
9. Le nostre amiche si _____ perdut____ nel caos cittadino.
10. I miei fratelli _____ allevat____ dai nonni paterni.
11. Mia è già al lavoro, oggi _____ dovut____ andarci presto.
12. Poco fa _____ inciampat____ e sono caduta per terra.

2 Trasforma i verbi sottolineati dall'indicativo presente al passato prossimo e scegli l'ausiliare *essere* o *avere*.

1. Il neurologo <u>guarisce</u> la paziente con una terapia farmacologica. _____
2. L'azienda <u>diminuisce</u> il costo delle azioni. _____
3. Il giovane <u>corre</u> a casa a prendere le chiavi della macchina. _____
4. Il rendimento degli studenti <u>migliora</u> molto. _____
5. Il motociclista <u>corre</u> una gara molto impegnativa. _____
6. Il furgone <u>sbanda</u> finendo fuori strada. _____
7. La nuova norma <u>migliora</u> la situazione lavorativa dei dipendenti. _____
8. Mi <u>voglio</u> incontrare con i dipendenti della mia ditta. _____

9. La polizia sbanda il gruppo dei manifestanti. _____
10. L'uomo guarisce in meno di una settimana. _____
11. Il costo degli affitti delle case diminuisce. _____
12. A Verona dobbiamo sistemarci in una piccola pensione. _____

3 Completa il testo al passato prossimo con l'ausiliare *essere* o *avere*. Attenzione alla forma passiva.

Bambina cade nel fiume, il padre la salva, ma è grave

Bagno a Ripoli (Firenze) – Una bambina di sette anni (1) _____ cadut__ nel torrente Ema mentre era in bicicletta con i genitori, ma il padre si (2) _____ tuffat__ ed (3) _____ riuscit__ a portarla a riva, ma in gravi condizioni. Dalle dichiarazioni dell'uomo, (4) _____ stat__ una buca a farle perdere l'equilibrio e a farla cadere. La vicenda si (5) _____ verificat__ intorno alle 12:00 di ieri nel comune di Bagno a Ripoli. La famigliola stava pedalando lungo l'argine del torrente, quando la bimba (6) _____ pres__ una buca ed (7) _____ cadut__ nel fiume, dove (8) _____ trascinat__ per almeno 300 metri. Il padre, però, si (9) _____ tuffat__ subito ed (10) _____ riuscit__ a recuperarla e portarla verso la riva, mentre la madre (11) _____ chiamat__ prontamente i soccorsi. (12) _____ trascors__ attimi di terrore. Sul posto (13) _____ intervenut__ i soccorritori con anche un elicottero Pegaso, e la piccola (14) _____ trasportat__ all'ospedale pediatrico Meyer di Firenze. Quando (15) _____ assistit__ dai sanitari, la bambina era in gravi condizioni e (16) _____ stat__ necessarie le manovre per rianimarla. Anche il padre (17) _____ condott__ in ambulanza nel vicino ospedale di Careggi. È quanto si apprende oggi da fonti dell'ospedale, la bambina sarebbe fuori pericolo.

obiettivo grammatica

FORME | **USI E FUNZIONI**

2. CONDIZIONALE

Il modo condizionale esprime un'azione o una situazione influenzata da condizionamenti esterni e la presenta come possibile o realizzabile. Si usa in frasi principali e subordinate. Il condizionale ha due tempi (semplice, composto).

2.1. Condizionale - Semplice/Presente

- **Verbi regolari e verbi *essere* e *avere***

	-are	-ere	-ire		essere	avere
	cur-are	tem-ere	avvert-ire			
(io)	cur-erei	tem-erei	avvert-irei		sarei	avrei
(tu)	cur-eresti	tem-eresti	avvert-iresti		saresti	avresti
(lui/lei/Lei)	cur-erebbe	tem-erebbe	avvert-irebbe		sarebbe	avrebbe
(noi)	cur-eremmo	tem-eremmo	avvert-iremmo		saremmo	avremmo
(voi)	cur-ereste	tem-ereste	avvert-ireste		sareste	avreste
(loro/Loro)	cur-erebbero	tem-erebbero	avvert-irebbero		sarebbero	avrebbero

- **Verbi irregolari**

- Alcuni verbi in *–are* conservano la *a* della desinenza dell'infinito. Seguono questo modello *dare, fare, stare*.
- In alcuni verbi, cade la *e* della desinenza del condizionale. Seguono questo modello *andare, cadere, dovere, potere, sapere, vedere, vivere*.
- In alcuni verbi cade la *e* della desinenza del condizionale e la *r* raddoppia. Seguono questo modello *bere, porre, rimanere, tenere, tradurre, venire, volere*.

- **Altri verbi irregolari**

• **andare:**	andrei, andresti, andrebbe, andremmo, andreste, andrebbero		• **stare:**	starei, staresti, starebbe, staremmo, stareste, starebbero
• **bere:**	berrei, berresti, berrebbe, berremmo, berreste, berrebbero		• **tenere:**	terrei, terresti, terrebbe, terremmo, terreste, terrebbero
• **cadere:**	cadrei, cadresti, cadrebbe, cadremmo, cadreste, cadrebbero		• **tradurre:**	tradurrei, tradurresti, tradurrebbe, tradurremmo, tradurreste, tradurrebbero
• **dare:**	darei, daresti, darebbe, daremmo, dareste, darebbero		• **trarre:**	trarrei, trarresti, trarrebbe, trarremmo, trarreste, trarrebbero
• **dovere:**	dovrei, dovresti, dovrebbe, dovremmo, dovreste, dovrebbero		• **valere:**	varrei, varresti, varrebbe, varremmo, varreste, varrebbero
• **fare:**	farei, faresti, farebbe, faremmo, fareste, farebbero		• **vedere:**	vedrei, vedresti, vedrebbe, vedremmo, vedreste, vedrebbero
• **parere:**	parrei, parresti, parrebbe, parremmo, parreste, parrebbero		• **venire:**	verrei, verresti, verrebbe, verremmo, verreste, verrebbero
• **porre:**	porrei, porresti, porrebbe, porremmo, porreste, porrebbero		• **vivere:**	vivrei, vivresti, vivrebbe, vivremmo, vivreste, vivrebbero
• **potere:**	potrei, potresti, potrebbe, potremmo, potreste, potrebbero		• **volere:**	vorrei, vorresti, vorrebbe, vorremmo, vorreste, vorrebbero
• **rimanere:**	rimarrei, rimarresti, rimarrebbe, rimarremmo, rimarreste, rimarrebbero			
• **sapere:**	saprei, sapresti, saprebbe, sapremmo, sapreste, saprebbero			

➤ Tavola dei verbi irregolari, p. 216

2.1. Condizionale - Semplice/Presente

FORME

PARTICOLARITÀ

I verbi della I coniugazione (-are)
- in –*care* e –*gare* (*cercare*, *spiegare*) prendono una *h* davanti alla *e* della desinenza (*Giulio cercherebbe un lavoro occasionale*).
- in –*ciare*, –*giare*, –*sciare* (*cominciare*, *mangiare*, *lasciare*) perdono la *i* del tema verbale davanti alla *e* della desinenza (*Laura comincerebbe la relazione oggi*).
- con il tema terminante in –*e* (*creare*) conservano la *e* davanti alla *e* della desinenza (*Il professore creerebbe una nuova atttività didattica*).

 OG1 ➜ p. 36, per gli esercizi sulle forme

USI E FUNZIONI

Esempi	Usiamo il condizionale semplice per
– A causa del terremoto, le case del paesino di montagna **sarebbero** inagibili.	– riferire fatti presenti attendibili, ma non sicuri
– Se domani il professore non facesse lezione, **resterei** a casa a studiare.	– esprimere conseguenze possibili nel periodo ipotetico (II tipo)
– Se ora non piovesse, **uscirei** con il cane.	– esprimere conseguenze irreali nel periodo ipotetico (III tipo)

 OG1 ➜ p. 37, per altri usi del condizionale semplice (desideri/volontà in forma attenuata; eventualità/dubbi; richieste cortesi; consigli/suggerimenti)

LINGUA IN USO

Uso del condizionale nel linguaggio giornalistico
Nel linguaggio giornalistico usiamo il condizionale semplice per riferire un fatto presente attendibile, ma non sicuro, cioè non oggettivamente certo (*Secondo la stampa, il Presidente della Repubblica* **sarebbe** *a colloquio con il capo del governo*).

---

1 Completa le frasi con il condizionale semplice. Abbina le frasi alle funzioni.

1. A: Che cosa farete per Pasqua?
   B: (dovere) _____ fare un viaggio in Sicilia, ma non lo sappiamo ancora. ☐

2. A: Che cosa dice il giornale sulla rapina alla banca di Via Roma?
   B: Secondo la stampa i rapinatori (essere) _____ in fuga con due ostaggi. ☐

3. A: Pensi di dare una mano a Marta?
   B: L'(aiutare) _____ molto volentieri, se me lo chiedesse. ☐

4. A: Ragazze, secondo me la copisteria è chiusa il sabato pomeriggio.
   B: Casomai (noi-ritirare) _____ le copie delle tesi la prossima settimana. ☐

5. A: La casa che abbiamo preso in affitto è invivibile per il rumore della strada!
   B: Se rifletteste di più sulle cose, ora non (trovarsi) _____ in questa situazione. ☐

a. fatti presenti attendibili, ma non sicuri **b.** eventualità/dubbi
c. conseguenze irreali **d.** desideri/volontà in forma attenuata **e.** conseguenze possibili

obiettivo grammatica

FORME | **USI E FUNZIONI**

2 Abbina le parti di frasi e completa con il condizionale semplice.

1. Per biologi e nutrizionisti una dieta alimentare con molti cibi grassi e unti	a. (fornire) _____ prove certe dell'esistenza di una vita dopo la morte, anche se può risultare curioso.
2. Per la comunità scientifica i consumi di carne in forte crescita nel mondo	b. (dipendere) _____ dagli insetti impollinatori come le api, minacciati dall'uso dei pesticidi in agricoltura.
3. Secondo alcuni ricercatori una branca della fisica quantistica	c. (esserci) _____ in media 670 rifiuti ogni 100 metri lineari di costa, principalmente di plastica.
4. In base a un'indagine di Legambiente sui litorali italiani	d. (riguardare) _____ l'aumento delle temperature medie estive a causa anche dell'effetto serra.
5. Come evidenziato in un recente rapporto, il settore ortofrutticolo	e. (causare) _____ non solo un eccessivo consumo di risorse alimentari, ma anche un impiego smodato di risorse idriche.
6. Per i geologi lo scioglimento dei ghiacciai	f. (determinare) _____ un maggiore rischio di patologie croniche, collegate a stili di vita non sani.
7. Come affermato dalla FAO, gli allevamenti estensivi	g. (produrre) _____ una forte crescita di visitatori grazie all'ingresso gratuito la prima domenica del mese.
8. Secondo il ministro dei Beni culturali le nuove tariffe di musei e aree archeologiche	h. (incidere) _____ negativamente sull'equilibrio del Pianeta per la deforestazione per creare pascoli.

1	2	3	4	5	6	7	8

3 Completa il testo con i verbi al condizionale semplice.

Il Bel Paese alimentato da vento, acqua, sole: effetti positivi su costi, occupazione e salute

ROMA – Se l'Italia ricorresse interamente alle energie rinnovabili, (1. noi-risparmiare) _____ cifre consistenti. Inoltre, (2. ridursi) _____ le morti da malattie causate dall'inquinamento e le relative spese sanitarie, e (3. essere) _____ possibile creare circa mezzo milione di nuovi posti di lavoro. Questi sono i dati sul nostro Paese, elaborati da un team di ricercatrici e ricercatori delle università di Stanford, Berkeley, Berlino e Aarhus e pubblicati su *Joule*. La ricerca analizza la possibile evoluzione dei sistemi energetici di 139 paesi (responsabili del 99% delle emissioni di gas serra!), di cui si esaminano i consumi di energia.
Il ricorso esclusivo alle energie rinnovabili, *Wind, Water, Sunlight* (WWS), con l'azzeramento dell'emissione di gas serra, (4. potere) _____ essere raggiungibile all'80% già nel 2030 e al 100% nel 2050. Si (5. ottenere) _____ un abbattimento della domanda energetica, che (6. scendere) _____ di oltre il 40%, soprattutto attraverso una forte elettrificazione, legata a fonti di energia verde. L'elettricità, infatti, è più efficiente della combustione, e poi non si (7. dovere) _____ più estrarre, trasportare e raffinare i combustibili fossili.
A livello mondiale, se i vari sistemi si basassero sulle energie rinnovabili, (8. consentire) _____ di creare oltre 24 milioni di posti di lavoro permanenti e di evitare dai 4 ai 7 milioni di morti premature al 2050. Se si riuscisse a raggiungere questo ambizioso obiettivo, si (9. avere) _____ inoltre un risparmio di oltre 50 miliardi di dollari all'anno sui costi dell'inquinamento e sui danni causati dai cambiamenti climatici.
Ma per raggiungere questi obiettivi, siamo molto indietro: a livello mondiale lo sfruttamento delle potenzialità delle fonti di energia rinnovabile necessario per raggiungere l'obiettivo 100% WWS (10. essere) _____ attualmente inferiore al 5%.

obiettivo grammatica

FORME | **USI E FUNZIONI**

2.2. Condizionale - Composto/Passato

Il condizionale composto si forma in questo modo:

condizionale semplice di *essere* o *avere* + participio passato del verbo

- **Verbi *essere* e *avere***

essere		avere	
sarei		avrei	
saresti	stato/a	avresti	
sarebbe		avrebbe	avuto
saremmo		avremmo	
sareste	stati/e	avreste	
sarebbero		avrebbero	

➡ **Uso degli ausiliari nei tempi composti** → Indicativo-Verbi ausiliari (*essere, avere*) nei tempi composti, p. 36

1 Completa la tabella, come nell'esempio.

verbo	condizionale composto	verbo	condizionale composto
1. tu-svegliarsi	*ti saresti svegliato/a*	9. noi-ridere	
2. loro-pulire		10. io-morire	
3. lei-scegliere		11. loro-archiviare	
4. noi-viaggiare		12. tu-proibire	
5. io-mettersi		13. voi-comporre	
6. voi-dormire		14. noi-ferirsi	
7. tu-laurearsi		15. lui-costringere	
8. lui-vestirsi		16. io-rientrare	

2 Trasforma i verbi dall'indicativo presente al condizionale composto.

1. mi alzo _____
2. ricevono _____
3. si pente _____
4. passeggiamo _____
5. riuscite _____
6. traggono _____
7. ti nascondi _____
8. invecchiano _____
9. calpestiamo _____
10. rimane _____
11. preferisci _____
12. reprimo _____
13. coglie _____
14. vi dedicate _____
15. produco _____

Esempi	Usiamo il condizionale composto per esprimere
– Ieri **sarei andato** a lezione, ma avevo la febbre alta./ Lunedì prossimo **sarei partito** per tornare a casa, ma ho saputo che ci sarà sciopero dei treni.	– desideri irrealizzati/irrealizzabili

obiettivo grammatica

FORME | **USI E FUNZIONI**

Esempi	Usiamo il condizionale composto per esprimere
– Disse che **sarebbe venuto** a trovarci e infatti venne; Disse che ci **avrebbe telefonato**, ma non lo fece; L'uomo lasciò il suo paese e non ci **sarebbe** mai più **tornato**.	– eventi futuri rispetto a eventi passati
– Se avessi avuto il tuo indirizzo e-mail, ti **avrei scritto** per avere tue notizie.	– conseguenze irreali nel periodo ipotetico (III tipo)

LINGUA IN USO

Uso dell'indicativo imperfetto al posto del condizionale composto

Nella lingua parlata di uso comune usiamo l'indicativo imperfetto al posto del condizionale composto per esprimere
- eventi irrealizzati/irrealizzabili con i verbi modali *dovere, potere, volere* (*Carlo **doveva** (= avrebbe dovuto) avvertire del ritardo, ma non l'ha fatto*; ***Potevo** (= sarei potuto) partire anche domani, ma preferisco rimandare*)
- eventi futuri rispetto a eventi passati (*Mi ha detto che **tornava** (= sarebbe tornato) presto*).

Nella lingua parlata di uso comune usiamo l'indicativo imperfetto al posto del condizionale composto e del congiuntivo trapassato per esprimere conseguenze e condizioni irreali nel periodo ipotetico dell'irrealtà (III tipo) (*Marco **si divertiva** (= si sarebbe divertito), se **veniva** (= fosse venuto) alla gita*).

Uso del trapassato prossimo nel periodo ipotetico dell'irrealtà (III tipo)

Nella lingua parlata di uso comune usiamo il trapassato prossimo nel periodo ipotetico per esprimere la condizione e la conseguenza irreali nel passato al posto del congiuntivo trapassato e del condizionale composto (*Se il treno non **era arrivato** (= fosse arrivato) in ritardo, **ero venuto** (= sarei venuto) a casa vostra*).

Uso del condizionale nel linguaggio giornalistico

Nel linguaggio giornalistico usiamo il condizionale composto per riferire fatti passati attendibili, ma non sicuri, cioè non oggettivamente certi (*Secondo la stampa, il Presidente della Repubblica ieri **sarebbe stato** a colloquio con il capo del governo*).

3a Completa le frasi con il condizionale composto, come nell'esempio.

1. A: Matteo, hai già dato anche tu l'esame di chimica?
   B: Lo (dare) _avrei dato_ all'ultimo appello, se fossi stato più preparato.

2. A: Che reazioni hanno avuto i soci di fronte alle conseguenze disastrose della crisi?
   B: Ero sicuro che (reagire) _____ male, ma fortunatamente non è stato così.

3. A: Avete già consegnato alla direttrice dei lavori le modifiche al progetto?
   B: No. Se ieri avessimo potuto lavorarci, a quest'ora le (terminare-già) _____ .

4. A: A Laura, in estate, (fare) _____ piacere venire da noi in campagna!
   B: Purtroppo ha avuto impedimenti di ogni genere e non le è stato possibile.

5. A: Il professor Nardi ha fatto lezione venerdì scorso?
   B: Non lo so, ma aveva detto che la lezione (esserci) _____ senz'altro.

6. A: So che vi (volere) _____ iscrivere al corso, ma le iscrizioni erano già chiuse.
   B: Sì, peccato! Riproveremo il prossimo mese.

2.2. Condizionale composto/passato

FORME | USI E FUNZIONI

2.2. Condizionale composto/passato

3b Scrivi per ogni funzione il numero della frase corrispondente (attività 3a), come nell'esempio.

funzioni del condizionale composto	n° delle frasi
a. desideri irrealizzati/irrealizzabili	4
b. conseguenze irreali	
c. eventi futuri rispetto a eventi passati	

4 Completa le frasi con il condizionale composto e indicane la funzione: evento futuro rispetto a uno passato (A), conseguenza irreale (B), come nell'esempio.

                                                                                                                     A B

1. Se i bambini ti avessero visto, ti (correre) _**sarebbero corsi**_ incontro per abbracciarti. ☐ ✓
2. Luca (iscriversi) _____ a medicina, se la famiglia lo avesse sostenuto. ☐ ☐
3. Gli dicemmo che (preferire) _____ trovare una sistemazione migliore. ☐ ☐
4. (lo-mettersi) _____ il completo blu, se non fosse stato in lavanderia. ☐ ☐
5. La docente avvertì gli studenti che (rimandare) _____ l'appello dell'esame. ☐ ☐
6. Temevamo che Luigi non (svegliarsi) _____ in tempo per prendere il treno. ☐ ☐
7. Se solo aveste potuto, (aiutare) _____ i vostri compagni? ☐ ☐
8. Non era scontato che le lavoratrici e i lavoratori (accettare) _____ il nuovo orario di lavoro. ☐ ☐

5 Completa il testo con i verbi della lista al condizionale composto.

fissare – prendere – immaginarsi mai – (noi) trovare – dovere – preferire – potere – risparmiarsi – rivolgersi – (noi) partire

E-mail di reclamo

Nuovo messaggio
DA: venuti@gmail.com
Oggetto: Come va?

Egregio Direttore,
sono Vostro cliente da molti anni e (1) _____ non scrivere questa e-mail per segnalarLe disagi e disservizi che mia moglie e io (2) _____ volentieri durante la nostra vacanza in Sardegna del giugno scorso, prenotata presso l'agenzia di viaggi che Lei dirige.
Il primo problema è sorto con il volo. Era stato stabilito che (3) _____ da Firenze Peretola per fare scalo a Roma Fiumicino, da dove (4) _____ il volo per Alghero delle 14:20, ma il volo per Roma è stato cancellato senza alcuna spiegazione. Imbarcatici sul volo successivo, (5) _____ essere a Fiumicino alle 13:50, ma siamo atterrati in ritardo e abbiamo perso la coincidenza, arrivando in Sardegna solo in tarda serata. Se avessimo saputo di dover affrontare così tante difficoltà, con le soluzioni di viaggio da voi proposte, sicuramente non (6) _____ questa vacanza e (7) _____ a una agenzia più affidabile.
Se ciò non bastasse, ero certo che (8) _____, così come avevo richiesto, un albergo tranquillo, da cui (9) _____ raggiungere il mare a piedi, invece siamo finiti in un hotel frequentato da scolaresche chiassose e per giunta collocato ad almeno un'ora dalla spiaggia più vicina. Le assicuro che non (10) _____ di trovarmi così male durante una vacanza, costata inoltre una cifra considerevole.
Certo che comprenderà le ragioni del mio reclamo, resto in attesa di un cortese chiarimento da parte Sua.

Cordiali saluti,
Lorenzo Venuti

obiettivo grammatica

FORME | USI E FUNZIONI

3. IMPERATIVO

Il modo imperativo serve per esprimere un ordine/un comando o un'esortazione. Si usa in frasi indipendenti. L'imperativo ha solo un tempo semplice (presente).

- **Verbi regolari e verbi *essere* e *avere***

	-are cur-are	-ere tem-ere	-ire avvert-ire	essere	avere
(tu)	cur-a	tem-i	avvert-i	sii	abbi
(noi)	cur-iamo	tem-iamo	avvert-iamo	siamo	abbiamo
(voi)	cur-ate	tem-ete	avvert-ite	siate	abbiate
(Lei)	cur-i	tem-a	avvert-a	sia	abbia
(Loro)	cur-ino	tem-ano	avvert-ano	siano	abbiano

- **Forma negativa dell'imperativo alla II persona singolare (tu)**

L'imperativo negativo alla II persona singolare (tu) si forma con *non* + infinito (Carlo, **non parlare!**).

tu	non curare	non temere	non avvertire	non essere	non avere

> **Persone dell'imperativo**
>
> L'imperativo ha solamente due forme: la II persona singolare (tu) e plurale (voi). L'imperativo non ha la I persona singolare (io).
> Esprimiamo la III persona singolare (Lei – formale), la I persona e la III persona plurali (noi, Loro – formale) con il congiuntivo presente (congiuntivo esortativo) (**Parli** pure, signora; Non **parliamo** tutti insieme; Signori, **parlino** liberamente).
>
> **Verbi senza imperativo**
>
> Alcuni verbi, come *dovere*, non hanno l'imperativo (Signora, ~~debba iscriversi~~ (= si iscriva) al corso entro oggi).

- **Verbi irregolari**

- **andare:** (tu) *vai/va'*, (voi) *andate*; (Lei) *vada*, (noi) *andiamo*, (Loro) *vadano*
- **bere:** (tu) *bevi*, (voi) *bevete*; (Lei) *beva*, (noi) *beviamo*, (Loro) *bevano*
- **cogliere:** (tu) *cogli*, (voi) *cogliete*; (Lei) *colga*, (noi) *cogliamo*, (Loro) *colgano*
- **dare:** (tu) *dai/da'*, (voi) *date*; (Lei) *dia*, (noi) *diamo*, (Loro) *diano*
- **dire:** (tu) *di'*, (voi) *dite*; (Lei) *dica*, (noi) *diciamo*, (Loro) *dicano*
- **fare:** (tu) *fai/fa'*, (voi) *fate*; (Lei) *faccia*, (noi) *facciamo*, (Loro) *facciano*
- **porre:** (tu) *poni*, (voi) *ponete*; (Lei) *ponga*, (noi) *poniamo*, (Loro) *pongano*
- **rimanere:** (tu) *rimani*, (voi) *rimanete*; (Lei) *rimanga*, (noi) *rimaniamo*, (Loro) *rimangano*
- **trarre:** (tu) *trai*, (voi) *traete*; (Lei) *tragga*, (noi) *traiamo*, (Loro) *traggano*

- **salire:** (tu) *sali*, (voi) *salite*; (Lei) *salga*, (noi) *saliamo*, (Loro) *salgano*
- **sapere:** (tu) *sappi*, (voi) *sappiate*; (Lei) *sappia*, (noi) *sappiamo*, (Loro) *sappiano*
- **scegliere:** (tu) *scegli*, (voi) *scegliete*; (Lei) *scelga*, (noi) *scegliamo*, (Loro) *scelgano*
- **sedere:** (tu) *siedi*, (voi) *sedete*; (Lei) *sieda*, (noi) *sediamo*, (Loro) *siedano*
- **stare:** (tu) *stai/sta'*, (voi) *state*; (Lei) *stia*, (noi) *stiamo*, (Loro) *stiano*
- **tenere:** (tu) *tieni*, (voi) *tenete*; (Lei) *tenga*, (noi) *teniamo*, (Loro) *tengano*
- **tradurre:** (tu) *traduci*, (voi) *traducete*; (Lei) *traduca*, (noi) *traduciamo*, (Loro) *traducano*
- **venire:** (tu) *vieni*, (voi) *venite*; (Lei) *venga*, (noi) *veniamo*, (Loro) *vengano*

3. Imperativo

FORME | USI E FUNZIONI

- **uscire:** (tu) esci, (voi) uscite; (Lei) esca, (noi) usciamo, (Loro) escano
- **volere:** (tu) vogli (non più usato), (voi) vogliate; (Lei) voglia, (noi) vogliamo, (Loro) vogliano

→ Tavola dei verbi irregolari, p. 216

PARTICOLARITÀ

I verbi della I coniugazione (–are) *andare, dare, fare, stare* alla II persona singolare hanno anche la forma con l'apostrofo (*dai/da', fai/fa', stai/sta', vai/va'*). Il verbo della III coniugazione (–ire) *dire* ha solo la forma con l'apostrofo (*di'*).

I verbi della III coniugazione (–ire) in –*isc*– hanno il suffisso –*isc*– alla II e alla III persona singolare (tu, Lei) e alla III persona plurale (Loro) dell'imperativo (*finisci, finisca, finiscano*).

- **Imperativo e posizione dei pronomi**

	pronome diretto		pronome indiretto		pronome riflessivo	
	studiare		scrivere		vestirsi	
	forma affermativa	forma negativa	forma affermativa	forma negativa	forma affermativa	forma negativa
tu	studia**lo**	non studiar**lo** / non **lo** studiare	scrivi**gli**	non scriver**gli** / non **gli** scrivere	vesti**ti**	non vestir**ti** / non **ti** vestire
noi	studiamo**lo**	non studiamo**lo** / non **lo** studiamo	scriviamo**gli**	non scriviamo**gli** / non **gli** scriviamo	vestiamo**ci**	non vestiamo**ci** / non **ci** vestiamo
voi	studiate**lo**	non studiate**lo** / non **lo** studiate	scrivete**gli**	non scrivete**gli** / non **gli** scrivete	vestite**vi**	non vestite**vi** / non **vi** vestite
Lei	**lo** studi	non **lo** studi	**gli** scriva	non **gli** scriva	**si** vesta	non **si** vesta
Loro	**lo** studino	non **lo** studino	**gli** scrivano	non **gli** scrivano	**si** vestano	non **si** vestano

Posizione dei pronomi con l'imperativo (tu, voi, noi)
Con l'imperativo in forma affermativa alla II persona singolare (tu) e plurale (voi), e alla I persona plurale (noi) (congiuntivo esortativo) i pronomi atoni (diretti, indiretti, riflessivi), ma anche i pronomi combinati e le particelle *ci* e *ne* seguono il verbo e si uniscono all'imperativo (*Portami le chiavi, porta***mele** *subito!*; *Torna al tuo posto, torna***ci** *ora!*).

Posizione dei pronomi con l'imperativo negativo (tu, voi, noi)
Con l'imperativo in forma negativa alla II persona singolare (tu) e plurale (voi), e alla I persona plurale (noi) (congiuntivo esortativo) i pronomi atoni (diretti, indiretti, riflessivi), ma anche i pronomi combinati e le particelle *ci* e *ne* possono seguire o precedere il verbo (*Carlo, non portare i libri a Giovanna, non* **glieli** *portare/non portar***glieli***!*; *Comprate il pane, ma non* **ne** *prendete/prende***tene** *troppo*).

Posizione dei pronomi con l'imperativo (Lei, Loro)
Con l'imperativo formale (congiuntivo esortativo), in forma affermativa e negativa, alla III persona singolare (Lei) e plurale (Loro) i pronomi atoni (diretti, indiretti, riflessivi), ma anche i pronomi combinati e le particelle *ci* e *ne* si trovano prima del verbo (*Mi porti le chiavi,* **me le** *porti subito!*; *Torni al suo posto,* **ci** *torni subito!*).

Imperativo (tu) con raddoppiamento (*andare, dare, dire, fare, stare*)
Con gli imperativi che hanno l'apostrofo (*va', da', di', fa', sta'*) la lettera iniziale del pronome atono alla II persona singolare raddoppia (*Di***mmi** *tutto!*). Con il pronome indiretto di III persona singolare la lettera iniziale non raddoppia (*Da' a Mario un po' di caffè.* > *Da***gliene** *un po'*).

OG1 → p. 41, per gli esercizi sulle forme

obiettivo grammatica

FORME | **USI E FUNZIONI**

USI E FUNZIONI

Esempi	Usiamo il congiuntivo presente (congiuntivo esortativo) al posto dell'imperativo
– Mi **dica** la verità!/Prego, **si accomodino** qui, per favore!	– alla III persona singolare (Lei) e plurale (Loro) per • esprimere in modo formale esortazioni ordini/comandi
– Se fossi in difficoltà, **chiama** pure!	• indicare conseguenze reali o possibili nel periodo ipotetico
– È tardi, **usciamo**!	– alla I persona plurale (noi) per esprimere in modo formale e non formale esortazioni, ordini/comandi.

 OG1 ➜ p. 42, per altri usi dell'imperativo (ordini/comandi; consigli/suggerimenti; istruzioni; dare permessi; conseguenze reali)

LINGUA IN USO

Uso dell'infinito e del futuro semplice al posto dell'imperativo
Al posto dell'imperativo usiamo l'infinito semplice per esprimere un'istruzione (o un divieto) rivolta a tutti (**Assumere** il farmaco lontano dai pasti; **Non fare** fotografie nel museo) o al posto del futuro semplice per esprimere un comando o un obbligo con enfasi (Per domani, **fare** (= farai) tutti i compiti!).

Uso dell'imperativo
Alcune forme di imperativo sono diventate formule fisse con funzione di
• segnali discorsivi (**Senti**, scusa, mi sai dire dov'è la banca?)
• formule esplicative (Inviare la lista all'indirizzo scelto (**vedi** il modello di mail))
• gerundio modale (**Prova e riprova** (= Provando e riprovando), ha imparato a giocare a scacchi).

Uso del congiuntivo esortativo di III persona plurale (Loro)
Nella lingua parlata di uso comune il congiuntivo esortativo di III persona plurale (Loro) tende a essere sostituito dalla II persona plurale dell'imperativo (voi) (Signori, **entrate** e **accomodatevi** (= Signori entrino e si accomodino)).

 Uso dei pronomi allocutivi ➜ Pronomi allocutivi e forma di cortesia, p. 162

---

1 Completa le frasi con l'imperativo. Abbina le frasi alle funzioni.

1. A: Posso parlare con Lei un momento?
   B: (Lei-venire) _____ pure nel mio ufficio tra cinque minuti. ☐

2. A: Signore e signori, (Loro-fare) _____ silenzio, altrimenti lo spettacolo non può iniziare.
   B: Sì, ci scusi. ☐

3. A: Devo spedire questo pacco.
   B: Certo. (Lei-scrivere) _____ l'indirizzo del destinatario in alto a destra. ☐

4. A: Pronto? Sono la signora Fedeli. La disturbo?
   B: Non (Lei-preoccuparsi) _____. Sono per strada, ma posso parlare al telefono. ☐

3. Imperativo

FORME | USI E FUNZIONI

5. A: Ho la tosse e un forte mal di gola da giorni. Che cosa posso prendere?
   B: Le consiglio questo sciroppo. Lo (Lei-prendere) _____ due volte al giorno. ☐

6. A: Vorrei cambiare lingua sul mio telefono, ma non so come fare.
   B: Vada su "Impostazioni", (Lei-scegliere) _____ "Lingua" e clicchi sulla lingua che preferisce. ☐

a. esortazioni, ordini/comandi **b.** permessi **c.** consigli/suggerimenti **d.** istruzioni

---

2 Scrivi i pronomi (diretti e indiretti) al posto giusto. In alcuni casi sono possibili due posizioni.

1. Scusi, il segretario è impegnato. Non ____ telefoni ____ ora! (gli)
2. Ragazzi, il pane c'è. Non ____ comprate ____ ! (lo)
3. Signora, ____ faccia ____ avere sue notizie! (ci)
4. Scusi, per favore, ____ aiuti ____ a portare le valigie! (mi)
5. Bambini, questo film è da grandi. Non ____ guardate ____ ! (lo)
6. Giovanni, ____ alza ____ , la sveglia è suonata! (ti)
7. Signor Bianchi, ecco la lettera. ____ firmi ____ , per favore! (la)
8. Maria, ____ ricorda ____ di comprare il libro! (ti)
9. Siamo in ritardo! ____ sbrighiamo ____ ! (ci)
10. Se devi scrivere una e-mail a Roberta, ____ scrivi ____ ora! (le)

---

3 Completa le frasi con l'imperativo positivo o negativo e sostituisci la parte sottolineata con i pronomi adatti, come nell'*esempio*.

1. Se vuoi *dire* a Francesca la verità, *digliela* subito.
2. Se volete *scrivere* a Federico una e-mail, _____ dal mare.
3. Se desideri *andare* a teatro, _____ oggi, perché ci sono ancora i biglietti.
4. Se Lei mi vuole consegnare la relazione, _____ consegni al prossimo incontro.
5. Se devi *fare* i compiti, _____ all'inizio del pomeriggio.
6. Se Le *dico* un segreto, non _____ a nessuno, mi raccomando!
7. Se vuoi *dare* l'esame di filosofia, _____ nella sessione di settembre.
8. Se *vendete* ai signori Tozzi l'appartamento, non _____ a un prezzo troppo alto.
9. Signora, se vuole *fare* una passeggiata, _____ di sera, perché adesso fa caldo.
10. Se vuoi *portare* a Filippo del vino, _____ due bottiglie: una di rosso e una di bianco.
11. Se avete bisogno di *cambiare* i soldi, non _____ in questa banca.
12. Se volete *raccontare* loro quel fatto, _____ pure.

49

obiettivo grammatica

FORME | **USI E FUNZIONI**

4 Completa il testo con i verbi della lista all'imperativo formale (Lei) e i pronomi, come nell'esempio.

mantenere – confonderlo – fare – controllare – ~~leggere~~
ricordarsi – consumare – riporre – verificare – visualizzarne

Gentile Federico,
vorrei un consiglio su come leggere le indicazioni contenute sulle etichette dei prodotti alimentari.
Grazie,
Daniele

Gentile Daniele,
tra le regole per orientarla quando fa acquisti al supermercato, prima di tutto (1) *legga* attentamente le etichette sulle confezioni. Più informazioni trova, migliore sarà il suo giudizio su un certo prodotto. (2) _____ che le illustrazioni riportate sulle confezioni sono indicative e non sono necessariamente legate all'aspetto reale del prodotto.
(3) _____ attenzione all'ordine degli ingredienti. Gli ingredienti, infatti, sono indicati per ordine decrescente di quantità; il primo della lista, per esempio, è presente in quantità maggiori.
Non (4) _____ il prodotto dopo la data di scadenza, perché dopo quella data il prodotto può deteriorarsi rapidamente e non essere più sicuro per la salute. (5) _____ il termine minimo di conservazione con la dicitura "da consumarsi preferibilmente entro..." e non (6) _____ con la data di scadenza, perché il prodotto, oltre la data riportata, può aver modificato alcune caratteristiche organolettiche come il sapore e l'odore, ma può essere consumato senza rischi per la salute.
Se soffre di allergie alimentari, (7) _____ sempre nella lista degli ingredienti la presenza di eventuali allergeni, segnalati con caratteri diversi, e (8) _____ rapidamente la presenza. (9) _____ sempre i prodotti surgelati alla temperatura indicata sull'etichetta e li (10) _____ nel congelatore subito dopo l'acquisto.

3. Imperativo

obiettivo grammatica

FORME | **USI E FUNZIONI**

4. CONGIUNTIVO

Il modo congiuntivo esprime un'azione o una situazione come incerta e possibile. Si usa soprattutto in frasi subordinate. Il congiuntivo ha due tempi semplici (presente, imperfetto) e due tempi composti (passato, trapassato).

4.1. Congiuntivo - Presente

- **Verbi regolari e verbi *essere* e *avere***

	-are	-ere	-ire		essere	avere
	cur-are	tem-ere	avvert-ire	colp-ire	essere	avere
(io)	cur-i	tem-a	avvert-a	colp-isc-a	sia	abbia
(tu)	cur-i	tem-a	avvert-a	colp-isc-a	sia	abbia
(lui/lei/Lei)	cur-i	tem-a	avvert-a	colp-isc-a	sia	abbia
(noi)	cur-iamo	tem-iamo	avvert-iamo	colp-iamo	siamo	abbiamo
(voi)	cur-iate	tem-iate	avvert-iate	colp-iate	siate	abbiate
(loro/Loro)	cur-ino	tem-ano	avvert-ano	colp-isc-ano	siano	abbiano

> Le prime tre persone singolari del verbo sono uguali e per evitare ambiguità è necessario esprimere il soggetto (*Il ragazzo crede che **io/tu/lui/lei/Lei** sia inglese*).
>
> La I persona plurale (noi) del congiuntivo presente ha la stessa forma della I persona plurale (noi) dell'indicativo presente (*Loro pensano che noi **mangiamo** troppo in fretta; Noi mangiamo troppo in fretta*).
>
> I verbi irregolari al congiuntivo presente sono irregolari anche all'indicativo presente (*Bisogna che io ti **dica** la verità; Ti **dico** la verità*).

- **Verbi irregolari**

- **andare:** vada, vada, vada, andiamo, andiate, vadano
- **bere:** beva, beva, beva, beviamo, beviate, bevano
- **cogliere:** colga, colga, colga, cogliamo, cogliate, colgano
- **dare:** dia, dia, dia, diamo, diate, diano
- **dire:** dica, dica, dica, diciamo, diciate, dicano
- **dovere:** debba, debba, debba, dobbiamo, dobbiate, debbano
- **fare:** faccia, faccia, faccia, facciamo, facciate, facciano
- **parere:** paia, paia, paia, pariamo, pariate, paiano
- **piacere:** piaccia, piaccia, piaccia, piacciamo, piacciate, piacciano
- **porre:** ponga, ponga, ponga, poniamo, poniate, pongano
- **potere:** possa, possa, possa, possiamo, possiate, possano
- **rimanere:** rimanga, rimanga, rimanga, rimaniamo, rimaniate, rimangano

- **salire:** salga, salga, salga, saliamo, saliate, salgano
- **sapere:** sappia, sappia, sappia, sappiamo, sappiate, sappiano
- **scegliere:** scelga, scelga, scelga, scegliamo, scegliate, scelgano
- **sedere:** sieda/segga, sieda/segga, sieda/segga, sediamo, sediate, siedano/seggano
- **stare:** stia, stia, stia, stiamo, stiate, stiano
- **tenere:** tenga, tenga, tenga, teniamo, teniate, tengano
- **tradurre:** traduca, traduca, traduca, traduciamo, traduciate, traducano
- **trarre:** tragga, tragga, tragga, traiamo, traiate, traggano
- **uscire:** esca, esca, esca, usciamo, usciate, escano
- **valere:** valga, valga, valga, valiamo, valiate, valgano
- **venire:** venga, venga, venga, veniamo, veniate, vengano
- **volere:** voglia, voglia, voglia, vogliamo, vogliate, vogliano

➤ Tavola dei verbi irregolari, p. 216

obiettivo grammatica

FORME | **USI E FUNZIONI**

PARTICOLARITÀ

I verbi della I coniugazione (–are) in
- *–care* e *–gare* (*cercare, spiegare*) prendono una *h* davanti alla *i* della desinenza (*Non sono certo che tu cer<u>chi</u> veramente un lavoro*).
- *–ciare –giare, –sciare* (*cominciare, mangiare, lasciare*) perdono la *i* del tema verbale davanti alla *i* della desinenza (*Penso che lo spettacolo cominci alle otto*).
- *–iare* (*inviare*) alla II persona conservano la *i* davanti alla *i* della desinenza (*Credo Francesco inv<u>ii</u> la raccomandata oggi stesso*).
- *–gliare* (*consigliare*) perdono la *i* del tema (*È possibile che il medico le consigli un ricovero*).

Alcuni verbi della III coniugazione (–ire)
- inseriscono il suffisso *–isc–* alla I, II, III persona singolare e alla III persona plurale del congiuntivo presente. Seguono questo modello i verbi, *capire, costruire, finire, pulire, preferire, trasferire* (*Tu pensi che io cap<u>isc</u>a il significato di questa parola*).

1a Completa il cruciverba con i verbi al congiuntivo presente regolare.

Verticale
1. loro-finire
2. lei-preferire
4. loro-ricevere

Orizzontale
3. noi-vendere
5. io-parlare
6. voi-scendere
7. lui-abitare
8. noi-partire

1b Completa il cruciverba con i verbi al congiuntivo presente irregolare o particolarità.

Verticale
1. tu-rimanere
2. loro-uscire
5. voi-fare
7. io-cercare

Orizzontale
3. lui-spiegare
4. loro-volere
6. lei-cominciare
8. tu-venire

4.1. Congiuntivo - Presente

FORME | **USI E FUNZIONI**

4.1. Congiuntivo - Presente

2 Trasforma i verbi dal singolare al plurale e dal plurale al singolare, come nell'esempio.

singolare	plurale
1. lui debba	*loro debbano*
2. _____	loro aprano
3. lui esca	_____
4. _____	noi siamo
5. io studi	_____
6. _____	loro vogliano
7. _____	voi vi sediate
8. tu invii	_____
9. _____	noi ci sentiamo
10. _____	noi riusciamo

3 Trasforma i verbi dall'indicativo presente al congiuntivo presente.

1. entra _____
2. facciamo _____
3. sapete _____
4. finisci _____
5. esco _____
6. si vergogna _____
7. sciano _____
8. si cercano _____
9. dorme _____

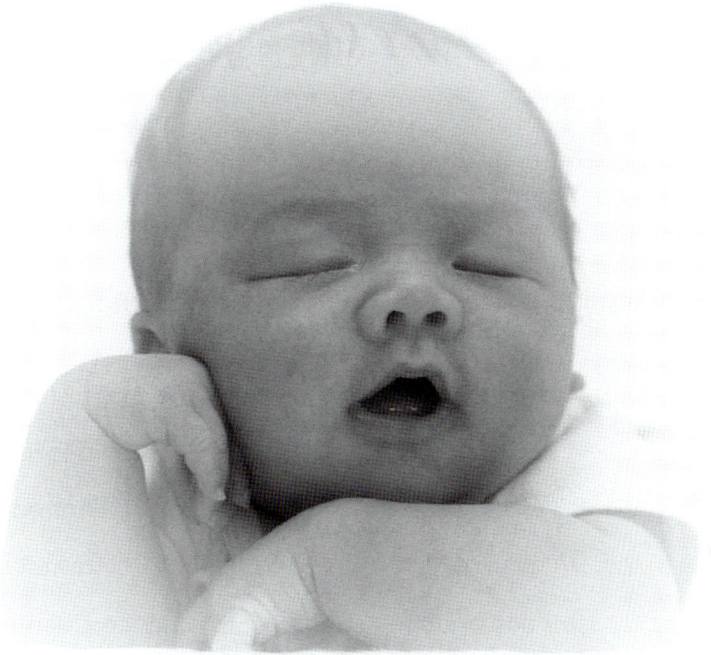

53

obiettivo grammatica

FORME | **USI E FUNZIONI**

4.2. Congiuntivo - Passato

Il congiuntivo passato si forma in questo modo:

> congiuntivo presente di *essere* o *avere* + participio passato del verbo

- **Verbi *essere* e *avere***

	essere		avere	
(io)	sia		abbia	
(tu)	sia	stato/a	abbia	
(lui/lei/Lei)	sia		abbia	
(noi)	siamo		abbiamo	avuto
(voi)	siate	stati/e	abbiate	
(loro/Loro)	siano		abbiano	

→ **Uso degli ausiliari nei tempi composti** → Indicativo-Verbi ausiliari (*essere, avere*) nei tempi composti, p. 36

> Le prime tre persone singolari sono uguali, di conseguenza per evitare ambiguità è necessario esprimere il pronome personale soggetto (*Il ragazzo crede che **io/tu/lui/lei/Lei** abbia studiato*).

1 Completa la tabella, come nell'esempio.

verbo	congiuntivo passato	verbo	congiuntivo passato
1. io-offrire	*abbia offerto*	9. noi-navigare	
2. voi-sottrarre		10. lei-nascondersi	
3. tu-alludere		11. loro-bruciare	
4. lei-scusarsi		12. voi-cavarsela	
5. io-preferire		13. tu-riuscire	
6. lui-ammettere		14. lui-agire	
7. loro-trascorrere		15. lei-riassumere	
8. lui-vergognarsi		16. loro-gioire	

2 Trasforma i verbi dall'indicativo presente al congiuntivo passato.

1. danneggia _____
2. ho _____
3. si avvalgono _____
4. sei _____
5. seguono _____
6. fate _____
7. disdiciamo _____
8. vincete _____
9. chiarisce _____
10. si nascondono _____
11. mi distinguo _____
12. evidenziano _____
13. ti confronti _____
14. ci trasferiamo _____
15. cerchiamo _____

4.2. Congiuntivo - Passato

USI E FUNZIONI

- **Congiuntivo (presente e passato) nelle frasi subordinate oggettive, soggettive, interrogative indirette**

Esempi	Usiamo il congiuntivo dopo verbi ed espressioni che indicano
– **Penso** che il sabato Luca **finisca** di lavorare alle 12:00; **Mi pare** che gli studenti **abbiano capito** la spiegazione.	– opinione: *credere, pensare, ritenere…* (subordinata oggettiva); *parere, sembrare…* (subordinata soggettiva)
– **Dubito** che Marco **si trovi** bene; **Ho paura** che Luca **si sia dimenticato** dell'appuntamento.	– dubbio, paura, timore: *dubitare, avere paura, temere…* (subordinata oggettiva)
– **Vogliamo** che **smettiate** di fare confusione.	– ordine, richiesta, permesso, volontà: *esigere, premettere, volere…* (subordinata oggettiva)
– I cittadini **si augurano** che il nuovo governo non **aumenti** le tasse; Il direttore **spera** che i dipendenti **abbiano lavorato** con entusiasmo al nuovo progetto.	– sentimento personale: *augurarsi, essere felice, stupirsi, sperare…* (subordinata oggettiva); *piacere/dispiacere…* (subordinata soggettiva)
– **Occorre** che tutti **paghino** le tasse; **Basta** che tutti **abbiano chiesto** il premesso!	– necessità (verbi impersonali): *bastare, occorrere, servire…* (subordinata soggettiva)
– **È necessario** che tu **venga** in orario; **È bene** che lei **abbia studiato** in modo approfondito.	– essere + aggettivo/avverbio/nome (verbi impersonali): *è giusto, è bene, è un male…* (subordinata soggettiva)
– **Mi chiedo** che cosa **abbia** Lucia; Gli inquirenti **si domandano** chi **abbia ucciso** quell'uomo.	– una domanda: *chiedere, domandare…* (subordinata interrogativa indiretta)

Usiamo il
- congiuntivo presente per esprimere un rapporto di contemporaneità o di posteriorità rispetto al tempo della frase principale al presente e al futuro (*Credo che tu **abbia** (= nello stesso momento) la febbre alta; Mi auguro che domani **venga** (= dopo) anche Antonio*).
- congiuntivo passato per esprimere un rapporto di anteriorità rispetto al tempo della frase principale al presente e al futuro (*Credo che ieri Anna **abbia fatto** (= prima di ora) l'esame di storia*).

Uso di *di* + infinito al posto del congiuntivo
Quando il soggetto della frase principale è lo stesso della frase subordinata, usiamo in genere *di* + infinito (*Penso che Paolo vada al cinema stasera* (io-lui), ma *Penso **di andare** al cinema stasera* (io-io), ma non ~~*Penso che io vada al cinema stasera*~~ (io-io).

Imperativo + congiuntivo
Quando il verbo della frase principale è un imperativo, usiamo il congiuntivo nella subordinata (*Controlla che i medicinali non siano scaduti*).

Uso del congiuntivo presente e passato → Concordanza dei tempi al congiuntivo, p. 102
Uso dell'infinito semplice e composto nelle subordinate (oggettive e soggettive) → Infinito semplice, p. 72

LINGUA IN USO

Uso dell'indicativo al posto del congiuntivo nelle interrogative indirette
Nella lingua parlata di uso comune possiamo usare l'indicativo al posto del congiuntivo dopo verbi che indicano una domanda (subordinata interrogativa indiretta) (*Mi chiedo se **vuole** (= voglia) ancora uscire con me*).

Uso dell'indicativo al posto del congiuntivo dopo verbi di opinione
Nella lingua parlata di uso colloquiale usiamo l'indicativo al posto del congiuntivo dopo verbi che indicano una opinione (*credere, pensare*) (*Penso che Luca **finisce** (= finisca) di lavorare alle 14:00*). Questo uso non è adatto nella lingua parlata e scritta *standard*.

obiettivo grammatica

FORME | **USI E FUNZIONI**

3 Completa le frasi con il congiuntivo presente. Abbina le frasi alle funzioni.

1. A: Domani Maria verrà alla mia festa?
   B: <u>Dubito</u> che ne (avere) *abbia* voglia dopo la vostra lite. **[b]**

2. A: Se vuole che l'influenza Le passi presto, <u>è meglio</u> che Lei (rimanere) _____ a letto.
   B: Grazie Dottore, farò come dice Lei.

3. A: Sei sempre imbronciato con me! <u>Mi chiedo</u> se il tuo comportamento non (essere) _____ un po' troppo eccessivo?
   B: Ti chiedo scusa, ho proprio un brutto carattere.

4. A: Bambini, <u>voglio</u> che voi (avere) _____ maggior rispetto dei vostri genitori.
   B: Va bene, te lo promettiamo.

5. A: <u>Basta</u> che tu mi (telefonare) _____ e io ti verrò a prendere a casa.
   B: Ti ringrazio di cuore.

6. A: <u>Mi auguro</u> che Francesca (arrivare) _____ presto perché abbiamo un appuntamento tra cinque minuti.
   B: Non ti preoccupare, sarà qui fra un attimo.

7. A: Per concludere il lavoro, <u>serve</u> che tutti voi mi (aiutare) _____.
   B: Certamente, siamo qui per questo!

8. A: Sei d'accordo con me?
   B: Sì, <u>ritengo</u> che tu (stare) _____ facendo la cosa giusta.

> **a.** opinione **b.** dubbio/timore **c.** volontà/richiesta **d.** sentimento
> **e.** necessità **f.** *essere* + avverbio **g.** domanda

4 Completa le frasi con il congiuntivo passato. Abbina le frasi alle funzioni.

1. A: Professore, non crede ai suoi studenti?
   B: Sì, ma <u>dubito</u> che tutti (svolgere) _____ i loro compiti per oggi.

2. A: Scusa Marco, quest'autobus va alla stazione?
   B: Sì. <u>È meglio</u> che tu, prima di salire, (comprare-già) _____ il biglietto.

3. A: Ci sono ancora tre impiegati in ufficio a quest'ora.
   B: Mi chiedo perché non (uscire) _____ ancora tutti.

4. A: <u>Ritengo</u> che voi (concludere) _____ il lavoro nel migliore dei modi.
   B: Grazie, direttore.

4.2. Congiuntivo - Passato

4.2. Congiuntivo - Passato

5. A: <u>Ci auguriamo</u> che voi, durante l'estate, (trascorrere) _____ delle belle vacanze in Francia.
   B: Sì, siamo stati magnificamente a Lione.

6. A: Prima di spedire la lettera di incarico <u>occorre che</u> voi (inviare-già) _____ la domanda compilata.
   B: Certo, lo faremo oggi stesso.

7. A: Sai che Luisella e Mattia non hanno invitato Susanna al loro anniversario di matrimonio?
   B: <u>È curioso</u> che non (volere) _____ invitare la loro più cara amica.

8. A: <u>Temiamo</u> che quel giovane non (capire) _____ le indicazioni stradali che gli abbiamo dato.
   B: Non ti preoccupare, ha capito senz'altro.

> **a.** opinione   **b.** dubbio/timore   **c.** volontà/richiesta   **d.** sentimento
> **e.** necessità   **f.** *essere* + aggettivo/avverbio   **g.** domanda

5 Completa il testo con i verbi al congiuntivo presente e passato.

La Crusca promuove il congiuntivo di Lorenzo Baglioni

L'Accademia e l'Università accolgono con entusiasmo la canzone di Baglioni dedicata al modo congiuntivo con cui il cantante correrà al prossimo Festival di Sanremo.

FIRENZE - Lorenzo Baglioni è rimasto stupito che una canzone sul congiuntivo (1. partecipare) _____ al Festival di Sanremo, come dice lo stesso autore "Ancora oggi mi chiedo come questo (2. potere) _____ succedere e che cosa realmente (3. entusiasmare) _____ i giudici". Eppure, è proprio strano che la cosa (4. andare) _____ così. Il modo congiuntivo, che esprime il dubbio e l'irrealtà, e che è una pena per tanti uomini di spettacolo e per tanti politici, avrà il suo momento di gloria davanti a milioni di telespettatori italiani.

Ma è incredibile che a esprimere un parere più che favorevole alla canzone (5. essere) _____ linguisti, docenti e non ultimi il Rettore dell'Ateneo fiorentino e il Presidente dell'Accademia della Crusca. In realtà pare che lo stesso Baglioni (6. volere) _____ parlare di se stesso e che il brano si (7. potere) _____ considerare autobiografico.

Ieri sera in un incontro al Rettorato di Firenze, i complimenti sono stati rinnovati. "Ci fa piacere che (8. esserci) _____ cantanti pop che sposano la causa della lingua italiana, in un momento in cui si rinnovano le occasioni e si cerca di emarginare il congiuntivo, ahimè spesso pure da aree istituzionali; è bene che dalla musica invece (9. arrivare) _____ un messaggio contrario", ha detto il Presidente dell'Accademia della Crusca. Il Rettore ha poi aggiunto: "Penso che questa canzone (10. potere) _____ rivitalizzare il congiuntivo! Tuttavia non credo che i giovani (11. dire) _____ addio al congiuntivo!". A far paura, ha detto il Rettore, è "l'abbandono di questo modo, generatore di dubbio. Mi chiedo come (12. fare) _____ le persone a sostenere il dialogo e la discussione senza questo modo verbale!".

obiettivo grammatica

FORME | **USI E FUNZIONI**

USI E FUNZIONI

- **Congiuntivo (presente e passato) in altri tipi di frasi subordinate: temporali, finali, condizionali, concessive**

Esempi	Il congiuntivo si usa dopo i connettivi subordinanti
– Devi rientrare a casa **prima che arrivino** i tuoi genitori; I cani si mostrano colpevoli, ancora **prima che** i padroni **abbiano scoperto** i danni fatti.	– *prima che* (subordinata temporale)
– Ti scrivo questa mail **affinché** tu **possa** capire meglio le mie ragioni.	– *affinché, perché* (subordinata finale)
– Ti presto la bici **a condizione che** tu me la **riporti** per le tre; Ti regalo il mio libro **purché** non te lo **abbia** già **dato**; **Qualora** tu **abbia** bisogno di aiuto, chiamami.	– *a patto che, a condizione che, nel caso in cui, purché, qualora…* (subordinata condizionale)
– **Sebbene** tutti **apprezzino** la sua professionalità, Luca non trova lavoro; **Malgrado sia uscito** per tempo, non è ancora in ufficio.	– *benché, malgrado, nonostante, sebbene…* (subordinata concessiva)

> Quando il soggetto della frase principale è lo stesso della frase subordinata, non usiamo alcuni connettivi subordinanti (*prima che, affinché, perché*) con il congiuntivo, ma possiamo usare l'infinito preceduto da una preposizione (*Vado a Roma **a vedere** il Colosseo*, ma non ~~*Vado a Roma affinché io veda il Colosseo*~~).

 Uso dell'infinito semplice (temporali, finali, condizionali, concessive) → Infinito semplice, p. 72
Uso delle subordinate temporali, finali, condizionali, concessive → Uso dei connettivi subordinanti, p. 204

6 Completa le frasi con il congiuntivo presente. Sottolinea il connettivo subordinante che richiede il congiuntivo e indicane il valore.

1. Per favore, richiamami prima che il direttore (uscire) _____ dal lavoro, perché ho bisogno di parlargli. ☐

2. La docente fisserà un ulteriore appello a condizione che le studentesse e gli studenti (iscriversi) _____ entro la prossima settimana. ☐

3. Le scuole informano le ragazze e i ragazzi sui rischi dell'abuso di Internet, affinché essi (responsabilizzarsi) _____ maggiormente. ☐

4. Nonostante i genitori glielo (ripetere) _____ ogni giorno, Marco non prende sul serio i loro suggerimenti. ☐

5. Ti scrivo questa lettera perché tu (comprendere) _____ meglio le motivazioni alla base della nostra scelta. ☐

6. Il fratello di Giorgio non è molto in forma, sebbene (andare) _____ a correre ogni mattina. ☐

7. Il titolare mi darà un aumento di stipendio, a patto che io gli (assicurare) _____ la massima disponibilità. ☐

a. temporale **b.** finale **c.** condizionale **d.** concessivo

4.2. Congiuntivo - Passato

4.2. Congiuntivo - Passato

7 Completa le frasi con il congiuntivo passato. Sottolinea il connettivo subordinante che richiede il congiuntivo e indicane il valore.

1. Benché (piovere) _____ intensamente per tutto il giorno, il terreno del giardino è ancora secco.

2. Carlo non ha risposto al nostro saluto sebbene ci (vedere) _____. Non capisco proprio perché.

3. La prego di non chiudere la palestra prima che (uscire) _____ tutti i ragazzi dagli spogliatoi.

4. Ortaggi ed erbe aromatiche possono essere piantati in qualunque momento dell'anno, purché (finire) _____ il periodo delle gelate.

5. Devo ancora iniziare a leggere il libro di Andrea de Carlo *Due di due*, nonostante lo (comprare-già) _____ da molto tempo.

6. Desidero darti la mia versione dei fatti, ma non prima che tu (parlare) _____ con il diretto responsabile.

7. Qualora le candidate e i candidati non (completare) _____ la prima parte della prova, non potranno procedere con la seconda.

> **a.** temporale **b.** condizionale **c.** concessivo

8 Completa i testi con i verbi della lista al congiuntivo presente e passato.

> essere – dividere – spendere – prenotare – fare – avere – costituire – conoscere – avere – fare – essere – potere – condividere

Recensioni di clienti
Hotel Marianna
Malgrado (1) _____ una stanza con altre quattro persone, ho dormito tutta la notte. Per il prezzo pagato, ritengo che il costo (2) _____ considerarsi in linea con le tariffe stagionali. In generale mi sento di consigliarlo, a patto che gli ospiti (3) _____ un'età compresa tra i 18 e 30 anni e che (4) _____ già una stanza con molte persone.

Pensione Splendid
Sebbene io non (5) _____ molto la città, dato che in passato l'ho visitata solo per pochi giorni, credo comunque che la posizione dell'hotel (6) _____ un po' periferica: i quartieri circostanti sono abbastanza poveri e mal frequentati. Penso che questo (7) _____ un punto a svantaggio dell'albergo. Perciò, prima che qualcuno (8) _____ una stanza in questa pensione, suggerisco di visitare la zona.

Pensione Luna
All'esterno l'albergo è bello e dà l'impressione che anche all'interno (9) _____ accogliente e di buon livello, invece quando entri pensi subito che qualcuno ti (10) _____ uno scherzo: le doghe del letto sono rotte, le lenzuola polverose, gli asciugamani sporchi. E per finire quando devi pagare il conto e ti aspetti che l'albergatore ti (11) _____ pagare poco, ecco la sorpresa: il costo delle camere è salatissimo! Infatti, nessuno crederà che io (12) _____ 100 euro per una notte. Un consiglio? Lasciate perdere!

obiettivo grammatica

FORME | **USI E FUNZIONI**

4.3. Congiuntivo - Presente e Passato nelle frasi indipendenti

Esempi	Usiamo il congiuntivo presente e passato nelle frasi indipendenti con verbi che indicano
– **Venga** pure qui, signora; **Per favore**, **aspettino** un attimo, signori.	– esortazioni (con espressioni come *per favore, pure, su/suvvia, prego*)
– Che nessuno **esca** dalla casa!	– ordini/comandi
– **Giri** la maniglia e poi **spinga** in avanti con forza	– istruzioni
– Oggi è assente: **che sia malato**?; Carlo è tornato a casa di corsa: **che sia successo qualcosa**?	– dubbi o ipotesi in forma di domanda, di solito introdotto da *che*

Uso del congiuntivo presente con funzione di imperativo

Usiamo il congiuntivo presente con funzione di imperativo per esprimere un'esortazione, un ordine, un comando in modo formale alla III persona singolare e plurale e alla I plurale (*Che nessuno* **si muova**; **Diano** *loro prima di tutto il buon esempio ai loro figli;* **Usciamo**!).

→ **Uso del congiuntivo esortativo** → Imperativo, p. 46

1 Completa le frasi con i verbi al congiuntivo presente. Abbina le frasi alle funzioni.

1. A: Signori, (accomodarsi) _____, prego! Qui c'è posto!
   B: Grazie, molto volentieri.

2. A: Carlo ha detto che non vuole più iscriversi a medicina.
   B: Che (dire) _____ sul serio?

3. A: Signora, è passata con il rosso! Mi (mostrare) _____ i suoi documenti!
   B: Eccoli!

4. Che i testimoni (entrare) _____ in aula per essere ascoltati!

5. A: Mi scusi, per Milano che treno devo prendere?
   B: Vada al binario numero 5 e (prendere) _____ il treno 2345.

6. A: Vuole un cioccolatino? Suvvia, non (fare) _____ complimenti, signore!
   B: Lo mangerei volentieri, ma sono a dieta.

7. A: Mi scusi, come posso fare una fotocopia fronte/retro?
   B: Ecco, (premere) _____ questo pulsante verde.

a. esortazioni **b.** istruzioni **c.** ordini **d.** dubbi

| FORME | USI E FUNZIONI |

2 Trasforma l'esortazione e l'ordine da informale a formale, come nell'esempio.

informale (tu, voi)	formale (Lei, Loro)
1. Entra pure.	_Entri_ pure.
2. Aprite il libro a pagina trenta.	_____ il libro a pagina trenta.
3. Siediti qui accanto a me.	_____ qui accanto a me.
4. Rimanete in silenzio.	_____ in silenzio.
5. Telefonate a casa!	_____ a casa!
6. Non prendere il gelato, non è buono.	Non _____ il gelato, non è buono.
7. Invia questa mail al professore.	_____ questa mail al professore.
8. Non uscire con questo brutto tempo	Non _____ con questo brutto tempo.
9. Finite di mangiare rapidamente.	_____ di mangiare rapidamente.

3 Completa il testo con i verbi della lista.

ricordarsi – prendere – dire – correre – guardare – girare – fare – aspettare – andare

Aggiorni il suo navigatore!

A: Mi scusi, mi sono perso, non riesco più a trovare la strada del ritorno. Mi può aiutare?

B: Ma certo, mi (1) _____ dove deve andare e io l'aiuterò.

A: Devo andare in Via Monteriggioni 7. Siccome ci sono tantissimi sensi unici che non sono segnalati nel mio navigatore, ho perso la strada.

B: (2) _____! Prendo il navigatore del mio cellulare. Ecco, (3) _____ noi siamo qui. Vediamo un po' la strada più veloce e sicura. Ehm... ecco! Adesso (4) _____ sempre dritto per un chilometro, poi all'incrocio (5) _____ alla prima strada a destra, (6) _____ attenzione perché la strada è piuttosto stretta! Alla fine della strada (7) _____ la seconda a sinistra, quella prima della banca che troverà alla sua destra; non (8) _____ troppo perché c'è il limite di 30 chilometri all'ora. Alla fine della strada è arrivato!

A: Grazie molte, è stato davvero gentile.

B: Un'ultima cosa! La prossima volta (9) _____ di aggiornare il navigatore prima di partire! Buona serata.

A: Buona serata a Lei.

4.3. Congiuntivo - Presente e Passato nelle frasi indipendenti

obiettivo grammatica

FORME | **USI E FUNZIONI**

4.4. Congiuntivo - Imperfetto

- **Verbi regolari e verbi *essere* e *avere***

	-are cur-are	-ere tem-ere	-ire avvert-ire	essere	avere
(io)	cur-assi	tem-essi	avvert-issi	fossi	avessi
(tu)	cur-assi	tem-essi	avvert-issi	fossi	avessi
(lui/lei/Lei)	cur-asse	tem-esse	avvert-isse	fosse	avesse
(noi)	cur-assimo	tem-essimo	avvert-issimo	fossimo	avessimo
(voi)	cur-aste	tem-este	avvert-iste	foste	aveste
(loro/Loro)	cur-assero	tem-essero	avvert-issero	fossero	avessero

Le prime due persone singolari del verbo sono uguali e per evitare ambiguità è necessario esprimere il soggetto (*Lui credeva che **io/tu** parlassi con Giovanni*).

- **Verbi irregolari**

- **bere:** bevessi, bevessi, bevesse, bevessimo, beveste, bevessero
- **dare:** dessi, dessi, desse, dessimo, deste, dessero
- **dire:** dicessi, dicessi, dicesse, dicessimo, diceste, dicessero
- **fare:** facessi, facessi, facesse, facessimo, faceste, facessero

- **porre:** ponessi, ponessi, ponesse, ponessimo, poneste, ponessero
- **stare:** stessi, stessi, stesse, stessimo, steste, stessero
- **tradurre:** traducessi, traducessi, traducesse, traducessimo, traduceste, traducessero
- **trarre:** traessi, traessi, traesse, traessimo, traeste, traessero

▶ Tavola dei verbi irregolari, p. 216

1a Completa il cruciverba con i verbi al congiuntivo imperfetto regolare.

Verticale
1. lui-tacere
2. noi-acquistare
3. tu-ascoltare
5. loro-ripetere

Orizzontale
4. io-cancellare
6. voi-amare
7. loro-salire
8. noi-sentire

1b Completa il cruciverba con i verbi al congiuntivo imperfetto irregolare.

Verticale
1. loro-dire
2. voi-produrre
3. lei-bere
6. tu-stare

Orizzontale
4. voi-fare
5. lui-porre
7. io-dare
8. tu-trarre

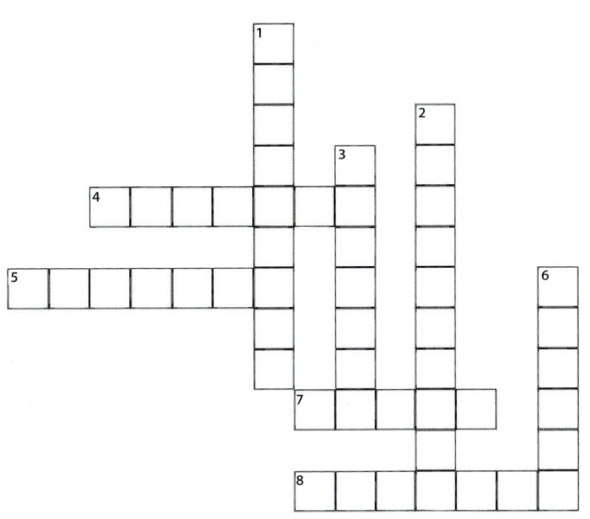

2 Trasforma i verbi dal singolare al plurale e dal plurale al singolare, come nell'esempio.

singolare	plurale
1. io fossi	1. *noi fossimo*
2. _____	2. loro potessero
3. lui dovesse	3. _____
4. _____	4. noi rimandassimo
5. tu ti perdessi	5. _____
6. _____	6. loro volessero
7. io agissi	7. _____
8. _____	8. voi faceste
9. lui stesse	9. _____
10. _____	10. noi dicessimo

3 Trasforma i verbi dal congiuntivo presente al congiuntivo imperfetto.

1. voi veniate _____
2. lui chieda _____
3. lei sia _____
4. loro rimangano _____
5. io riesca _____
6. io prenda _____
7. noi mettiamo _____
8. voi finiate _____
9. tu fugga _____

4.4. Congiuntivo - Imperfetto

obiettivo grammatica

FORME | USI E FUNZIONI

4.5. Congiuntivo - Trapassato

Il congiuntivo trapassato si forma in questo modo:

congiuntivo presente di *essere* o *avere* + participio passato del verbo

- **Verbi *essere* e *avere***

	essere		avere	
(io)	fossi		avessi	
(tu)	fossi	stato/a	avessi	
(lui/lei/Lei)	fosse		avesse	avuto
(noi)	fossimo		avessimo	
(voi)	foste	stati/e	aveste	
(loro/Loro)	fossero		avessero	

Uso degli ausiliari nei tempi composti → Indicativo-Verbi ausiliari (*essere, avere*) nei tempi composti, p. 36

La I e la II persona singolari del verbo sono uguali e per evitare ambiguità è necessario esprimere il pronome personale soggetto (*Il professore pensava che **io/tu** fossi uscito*).

1 Completa la tabella, come nell'esempio.

verbo	congiuntivo trapassato	verbo	congiuntivo trapassato
1. lui-persuadere	*lui avesse persuaso*	9. noi-trarre	
2. voi-apparire		10. lei-apparire	
3. tu-sorridere		11. loro-eleggere	
4. lei-morire		12. voi-contraddire	
5. io-fingere		13. tu-andarsene	
6. lui-tacere		14. lui-giungere	
7. loro-assumere		15. lei-mordere	
8. lui-redigere		16. loro-rinvenire	

2 Trasforma i verbi dal congiuntivo presente al congiuntivo trapassato.

1. lui viva _____
2. io finisca _____
3. loro potessero _____
4. tu interpelli _____
5. loro servano _____
6. voi facciate _____
7. io tragga _____
8. voi scriviate _____
9. lui dorma _____
10. loro si sveglino _____
11. tu ti distingua _____
12. lui cresca _____
13. voi cuciniate _____
14. loro comprimano _____
15. noi riusciamo _____

4.5. Congiuntivo - Trapassato

- **Congiuntivo (imperfetto e trapassato) nelle frasi subordinate oggettive, soggettive, interrogative indirette**

Esempi	Usiamo il congiuntivo dopo verbi ed espressioni che indicano
– **Pensavo** che il sabato Luca **avesse finito** di lavorare alle 12:00; **Mi pareva** che gli studenti **avessero capito** la spiegazione.	– opinione: *credere, pensare, ritenere…* (subordinata oggettiva); *parere, sembrare…* (subordinata soggettiva)
– **Dubitavo** che Marco **si trovasse** bene; **Avevo paura** che Luca **si fosse dimenticato** dell'appuntamento.	– dubbio, paura, timore: *dubitare, avere paura, temere…* (subordinata oggettiva)
– **Volevamo** che **smetteste** di fare confusione.	– ordine, richiesta, permesso, volontà: *esigere, premettere, volere…* (subordinata oggettiva)
– I cittadini **si auguravano** che il nuovo governo non **aumentasse** le tasse; Il direttore **sperava** che i dipendenti **avessero lavorato** con entusiasmo al nuovo progetto.	– sentimento personale: *augurarsi, essere felice, stupirsi, sperare…* (subordinata oggettiva); *piacere/dispiacere…* (subordinata soggettiva)
– **Occorreva** che tutti **pagassero** le tasse; **Bastava** che tutti **avessero chiesto** il premesso!	– necessità (verbi impersonali): *bastare, occorrere, servire…* (subordinata soggettiva)
– **Era necessario** che tu **venissi** in orario; **Era un bene** che lei **avesse studiato** in modo approfondito.	– essere + aggettivo/avverbio/nome (verbi impersonali): *è giusto, è bene, è un male…* (subordinate soggettiva)
– **Mi chiedevo** che cosa **avesse** Lucia; Gli inquirenti **si domandavano** chi **avesse ucciso** quell'uomo.	– una domanda: *chiedere, domandare…* (subordinata interrogativa indiretta)

Usiamo il
- congiuntivo imperfetto per esprimere un rapporto di contemporaneità o di posteriorità rispetto al tempo della frase principale al passato (*Credevo che tu* **avessi** (= nello stesso momento) *la febbre alta; Mi auguravo che il giorno dopo* **venisse** (= dopo) *anche Antonio*)
- congiuntivo trapassato per esprimere un rapporto di anteriorità rispetto al tempo della frase principale al passato (*Credevo che il giorno prima Anna* **avesse fatto** (= prima di allora) *l'esame di storia*).

Uso del congiuntivo con il verbo della frase principale al condizionale

Se il verbo della frase principale è un condizionale, in genere nella subordinata usiamo il congiuntivo imperfetto o trapassato (*Vorrei che tu* **fossi** *più gentile con i tuoi fratelli; Mi sarebbe piaciuto che lei* **avesse partecipato** *alla festa*).

LINGUA IN USO

Uso dell'indicativo al posto del congiuntivo nelle interrogative indirette
Nella lingua parlata di uso comune possiamo usare l'indicativo al posto del congiuntivo dopo verbi che indicano una domanda (subordinata interrogativa indiretta) (*Mi chiedevo se* **voleva** (= *volesse*) *ancora uscire con me*).

Uso dell'indicativo al posto del congiuntivo dopo verbi di opinione
Nella lingua parlata di uso colloquiale usiamo l'indicativo al posto del congiuntivo dopo verbi che indicano una opinione (*credere, pensare*) (*Pensavo che Luca* **finiva** (= *finisse*) *di lavorare alle 14:00*). Questo uso non è adatto nella lingua parlata e scritta *standard*.

3 Completa le frasi con il congiuntivo imperfetto. Abbina le frasi alle funzioni.

1. A: Signore, stava andando a 70 chilometri all'ora su una strada con il limite di 50!
   B: Mi dispiace. <u>Non credevo</u> che (esserci) _____ il limite di velocità. ☐

2. A: Non capisco perché i bambini siano così arrabbiati.
   B: <u>Avrebbero voluto</u> che li (noi-portare) _____ al parco giochi, ma non è stato possibile. ☐

obiettivo grammatica

FORME | **USI E FUNZIONI**

3. A: I miei studenti mi hanno sorpreso: <u>dubitavo</u> che (finire) _____ il test con tanta facilità e invece ci sono riusciti.
   B: Bravi. Sono contento per loro.

4. A: <u>Mi domandavo</u> se tu mi (potere) _____ aiutare a finire la traduzione, sono in difficoltà.
   B: Certo, lo faccio volentieri.

5. A: I nonni <u>erano dispiaciuti</u> che tu (andare) _____ a trovarli raramente.
   B: Ma ora che vivo vicino a loro, ci posso andare più spesso.

6. A: È vero che ai tuoi tempi <u>bastava</u> che uno studente non (alzarsi) _____ in piedi quando entrava l'insegnante per essere punito?
   B: Sì. Un tempo la disciplina era molto importante.

7. A: Giovanni era bravo: studiava regolarmente sei ore al giorno.
   B: Per i professori <u>era un bene</u> che lui (impegnarsi) _____ tanto.

8. A: L'organizzatrice dell'evento <u>temeva</u> che tu non (sentirsi) _____ a tuo agio in quell'ambiente.
   B: No, al contrario, mi sono trovato benissimo

> **a.** opinione **b.** dubbio/timore **c.** volontà/richiesta **d.** sentimento
> **e.** necessità **f.** *essere* + aggettivo/nome **g.** domanda

4 Completa le frasi con il congiuntivo trapassato. Abbina le frasi alle funzioni.

1. A: I responsabili <u>avrebbero preferito</u> che un numero maggiore di persone (partecipare) _____ alla manifestazione.
   B: Capisco, ma l'informazione non è stata data in tempo.

2. A: <u>Mi sembrava</u> che (essere) _____ tu a dirgli la verità sull'accaduto.
   B: No, è stata mia sorella.

3. A: Ci chiedevamo perché voi non (presentarsi) _____ al colloquio di lavoro.
   B: Purtroppo non abbiamo ricevuto in tempo la raccomandata con la convocazione.

4. A: Perché ti sei spaventato così tanto?
   B: <u>Mi era parso</u> che dietro la porta (nascondersi) _____ qualcuno.

5. A: I medici <u>si erano meravigliati</u> che il paziente (guarire) _____ in così poco tempo.
   B: Probabilmente aveva seguito scrupolosamente le loro indicazioni.

6. A: Al Consiglio di istituto ho votato a favore delle nuove regole sull'uscita dei minori da scuola.
   B: <u>Sarebbe stato necessario</u> che (loro-regolamentare) _____ prima questo aspetto.

| FORME | USI E FUNZIONI |

4.5. Congiuntivo - Trapassato

7. A: Il prezzo della benzina è aumentato ancora.
   B: Ecco perché i clienti del bar <u>avevano paura</u> che anche il costo del caffè (aumentare) _____.

8. A: Non ho superato l'esame di relazioni internazionali.
   B: <u>Sarebbe stato meglio</u> che tu non (presentarsi) _____.

> **a.** opinione **b.** dubbio/timore **c.** volontà/richiesta **d.** sentimento
> **e.** necessità **f.** *essere* + avverbio **g.** domanda

5 Completa il testo con il congiuntivo imperfetto o trapassato. Sottolinea il verbo che richiede il congiuntivo.

Il mio ex marito

Sedevo in un caffè all'aperto, quando lo vidi venire nella mia direzione. Sul momento non credevo che (1. trattarsi) _____ proprio di Marco. Quell'uomo era infatti diverso nell'aspetto dal mio ex marito. Eppure mi sembrava che (2. lui-avere) _____ qualcosa di molto familiare e che (3. muoversi) _____ nello stesso modo, ma ero nel dubbio. Distolsi lo sguardo e per un attimo non ci pensai più. Poi, incuriosita, lo rialzai. Quando salutò un giovane che sedeva a un tavolino non lontano dal mio, capii che era proprio lui: la sua voce leggermente nasale era inconfondibile. Dubitavo che passandomi accanto mi (4. vedere) _____, ma temevo che ciò (5. potere) _____ accadere, dato che si era seduto proprio di fronte a me. Non eravamo in cattivi rapporti, ma ora che la mia vita sentimentale era un disastro avevo timore che Marco mi (6. rivolgere) _____ domande che mi avrebbero potuto mettere in una posizione di svantaggio. Dopo la nostra separazione, era per me inaccettabile che lui (7. mostrarsi) _____ comprensivo e consolatorio nei miei confronti. Immaginavo che le cose a lui (8. andare) _____ meglio che a me, che (9. rifarsi) _____ una famiglia, che (10. avere) _____ dei figli. Non mi auguravo certo che (11. passarsela) _____ male, ma un vago risentimento nei suoi confronti c'era ancora in me. Eppure lo avevo lasciato io. Poi venne il cameriere e mi chiese che cosa (12. io-volere) _____. Risposi con un fil voce per non farmi notare, tuttavia mi accorsi che Marco mi stava guardando in modo fisso. Mi aveva riconosciuta.

- **Congiuntivo (imperfetto e trapassato) in altri tipi di frasi subordinate: temporali, finali, condizionali, concessive**

Esempi	Il congiuntivo si usa dopo i connettivi subordinanti
– Dovevi rientrare a casa **prima che arrivassero** i tuoi genitori; I cani si mostravano colpevoli ancora **prima che** i padroni **avessero scoperto** i danni fatti.	– *prima che* (subordinata temporale)
– Ti ho scritto quel messaggio **affinché** tu **potessi** capire meglio le mie ragioni.	– *affinché, perché* (subordinata finale)
– Ti ho prestato la bici **a condizione che** tu me la **riportassi** per le tre; Ti regalai il mio libro **purché** non te lo **avessi** già **dato**; **Qualora avessi** bisogno, chiamami.	– *a condizione che, a patto che, nel caso in cui, purché, qualora…* (subordinata condizionale)
– **Sebbene** tutti **apprezzassero** la sua professionalità, Luca non trovava lavoro; **Malgrado fosse uscito** per tempo, alle otto non era ancora in ufficio.	– *benché, malgrado, nonostante, sebbene…* (subordinata concessiva)
– **Se fossi** libero, verrei a trovarti; **Se** la legge glielo **avesse permesso**, sarebbero andati volentieri in pensione.	– *se* (subordinata condizionale), condizione possibile o irreale nel periodo ipotetico (II e III tipo)

obiettivo grammatica

FORME | **USI E FUNZIONI**

LINGUA IN USO

Uso del trapassato prossimo nel periodo ipotetico dell'irrealtà (III tipo)
Nella lingua parlata di uso comune usiamo il trapassato prossimo nel periodo ipotetico per esprimere la condizione e la conseguenza irreali nel passato al posto del congiuntivo trapassato e del condizionale composto (*Se il treno non **era arrivato** (= fosse arrivato) in ritardo, **ero venuto** (= sarei venuto) a casa vostra*).

---

6 Completa le frasi con il congiuntivo imperfetto. Sottolinea il connettivo subordinante che richiede il congiuntivo e indicane il valore.

1. Ci avevano detto che avremmo dovuto versare la quota stabilita prima che (arrivare) _____ la fattura.

2. Nonostante il relatore (esprimersi) _____ in modo chiaro, il pubblico non riusciva a seguirlo.

3. Ti hanno dato un piccolo premio perché tu (impegnarsi) _____ ancora di più nello svolgere il tuo lavoro.

4. Ti avevo prestato la mia auto a condizione che tu me la (restituire) _____ entro le tre del pomeriggio, ma ora sono le nove!

5. Le atlete hanno portato a termine l'allenamento malgrado non (essere) _____ in perfetta forma fisica.

6. Il personale docente era disponibile a fare ore aggiuntive di insegnamento, affinché le classi (potere) _____ prepararsi al meglio per l'esame.

7. Non sono riuscito a fare il test prima che l'insegnante (chiudere) _____ l'accesso alla piattaforma *e-learning*.

a. temporale **b.** finale **c.** condizionale **d.** concessivo

7 Completa le frasi con il congiuntivo trapassato. Sottolinea il connettivo subordinante che richiede il congiuntivo e indicane il valore.

1. Conobbi Isabel in Italia, prima che (lei-trasferirsi) _____ stabilmente a Parigi per studiare alla Sorbona.

2. I cani erano troppo affaticati e non riuscivano a proseguire, benché i loro padroni (fermarsi) _____ a lungo per farli riposare e bere.

3. Se il relatore (avvertire) _____ i presenti che era possibile porgli delle domande, gliele avrebbero fatte senz'altro.

4. Sebbene l'amministrazione comunale (deliberare) _____ in favore di un aumento di stipendio, i dipendenti continuavano a percepire lo stesso stipendio.

5. Prima che lo spettacolo (terminare) _____, la coppia si alzò dal proprio posto e abbandonò la sala.

6. La donna acconsentiva a fare uscire il figlio adolescente la sera a condizione che il ragazzo l' (avvertire) _____ qualche giorno prima. ☐

7. I ladri avevano già svaligiato l'appartamento prima che (rincasare) _____ i padroni di casa. ☐

a. temporale **b.** condizionale **c.** concessivo

* **8** Completa i testi con i verbi della lista al congiuntivo e sottolinea i connettivi subordinanti da cui dipendono.

pensare – reputare – incontrarsi – pensare – fare – farsi – mettere – assicurare – volere – incontrarsi

Rossella e Anita

Rosella era rimasta sbalordita, non capiva che cosa potesse volere da lei quella donna, Anita si chiamava. Sebbene le (1) _____ al telefono che desiderava incontrarla solo per chiarire alcuni punti critici di Mauro, la sua pretesa di conoscerla la rendeva inquieta. Rossella accettò l'invito a patto che (2) _____ nella casa dove Anita aveva vissuto con Mauro. Rossella in un primo momento avrebbe voluto chiamare il suo ragazzo per dirglielo, ma se lo (3) _____, quasi sicuramente lui ne sarebbe stato contrariato. Così con lui non ne fece parola. Nonostante il pensiero di trovarsela davanti la (4) _____ un poco in apprensione, lei, in fondo in fondo, era curiosa di conoscere quella donna che aveva condiviso per tanti anni la vita con Mauro. Poiché la immaginava bella, sofisticata ed elegante decise non solo di prepararsi psicologicamente, ma di curare anche molto il suo aspetto affinché Anita non (5) _____ che Mauro si fosse fidanzato con una ragazza mediocre.

Arrivò quel giorno tanto desiderato e, benché Rossella non (6) _____ Anita un'amica, decise comunque di seguire le buone maniere portandole delle margherite gialle nonostante inizialmente (7) _____ regalarle della cioccolata, ma, prima che le due donne (8) _____, Rossella cambiò idea perché Anita non (9) _____ una cattiva opinione su di lei e perché non (10) _____ che lei voleva farla ingrassare.

obiettivo grammatica

FORME | **USI E FUNZIONI**

4.6. Congiuntivo - Imperfetto e Trapassato nelle frasi indipendenti

Esempi	Usiamo il congiuntivo imperfetto e trapassato nelle frasi indipendenti con verbi che indicano
– Ieri era assente: **che fosse malato**?; Carlo tornò a casa di corsa: **che fosse successo** qualcosa?	– dubbi o ipotesi in forma di domanda, di solito introdotto da *che*
– **Magari** Giacomo **vincesse** all'Enalotto!; **Rimanesse** ancora un po' almeno questa volta!	– desideri al presente e al futuro, realizzabili e non realizzabili (introdotto da *almeno, magari, se*) (con il congiuntivo imperfetto)
– **Magari** non **avessi avuto** quel brutto mal di testa!; Non è venuto all'appuntamento: **almeno avesse telefonato**!	– desideri irrealizzati al passato (introdotto da *almeno, magari, se*) (con il congiuntivo trapassato)

1 Completa le frasi con il congiuntivo imperfetto e trapassato. Abbina le frasi alle funzioni.

1. A: Che Claudio (partire-già) _____, quando non lo trovai a casa?
   B: Sì, è probabile.

2. A: Magari (vincere) _____ la Ferrari!
   B: Sì, sarebbe bello.

3. A: Se ieri mi (voi-ascoltare) _____ con più attenzione!
   B: Ha ragione, professoressa.

4. A: Giulia mi promise che mi avrebbe chiamato, ma poi non lo fece.
   B: Che (perdere) _____ il tuo numero di telefono?

5. A: Lo spettacolo all'aperto non ha avuto luogo a causa del maltempo.
   B: Almeno ci (loro-avvertire) _____ in anticipo.

6. A: Verrai in vacanza con noi in luglio?
   B: Magari (essere) _____ in ferie in quel periodo, ma sono libero in agosto.

7. A: Perché quest'anno non venite a trovarci a Gaeta?
   B: Magari (potere) _____! Faremo il possibile per venire.

a. desideri realizzabili (imperfetto) **b.** dubbi **c.** desideri non realizzabili (imperfetto) **d.** desideri irrealizzati (trapassato)

2 Trasforma i verbi dall'infinito al congiuntivo imperfetto o trapassato, come nell'esempio.

1. **desiderio irrealizzato:** Magari (prendere) _avessi preso_ un bel voto all'esame, ma non avevo studiato abbastanza.
2. **desiderio realizzabile:** Domani danno un documentario interessante all'Excelsior. Magari lo (vedere) _____ i ragazzi! Sarebbe molto istruttivo.
3. **dubbio:** La signora non passò a ritirare il pacco. Che (dimenticarsene) _____ anche quella volta?
4. **desiderio non realizzabile:** Mercoledì prossimo Giulio e Sofia vanno alle terme di Saturnia. Magari (invitare) _____ anche Antonio, ma hanno litigato.
5. **desiderio irrealizzato:** Ieri era l'ultimo giorno della mostra su Caravaggio, ma eravamo occupati. Magari ci (potere) _____ andare!
6. **dubbio:** Dario non si fermò a cena. Che quella sera (essere) _____ troppo impegnato con il lavoro?

3 Completa il testo con i verbi della lista al congiuntivo imperfetto e trapassato.

dovere – rendersene conto – riflettere – fare – potere – essere

Crescita personale

Sono fermamente convinta che ognuno di noi ha dentro di sé il potere e la forza di superare situazioni difficili e negative.
Quando ho capito che nella mia vita potevo affrontare eventi dolorosi, ho pensato che la mia esperienza (1) _____ essere di aiuto agli altri. Che allora (2) _____ una scelta maturata nel tempo e non istintiva? Non so rispondere a questa domanda, ma sicuramente penso che il condividere esperienze, in cui sembra che la sofferenza abbia il sopravvento, possa aiutare chi ci è vicino a oltrepassare certi ostacoli. Magari (3) _____ prima! Avrei potuto anticipare il mio percorso di crescita personale per attraversare periodi bui, come del resto capitano a tutti, con più coraggio e forza.
Nella vita ci sono momenti di difficoltà, ma questi non devono sopraffarci o farci pensare che tutto quello che abbiamo fatto è sbagliato. A favorire il mio cambiamento mi ha aiutato anche il fatto di aver messo a disposizione degli altri le mie riflessioni: se pensi di aiutare gli altri, i tuoi problemi passano in secondo piano e in un certo senso li superi più facilmente. Che (4) _____ già parte del mio carattere e del mio modo di confrontarmi con gli altri? Sì, lo confesso, sono sempre stata disponibile verso le altre persone e fin da piccola credevo che le persone (5) _____ essere felici e appagate. Magari tutti (6) _____ su questa cosa un po' di più! Ma sembra che nella società di oggi non sia più possibile, forse perché abbiamo perso di vista gli obiettivi veramente importanti.

obiettivo grammatica

FORME | **USI E FUNZIONI**

5. INFINITO

L'infinito è un modo verbale indefinito/non finito. Si usa in frasi indipendenti e subordinate implicite. Nelle frasi subordinate esprime una relazione con l'azione della frase da cui dipende, con cui stabilisce rapporti di vario genere, per esempio, di tempo, di causa, di fine. L'infinito ha due tempi (semplice, composto).

5.1. Infinito - Semplice/Presente

FORME

- **Verbi regolari e verbi *essere* e *avere***

-are	-ere	-ire
cur-are	tem-ere	avvert-ire

essere	avere

- **Verbi irregolari**

Alcuni verbi della II coniugazione hanno l'infinito semplice irregolare. Verbi in

- **arre:** attrarre, contrarre, detrarre, distrarre, estrarre, ritrarre, sottrarre, trarre…
- **orre:** comporre, deporre, esporre, imporre, opporre, porre, proporre, supporre…
- **urre:** condurre, dedurre, indurre, introdurre, produrre, riprodurre, sedurre, tradurre…

➜ Tavola dei verbi irregolari, p. 216

- **Infinito semplice e posizione dei pronomi**

pronome diretto	pronome indiretto	pronome riflessivo	pronome combinato
studiare	scrivere	vestirsi	pulire
studiar**lo**	scriver**gli**	vestir**si**	pulir**glieli**

Con i verbi all'infinito semplice i pronomi atoni (diretti, indiretti, riflessivi), ma anche i pronomi combinati e le particelle *ci* e *ne* si uniscono al verbo (*Riporto il libro a Francesca e nel riportar**glielo**, le spiegherò che cosa deve studiare; Sono a Venezia, la prossima volta spero di venir**ci** con te*).

 OG1 ➜ p. 46, per gli esercizi sulle forme

USI E FUNZIONI

- **Nelle frasi subordinate**

Esempi	Usiamo l'infinito semplice per
– *Oltre a suonare la chitarra, canta.*	– aggiungere informazioni con *oltre a, oltre che* (subordinata aggiuntiva)
– *Invece di chiedere scusa, mi ha aggredito.*	– esprimere un contrasto con *anziché, invece di, piuttosto che* (subordinata avversativa)
– *Visitare Napoli è bello come visitare Roma; È più bello andare a piedi che prendere l'auto.*	– esprimere una comparazione con *come, più/meno… che* (subordinata comparativa)
– *Per essere un bambino, si esprime con proprietà.*	– esprimere una causa di un effetto inatteso con *per* (subordinata concessiva)

5.1. Infinito - Semplice/Presente

Esempi	Usiamo l'infinito semplice per
– **A pensarci** bene, hai ragione tu; **A rifletterci** bene, capiresti che hai sbagliato; **Ad avere** venti anni, ci si divertirebbe di più.	– esprimere una condizione reale, possibile, irreale nel periodo ipotetico (I, II, III tipo) (subordinata condizionale) con *a* (subordinata condizionale)
– È **così** bravo **da** non **lamentarsi** mai.	– esprimere una conseguenza con *così… da, tale… da, troppo/abbastanza… per* (subordinata consecutiva)
– È disponibile a tutto, **eccetto (che) raggiungerci** al mare.	– esprimere una restrizione *eccetto (a)/(che), tranne (che), fuorché* (subordinata eccettuativa)
– Sono uscito **senza dire** niente.	– esprimere una esclusione con *senza* (subordinata esclusiva)
– Te lo ripeto **allo scopo di aprirti** gli occhi.	– esprimere il fine *allo scopo di, al fine di* (subordinata finale)
– Non so **che cosa prepararvi** per cena.	– introdurre una domanda con *che cosa, come, se…* (subordinata interrogativa indiretta)
– **Con il fare** sempre le stesse cose, mi annoio.	– esprimere il modo con *con* + articolo determinativo (subordinata modale)
– **Prima di partire**, ti chiamo; **Nel prendere** il libro dallo scaffale, sono caduto.	– esprimere il tempo con *prima di, in* + articolo determinativo (subordinata temporale)
– Odio **ripetermi**; Matteo ha cominciato **a uscire**; Penso **di avere** torto.	– realizzare una subordinata oggettiva con Ø, *a, di*
– Conviene **affrettarsi**; Capita **di dimenticarsi** le chiavi di casa.	– realizzare una subordinata soggettiva con Ø, *di*
– È una persona **con cui confidarsi** liberamente; È stato l'ultimo **a uscire**; Questo è il primo lavoro **da fare**.	– realizzare una subordinata relativa con *cui, a cui, da cui* ecc., *a, da*

 OG1 ➔ p. 46, per altri usi dell'infinito semplice (dovere, potere, volere; piacere; a o per; ordini in forma negativa)

> **Usiamo**
>
> l'infinito semplice per esprimere un rapporto di contemporaneità o di posteriorità rispetto al tempo della frase da cui dipende (*Credo/Crederò/Credevo di* **avere** (= nello stesso momento) *l'influenza*; *Spero/Spererò/Speravo di* **partire** (= dopo ora/allora) *presto*).
>
> Il soggetto dell'infinito è in genere lo stesso di quello della frase da cui dipende (*Carlo pensa di* **avere** (= lui avere) *alcune copie del libro a casa*).
>
> **Infinito e verbi di percezione**
>
> L'infinito con i verbi di percezione (*guardare, osservare, sentire, vedere…*) può avere un soggetto diverso da quello della frase da cui dipende (*Ho visto la donna chiedere* (= che chiedeva) *aiuto*).
>
> **Infinito e perifrasi verbali**
>
> Usiamo l'infinito nelle perifrasi verbali per indicare l'inizio, la progressione e la fine di un'azione (*cominciare a, continuare a, finire di…*) (*Luca ha cominciato* **a scrivere** *la tesi*).

obiettivo grammatica

FORME | **USI E FUNZIONI**

LINGUA IN USO

Uso dell'infinito nelle istruzioni
Usiamo l'infinito semplice al posto dell'imperativo o del futuro semplice per esprimere un'istruzione rivolta a tutti (**Assumere** *il farmaco lontano dai pasti*; **Cuocere** *la salsa per circa un'ora*) o un comando o un obbligo con enfasi (*Per domani,* **fare** *tutti i compiti!*).

1 Trasforma la parte sottolineata con l'infinito semplice e indicane la funzione, come nell'esempio.

1. *da*	Angela sta così male <u>che non può alzarsi</u> / *da non alzarsi* quasi mai dal letto.		c
2. *da*	Ho portato in lavanderia la gonna <u>che si deve lavare</u> / _____ a secco.		☐
3. *per*	Il collega <u>ha tanto mal di testa</u>, ma / _____ è efficiente e concentrato nel lavoro.		☐
4. *prima di*	Antonio mi ha telefonato verso le cinque <u>e poi è venuto</u> / _____ all'appuntamento.		☐
5. *a*	<u>Se desse retta</u> / _____ al fratello, Irene farebbe senza dubbio meno sbagli.		☐
6. *di*	Luca pensa <u>che si iscriverà</u> / _____ a medicina a Bologna o a Firenze.		☐
7. *eccetto*	Il programma *Word* ha molte funzioni, <u>ma non corregge</u> / _____ tutti gli errori.		☐
8. *per*	Entriamo in classe <u>perché vogliamo salutare</u> / _____ la nostra compagna Luisa.		☐
9. *con cui*	I miei amici sono persone <u>con cui si può stare</u> / _____ a proprio agio.		☐
10. *senza*	Qualche volta parliamo <u>e non pensiamo</u> / _____ a ciò che stiamo dicendo.		☐

a. causa di un effetto inatteso **b.** condizione **c.** conseguenza **d.** restrizione
e. esclusione **f.** fine **g.** subordinata oggettiva **h.** subordinata relativa **i.** tempo

* 2 Completa le frasi con le parole della lista.

prima di – di – con il – invece di – oltre a – così… da – eccetto che – allo scopo di –
con cui – senza – più… che – Ø – di – che cosa – a – di – con lo

1. Mi ha telefonato _____ chiarire la sua posizione.
2. Vivere in campagna è _____ bello _____ stare in città.
3. _____ uscire con noi, è andato a dormire.
4. Carlo pensa _____ cucinare il secondo piatto.
5. Credo _____ essere vicino alla stazione.
6. È _____ stanco _____ non tenere gli occhi aperti.
7. _____ sbagliare, si impara.
8. Sono dell'idea _____ non partire.
9. _____ ben guardare, la proposta di Marco è la migliore.
10. Si impegna molto, _____ studiare storia.

5.1. Infinito - Semplice/Presente

11. È entrato nella stanza _____ fare rumore.
12. _____ ripetere sempre le stesse cose, mi rendo noioso.
13. _____ conoscere sei lingue, è un ottimo musicista.
14. Mi chiedo _____ preparare per cena.
15. _____ uscire, metto in funzione la lavatrice.
16. È una situazione critica _____ confrontarsi.
17. Questo apparecchio sembra _____ funzionare bene.

3 Completa il testo con i verbi della lista all'infinito semplice preceduti dalla preposizione adatta, quando è necessario. Attenzione alla forma passiva (P).

cercare – modificare – fare – completare – adottare – insegnare – trovarla
essere – lamentarsi – ricercare – colmare/P – avere

Ciò che rende una donna completa

Essere una donna completa significa essere sicura dei propri mezzi e delle proprie risorse, e sentirsi realizzata senza dovere fare affidamento su un'altra persona. Significa anche essere autonoma emotivamente e riuscire (1) ___ _____ relazioni sane con le persone, senza (2) ___ _____ comportamenti di dipendenza. Ciò che manca alla donna, infatti, non può (3) ___ _____ né da una relazione, né da nessun impegno. Ciò che è (4) ___ _____ è il modo di approcciarsi al mondo: non sono infatti gli altri (5) ___ _____ una donna.

La donna è completa perché ha già vissuto molte esperienze. Ha dovuto affrontare momenti difficili, in cui ha conosciuto i lati migliori e peggiori delle persone. Tutti gli eventi della vita, belli e brutti, rappresentano nell'insieme un insegnamento prezioso. Anche le delusioni hanno infatti qualcosa (6) ___ _____ , proprio come gli eventi felici.

Spesso la donna fin da giovane inizia (7) ___ _____ la felicità all'esterno, ma non funziona così. La contentezza bisogna (8) ___ _____ dentro di noi. Si passa il tempo (9) ___ _____ di ciò che ci manca e, (10) ___ _____ questo, si accumula senso di vuoto e amarezza, condizione questa in cui è difficile la felicità. Quando però si comprende che è possibile trovare in noi ciò che ci manca, allora si diventa un po' più felici. Se si è insicure, non serve (11) ___ _____ negli altri la sicurezza: si deve piuttosto imparare (12) ___ _____ più coraggiose. Se manca l'amore, bisogna amarsi di più, perché l'amor proprio è il segreto della dignità, con cui è possibile costruire rapporti affettivi sani e soddisfacenti.

(Testo adattato, A. Sepe, *5 ragioni che ci rendono una donna completa*, "Psicoadvisor", 3.10.2016, URL: https://bit.ly/2nIrdJU, ultimo accesso: 2.11. 2022).

obiettivo grammatica

FORME | USI E FUNZIONI

6. GERUNDIO

Il gerundio è un modo verbale indefinito/non finito. Si usa in genere in frasi subordinate implicite. Nelle frasi subordinate esprime una relazione con l'azione della frase da cui dipende, con cui stabilisce rapporti di vario genere, per esempio, di tempo, di causa, di modo. Il gerundio ha due tempi (semplice, composto).

6.1. Gerundio - Semplice/Presente

- **Verbi regolari e verbi *essere* e *avere***

-are	-ere	-ire
cur-are	tem-ere	avvert-ire
cur-ando	tem-endo	avvert-endo

essere	avere
essendo	avendo

- **Verbi irregolari**

- **bere:** bevendo
- **condurre:** conducendo
- **cuocere:** cuocendo/cocendo
- **dire:** dicendo
- **fare:** facendo
- **nuocere:** nuocendo/nocendo
- **porre:** ponendo
- **tradurre:** traducendo
- **trarre:** traendo

➤ Tavola dei verbi irregolari, p. 216

 OG1 ➤ p. 50, per gli esercizi sulle forme

- **Gerundio semplice e posizione dei pronomi**

pronome diretto	pronome indiretto	pronome riflessivo	pronome combinato
studiare	scrivere	vestirsi	pulire
studiando**lo**	scrivendo**gli**	vestendo**si**	pulendo**glieli**

Con i verbi al gerundio semplice i pronomi atoni (diretti, indiretti, riflessivi), ma anche i pronomi combinati e le particelle *ci* e *ne* si uniscono al verbo (*Riporto il libro a Francesca e riportando***glielo***, le spiegherò che cosa deve studiare; Sono partito per Venezia e andando***ci*** *in treno ho incontrato Antonio*).

6.1. Gerundio - Semplice/Presente

Esempi	Usiamo il gerundio semplice, per esprimere, rispetto alla frase da cui dipende
– Ha risposto alle domande **balbettando** (= con un balbettio)/Intaglia il bastone **usando** (= con) un coltellino molto affilato.	– modo/mezzo (subordinata modale/strumentale)
– Carlo spedirà la raccomandata **tornando** (= quando tornerà) dal lavoro.	– tempo (subordinata temporale)
– **Avendo** (= Poiché abbiamo) tante cose da fare, preferiamo non uscire stasera.	– una causa (subordinata causale)
– **Pur** non **conoscendo** (= Anche se non conoscevano/Benché non conoscessero) una parola di italiano, i bambini stranieri e italiani si capivano bene.	– una causa di un effetto inatteso (subordinata concessiva)
– **Lavorando** (= se lavorerete) nel fine settimana, finirete il lavoro in tempo; **Facendo** (= Se facessi) più attenzione in futuro, faresti meno errori; **Avendo** (= Se avessi) vent'anni, uscirei tutte le sere.	– una condizione reale, possibile, irreale nel periodo ipotetico (I, II, III tipo) (subordinata condizionale)

 OG1 ➔ p. 50, per altri usi del gerundio semplice (azioni in svolgimento)

> Usiamo il gerundio per esprimere un rapporto di contemporaneità rispetto al tempo della frase da cui dipende (*Imbuco/Imbucherò/Ho imbucato/Imbucai la lettera **andando*** (= nello stesso momento) *al lavoro*).
>
> Introduciamo in genere il gerundio con valore concessivo con l'avverbio *pur* o *anche* (***Pur** avendo la febbre, preferisce fare l'esame oggi*).
>
> È possibile usare il gerundio semplice per esprimere un'azione successiva rispetto a quella della frase da cui dipende (*L'automobile si è fermata all'improvviso **bloccando*** (= e ha bloccato) *completamente il traffico*).

1 Completa le frasi con il gerundio semplice e i pronomi, quando è necessario. Abbina le frasi alle funzioni, come nell'esempio.

1. Gabriele, (mettere) _mettendo_ in ordine i documenti per la denuncia dei redditi, ha finalmente ritrovato il suo passaporto. [**b**]

2. Carissima, (riguardarsi) _____ per qualche giorno, guarirai sicuramente da quella brutta influenza. [ ]

3. I miei amici si mantengono agli studi universitari (fare) _____ dei lavoretti saltuari a metà tempo. [ ]

4. Mi raccomando ragazzi, (doversi) _____ alzare presto domani mattina, andate a dormire presto stasera. [ ]

5. Ci ricordavamo di chiamare a casa tutte le settimane, pur (trovarsi) _____ all'estero per lavoro. [ ]

a. modo **b.** tempo **c.** causa **d.** causa di un effetto inatteso **e.** condizione

obiettivo grammatica

FORME — **USI E FUNZIONI**

2 Trasforma la parte sottolineata con il gerundio semplice e indicane la funzione: causa (A), causa di un effetto inatteso (B), condizione (C) modo (D), tempo (E), come nell'esempio.

1. Antonio parla soprattutto <u>con i gesti delle mani</u> / *gesticolando con le mani* /**D**/.
2. <u>Poiché eravamo</u> / _____ /___/ in anticipo, abbiamo aspettato qualche minuto.
3. Camminavi a fatica <u>con l'aiuto delle stampelle</u> / _____ /___/.
4. <u>Anche se partiamo</u> / _____ /___/ per l'estero, preferiamo il treno all'aereo.
5. <u>Quando ha rivisto</u> / _____ /___/ il figlio dopo anni, è scoppiato a piangere.
6. <u>Siccome sarò</u> / _____ /___/ libero dal lavoro, andrò io in banca domani.
7. <u>Se si trasferiranno</u> / _____ /___/ in questo quartiere, si troveranno benissimo
8. <u>Quando mi fermo</u> / _____ /___/ in città, incontro spesso gli amici d'infanzia.
9. <u>Sebbene siate</u> / _____ /___/ adulti, vi comportate in modo immaturo.
10. <u>Se si corica</u> / _____ /___/ troppo presto, si sveglia nel cuore della notte.

3 Completa il testo con i verbi della lista al gerundio semplice.

gettargli – riempirla – specchiarsi – volere – placare
trasformarlo – riconoscere – scappare – desiderare – sorprenderla

Il mito di Diana e Atteone

Durante una battuta di caccia, Atteone provoca l'ira di Diana, dea delle selve e degli animali selvatici, (1) _____ nuda a fare il bagno insieme alle sue compagne. La dea, (2) _____ impedire al cacciatore di raccontare ciò che ha visto, lo punisce (3) _____ dell'acqua sul viso e (4) _____ in un cervo. Atteone si accorge della sua metamorfosi solo quando, (5) _____ dal luogo dell'incontro con Diana, giunge a una fonte, dove, (6) _____ nell'acqua, vede il suo nuovo aspetto. Il cacciatore viene raggiunto dalla muta dei suoi cinquanta cani, che Diana ha reso furiosi, e gli animali, non (7) _____ il loro padrone, sbranano il giovane (8) _____ l'ira della dea. I cani, una volta divorato Atteone, si mettono alla ricerca del loro padrone per tutta la foresta, (9) _____ di dolorosi lamenti. Più tardi giungono nella caverna del centauro Chirone, maestro di Atteone, il quale, (10) _____ attenuare il dolore dei fedeli compagni di Atteone, dona loro un'immagine del loro padrone.

6.1. Gerundio - Semplice/Presente

obiettivo grammatica

FORME | **USI E FUNZIONI**

7. PERIFRASI VERBALI/VERBI FRASEOLOGICI

FORME

Le perifrasi verbali (o verbi fraseologici) sono forme verbali composte. Sono formate da un verbo di modo finito e da uno di modo non finito (infinito, gerundio, participio) e in alcuni casi anche da altri elementi. Le perifrasi verbali hanno un significato diverso rispetto al verbo principale.

verbo di modo finito	+	elementi	+	verbo di modo non finito
Sta		–		nevicando.
Sta		per (preposizione)		nevicare.
È		sul punto di (locuzione preposizionale)		nevicare.

USI E FUNZIONI

Esempi	Usiamo le perfrasi verbali per esprimere
– Il concerto **sta per cominciare**; Il concerto **era sul punto di cominciare**; Il relatore era **in procinto di parlare**; Il relatore si **accingeva a parlare**.	– l'inizio imminente di un evento con *stare per, essere sul punto di, essere in procinto di, accingersi a...* + infinito semplice
– Il ragazzino **comincia a stare** meglio; **Inizia a piovere** è meglio che rincasiamo; **Si mette a studiare** subito.	– l'inizio di un evento/uno stato con *cominciare a, iniziare a, mettersi a...* + infinito semplice
– Nonostante il suo stato di salute, l'anziano signore **continuava a fumare**; **Persiste a piovere**; Lo studente **seguita a non capire**.	– il perdurare di un evento/uno stato con *continuare a, persistere a, seguitare a...* + infinito semplice
– Luca **cesserà** presto **di fare** rumore; **Ha smesso di fumare** a quarant'anni; **Termina di scrivere** una e-mail;.	– la fine di un evento/un'azione con *cessare di, smettere di, terminare di...* + infinito semplice

 OG1 ➡ p. 52, per altri usi delle perifrasi verbali (stare + gerundio semplice; avere l'abitudine di + infinito semplice)

Con le perifrasi verbali *stare per, essere sul punto di, accingersi a, essere in procinto di* + infinito semplice non usiamo in genere espressioni di tempo riferite al futuro (*fra poco, tra un'ora, domani*) (~~Fra poche ore starò per partire per le vacanze~~).

1 Abbina le parti di frasi, come nell'esempio.

1. *Mi ero appena messo*	A. di dare	a. e l'inverno sembrava ormai finito.	1. *F–h*
2. I turisti erano in procinto	B. a prepararti	b. questa e-mail e arrivo.	2.
3. Affrettatevi il concerto sta	C. a tagliare	c. l'importanza delle buone maniere.	3.
4. Le giornate cominciavano	D. a non capire	d. ma uno di loro mancava ancora.	4.
5. Gianni, smettila	E. di scrivere	e. a ferro e fuoco il territorio.	5.
6. Il ragazzo scortese continuava	F. *a studiare*	f. l'erba del prato e le siepi.	6.
7. Gli eserciti persistevano	G. di partire	g. fastidio ai gatti! Sei insopportabile.	7.
8. Sono al computer, finisco	H. ad allungarsi	h. *quando ha chiamato Luca.*	8.
9. Quando cominci	I. per cominciare	i. e gli spettatori sono già seduti nella sala.	9.
10. Sono in giardino e mi metto	J. a mettere	j. per l'esame di storia?	10.

obiettivo grammatica

FORME | **USI E FUNZIONI**

2 Scrivi una frase ed esprimi la funzione con una perifrasi verbale all'indicativo presente.

1. *inizio imminente di un evento:* lezione / cominciare / fisica
   _____

2. *fine di un evento:* genere alle sette / provare / orchestra
   _____

3. *inizio di un evento:* ecco / nevicare
   _____

4. *perdurare di un evento:* perché / tu-lavorare / ancora?
   _____

5. *inizio imminente di un evento:* svenire / signora
   _____

6. *fine di un evento:* relatore / alle domande / rispondere
   _____

7. *inizio di un evento:* giornate / accorciarsi / fine dell'estate
   _____

8. *perdurare di un evento:* nonostante il freddo / sandali / lui-portare
   _____

3 Completa le frasi con i verbi della lista al tempo adatto e forma le perifrasi verbali. Abbina le frasi alle funzioni.

continuare – cominciare/iniziare – mettersi – smettere – essere in procinto – persistere – stare – finire

1. Sono le quattro e gli ospiti _____ per arrivare in albergo. ☐
2. Quando l'aereo _____ di decollare, è necessario allacciarsi le cinture. ☐
3. Verso le cinque del pomeriggio _____ a fare buio e sarà meglio rincasare. ☐
4. La neve _____ a cadere da alcune ore ed è già alta dieci centimetri. ☐
5. Non _____ di suonare il pianoforte proprio adesso, sei bravissimo! ☐
6. La signora Rosa _____ a lavorare al computer da almeno due ore. ☐
7. La segretaria _____ di scrivere il verbale e poi ce lo manderà per e-mail. ☐
8. Anche all'ultima udienza l'imputato _____ a negare il suo coinvolgimento nei fatti. ☐

a. inizio imminente di un evento **b.** inizio di un evento
c. perdurare di un evento **d.** fine di un'azione

7. Perifrasi verbali/Verbi fraseologici

obiettivo grammatica

FORME | **USI E FUNZIONI**

8. FORMA RIFLESSIVA E PRONOMINALE DEL VERBO

Nella forma riflessiva l'azione del soggetto della frase ricade sul soggetto stesso. La forma riflessiva è possibile solo con verbi transitivi. Alcuni verbi intransitivi hanno la forma pronominale.

	-are		-ere		-ire	
	pettin-arsi		**mett-ersi**		**vest-irsi**	
(io)	mi	pettino	mi	metto	mi	vesto
(tu)	ti	pettini	ti	metti	ti	vesti
(lui/lei/Lei)	si	pettina	si	mette	si	veste
(noi)	ci	pettiniamo	ci	mettiamo	ci	vestiamo
(voi)	vi	pettinate	vi	mettete	vi	vestite
(loro/Loro)	si	pettinano	si	mettono	si	vestono

 OG1 ➤ p. 54, per gli esercizi sulle forme

---

Forma riflessiva e pronominale e posizione dei pronomi

Con i verbi modali *potere*, *dovere* e *volere* + infinito nei tempi composti il riflessivo si può trovare prima del verbo e ha l'ausiliare *essere* (**Ti sei** potuto vestire) o dopo il verbo e ha l'ausiliare *avere* (**Hai** potuto vestir**ti**).

I verbi nella forma riflessiva e pronominale con i modi non finiti (infinito, gerundio) sono uniti al verbo (*lavar**si***; *lavando**si***).

Quando il pronome riflessivo è accompagnato da altri pronomi si trova
- dopo il complemento indiretto (*Mi* (= a me) **si** è rotta la penna)
- prima del *si* impersonale e cambia forma in *ci* (**Ci** si vergogna di quanto si è detto)
- prima del partitivo *ne* (Di caramelle **me** ne prendo due).

 Infinito semplice/gerundio semplice e posizione dei pronomi ➝ Infinito semplice, p. 72 Gerundio semplice, p. 76

Esempi	Usiamo la forma riflessiva e pronominale per esprimere
– Giovanni **si** (= a se stesso) **mette la giacca**.	– un'azione del soggetto per/a favore di se stesso (riflessivo indiretto), il complemento oggetto è espresso
– I fidanzati **si danno** (= l'uno all'altro) **un bacio**.	– un'azione che più soggetti fanno reciprocamente (reciproco indiretto), il complemento oggetto è espresso
– Stasera **mi mangio** (= mangio con piacere e desiderio) **un bel gelato**.	– un'azione che il soggetto fa con maggiore intensità (valore intensificativo)

 OG1 ➤ p. 54, per altri usi della forma riflessiva e pronominale (azione che il soggetto fa su se stesso; azione che due soggetti fanno reciprocamente; verbi che hanno solo la forma riflessiva)

obiettivo grammatica

FORME | **USI E FUNZIONI**

> **Verbi pronominali**
>
> Alcuni verbi come *alzarsi*, *svegliarsi* sembrano riflessivi diretti, ma sono verbi pronominali, infatti il pronome riflessivo *si* non si può sostituire con "se stesso" (*Ogni mattina **mi sveglio** (= sveglio me stesso) alle otto*) e il verbo esprime un'azione in cui il soggetto è coinvolto in modo involontario.
>
> **Verbi con forma riflessiva e non riflessiva**
>
> Alcuni verbi riflessivi possono avere una doppia forma, riflessiva e non riflessiva, senza cambiare significato, per esempio *approfittare/approfittarsi*, *sposare/sposarsi* (*Quei ragazzi **si sono approfittati**/**hanno approfittato** della situazione*).
>
> Altri verbi riflessivi hanno il corrispondente non riflessivo con significato diverso e indicano rispettivamente un'azione e uno stato, come *sedersi/sedere*, *ricordarsi/ricordare* (*Dove **si è seduto** tuo cugino a teatro?*; *Laura **sedeva** accanto a me*).

1 Completa le frasi con i verbi al tempo e al modo adatti (indicativo, congiuntivo) nella forma riflessiva o pronominale. Abbina le frasi alle funzioni.

1. È consuetudine che gli sposi (darsi) _____ un bacio dopo la cerimonia. ☐
2. Durante le vacanze (noi-leggersi) _____ sempre un libro fantastico. ☐
3. Martedì scorso Anna e Marco (darsi) _____ appuntamento in biblioteca. ☐
4. Il paziente domani (medicarsi) _____ la ferita alla mano da solo. ☐
5. Penso che ieri sera non (tu-lavarsi) _____ i denti prima di andare a letto. ☐
6. Sabato scorso io e i miei coinquilini (guardarsi) _____ un bel film alla TV. ☐

> **a.** azione del soggetto per se stesso **b.** azione che più soggetti fanno reciprocamente
> **c.** azione che il soggetto fa con maggiore intensità

2a Cerca nel dizionario i verbi e cancella la forma che non esiste, come nell'esempio.

1. ~~arrabbiare~~/arrabbiarsi
2. abbottonare/abbottonarsi
3. pulire/pulirsi
4. pentire/pentirsi
5. aiutare/aiutarsi
6. fidare/fidarsi
7. congratulare/congratularsi
8. vergognare/vergognarsi
9. prendere/prendersi
10. lamentare/lamentarsi

2b Completa le frasi al passato prossimo e scegli fra i verbi dell'attività precedente (2a).

1. Antonia _____ di aver comprato una maglia di materiale totalmente sintetico.
2. Il professore _____ con lo studente per il buon risultato dell'esame.
3. Gli operatori ambientali _____ le strade del quartiere nel fine settimana.
4. I vicini di casa _____ con noi perché il volume della musica era alto.
5. La mamma _____ il cappotto del figlio perché faceva molto freddo.
6. Io e l'avvocato _____ di Marco perché sembrava una brava persona.

8. Forma riflessiva e pronominale del verbo

FORME **USI E FUNZIONI**

8. Forma riflessiva e pronominale del verbo

3 Trasforma i verbi sottolineati e cambia la posizione del pronome riflessivo e l'ausiliare, quando è necessario.

1. I miei vicini di casa si <u>sarebbero dovuti incontrare</u> alla riunione condominale.
   I miei vicini di casa avrebbero dovuto incontrarsi alla riunione condominiale.

2. La mia coinquilina <u>si è dovuta laureare</u> nella sessione invernale.

3. C'erano tante cose da fare e non <u>mi sono potuto fermare</u> un attimo.

4. Se <u>avesse voluto riposarsi</u>, avrebbe potuto farlo.

5. I ragazzi <u>devono alzarsi</u> presto domattina per prendere il treno.

6. <u>Mi volevo convincere</u> a ogni costo che nessuno sapesse nulla.

7. I genitori <u>si erano dovuti rassegnare</u> ad accettare la decisione del figlio.

8. Di questi tempi <u>ci dobbiamo preoccupare</u> troppo delle apparenze.

9. Non so come loro <u>abbiano voluto comportarsi</u> in quella situazione.

4 Completa il testo con i verbi della lista all'indicativo imperfetto e all'infinito semplice.

addormentarsi – divertirsi – immergersi – muoversi – distendersi – concentrarsi – capacitarsi – rilassarsi – alzarsi

Il mio smartphone e il mio mondo

Quando frequentavo la scuola superiore, la sera, prima di (1) _____, mi piaceva molto (2) _____ guardando lo smartphone o l'iPad. Guardavo senza sosta lo schermo del mio cellulare disteso sul letto a pancia in giù: lo appoggiavo a terra e sporgevo la testa fuori dal letto, oppure mettevo l'iPad ai piedi del letto e (3) _____ con i piedi sul cuscino. Quando giocavo online con il l'iPad (4) _____ in continuazione. Se invece guardavo un film in inglese rimanevo immobile e (5) _____ al massimo per non perdermi nemmeno una parola, gli occhi erano fissi sulle immagini e la mente era sempre in continua tensione.

Purtroppo il mio tempo finiva presto perché mia madre non (6) _____ di quel mio strano modo di fare, che per me costituiva un momento tutto mio, un momento di puro relax dopo una giornata di duro lavoro a scuola. Lei mi costringeva ad (7) _____, mi incitava a uscire e a incontrarmi con gli amici, non voleva vedermi chiuso in camera in quella posizione a trascorrere le mie ore libere. Era davvero difficile farle capire quanto importanti fossero per me quei momenti in cui (8) _____ nel mio mondo virtuale. Lì incontravo nuovi amici da tutto il mondo e con loro giocavo. (9) _____ da morire e imparavo pure le lingue.

obiettivo grammatica

FORME | USI E FUNZIONI

9. SI IMPERSONALE

La forma con il *si* impersonale serve per riferire un'azione a individui generici e si costruisce con la III persona singolare del verbo. La forma impersonale con il *si* si forma con i verbi intransitivi (*uscire*) e i verbi transitivi (*mangiare*) senza complemento oggetto.

si +	III persona singolare
Si	**esce** la sera.
Si	**mangia** bene qui.

Il *si* impersonale nei tempi composti richiede l'ausiliare *essere* (*Si è mangiato bene*).

Si impersonale nei tempi composti
Nella costruzione con il *si* impersonale nei tempi composti
- usiamo l'ausiliare *essere* (*Si è studiato molto*)
- il participio passato rimane nella forma base con i verbi che hanno l'ausiliare *avere* (**Si è mangiato** bene; **Si è dormito** a lungo)
- il participio passato si accorda al maschile plurale con i verbi che hanno l'ausiliare *essere* (**Si è andati** via; **Ci si è seduti** su un muretto).

Si impersonale e verbi copulativi
Con i verbi *diventare, rimanere, sembrare, sentirsi* ecc. + aggettivo la costruzione con il *si* impersonale richiede l'aggettivo è al maschile plurale (**Si è diventati matti** *per uscire dal traffico*), eccetto il caso in cui l'universo di riferimento è femminile (**Si è rimaste** *a casa*).

Si impersonale e verbi riflessivi o pronominali
Con i verbi riflessivi o pronominali il *si* impersonale segue il *si* riflessivo e il riflessivo cambia forma in *ci* (**Ci si vergogna** *delle proprie azioni*).

1 Scrivi i verbi con il *si* impersonale all'indicativo presente.

1. riuscire _____
2. stare _____
3. spendere _____
4. arrivare _____
5. parlare _____
6. preferire _____
7. preparare _____
8. leggere _____

2 Scrivi i verbi alla forma impersonale con il *si* al tempo e al modo indicato.

1. (indicativo presente)   spendere   _____
2. (futuro semplice)   trascorrere   _____
3. (indicativo imperfetto)   riuscire   _____
4. (condizionale semplice)   risparmiare   _____
5. (congiuntivo presente)   osservare   _____
6. (congiuntivo imperfetto)   andare   _____

	FORME	USI E FUNZIONI

9. Si impersonale

3 Trasforma le frasi e usa il *si* impersonale con i verbi composti, come nell'esempio.

forma personale	*si* impersonale	forma personale	*si* impersonale
1. Avevamo mangiato in fretta.	*Si era mangiato in fretta*	5. Avremmo preferito uscire.	
2. Abbiamo discusso a lungo		6. Ha detto di no.	
3. Non avevamo parlato con nessuno.		7. Magari avessimo dormito tutta la notte.	
4. Avevano risposto per e-mail.		8. Avremmo pagato in anticipo.	

Esempi	Usiamo la forma con il *si* impersonale
– In Italia **si vive** bene; L'estate scorsa in questo locale **ci si è incontrati** spesso con gli amici.	– per riferire un'azione a individui generici con il significato di "uno", "la gente", "tutti".

4 Trasforma le frasi e usa il *si* impersonale.

1. Oggi partiamo insieme per le vacanze.
   _____

2. Parliamo lentamente per farci capire.
   _____

3. Per ritirare il pacco dobbiamo andare all'ufficio postale.
   _____

4. Ci riposiamo poco e siamo molto stanchi.
   _____

5. Dobbiamo arrivare puntualmente alla riunione.
   _____

6. Ci dobbiamo occupare di più dell'ambiente.

obiettivo grammatica

FORME | **USI E FUNZIONI**

5 Trasforma le frasi e usa il *si* impersonale rispettando modi e tempi, come nell'esempio.

1. In quella zona le persone non dovrebbero uscire la sera.
   In quella zona non si dovrebbe uscire la sera.
2. Per il mondo della ricerca le persone spendono troppo in oggetti futili.
   _____
3. Grazie alla congiuntura economica positiva gli italiani risparmieranno di più.
   _____
4. Nessuno riusciva a dormire con il forte rumore proveniente dalla strada.
   _____
5. Gli iscritti vorrebbero frequentare la biblioteca anche la sera.
   _____
6. Tutti gli invitati arriveranno alla cerimonia di premiazione per le otto.
   _____
7. In questa classe gli studenti si ritrovano nel pomeriggio per studiare.
   _____
8. In questa zona della città, dove ci possiamo divertire la sera?
   _____

6 Completa le frasi con il *si* impersonale al passato prossimo.

1. (trovarsi) _____ d'accordo sulla decisione da prendere.
2. Alla fine del lavoro (sentirsi-soddisfatto) _____ del risultato ottenuto.
3. In Parlamento (discutere) _____ della proposta di legge sul fine vita.
4. Ieri (uscire) _____ prima dal lavoro per evitare il traffico serale.
5. Il mese scorso (lavorare) _____ dalle 8 alle 14:00.
6. Nell'azienda (rimanere-sorpreso) _____ del suo licenziamento.
7. Nel semestre passato (prepararsi) _____ con molta cura agli esami.
8. Lo scorso anno (guadagnare) _____ meno dell'anno precedente.
9. A causa della guerra, (diventare-adulto) _____ in breve tempo.
10. (sognare) _____ per tanti anni di comprare una casa in campagna.

7 Completa le frasi con i verbi della lista e usa il *si* impersonale al tempo e al modo adatti.

scrivere – andare – arrivare – arrabbiarsi – confrontarsi – comprarsi

1. Sabato scorso _____ prima del previsto nel luogo stabilito.
2. Al mercato rionale di Piazza Garibaldi ieri _____ un bel servizio da caffè.
3. È necessario che sul lavoro non _____ e si mantenga la calma.
4. Secondo me con una penna stilografica _____ meglio.
5. Anche se non _____ su quel tema, eravamo comunque d'accordo.
6. Ieri _____ in campagna, ma pioveva a dirotto.

| FORME | USI E FUNZIONI |

9. Si impersonale

8 Trasforma i verbi sottolineati al passato prossimo e indica se sono nella forma con *si* impersonale (I), o *si* riflessivo (R). Attenzione, in alcuni casi ci sono due soluzioni.

Parma città d'arte

A Parma si va (1. _____ ❏ I ❏ R) per svariate occasioni: ci si reca (2. _____ ❏ I ❏ R) nella città emiliana e nei dintorni non solo per le edizioni del "Mercante in Fiera", kermesse del piccolo antiquariato, ma anche per la casa natale di Arturo Toscanini e per i castelli della pianura, tra la Via Emilia e il Po, sorti per difenderla e poi trasformati in splendide corti rinascimentali. Tuttavia, ci si dirige (3. _____ ❏ I ❏ R) in questa città anche per ammirare alcuni luoghi di importanza storica e artistica. Si parte (4. _____ ❏ I ❏ R) da Piazza del Duomo, il cuore della città, uno stupendo spazio medievale delimitato dal Battistero dell'Antelami, il Duomo e il Palazzo Vescovile. Nella piazza, si ammira in particolare, il Battistero, dalla magica forma ottagonale, decorato da sculture dell'Antelami, e si visita il suo interno, affrescato da pittori bizantini. Si prosegue (5. _____ ❏ I ❏ R) poi, sempre nel centro storico, per il cinquecentesco Palazzo della Pilotta, voluto dai Farnese, l'importante famiglia romana, ai tempi del Ducato di Parma e Piacenza, quando la città era assoggettata alla Chiesa. Nel Palazzo non ci si deve dimenticare di vedere, con mezza giornata a disposizione, il Museo archeologico, la Biblioteca Palatina, il seicentesco Teatro Farnese e la Galleria nazionale. Per ristorarsi dopo la lunga visita alla Pilotta, si fa una piacevole passeggiata oltre il torrente Parma nel bel Parco Ducale: si cammina (6. _____ ❏ I ❏ R) tra viali con alberi secolari, ornati da statue di marmo di grande pregio, e infine ci si sente appagati (7. _____ ❏ I ❏ R) per la pace del luogo.

(Testo adattato, s. a. Parma: *Il bello della provincia*, «Intinerari.it», URL: http://www.itinerari.it/itinerari-nelle-citta-d-arte/parma-il-bello-della-provincia.html, ultimo accesso: 2.11.2022).

10. FORMA PASSIVA

Nella forma passiva il soggetto della frase subisce l'azione espressa dal verbo. La forma passiva è possibile solo con i verbi transitivi.

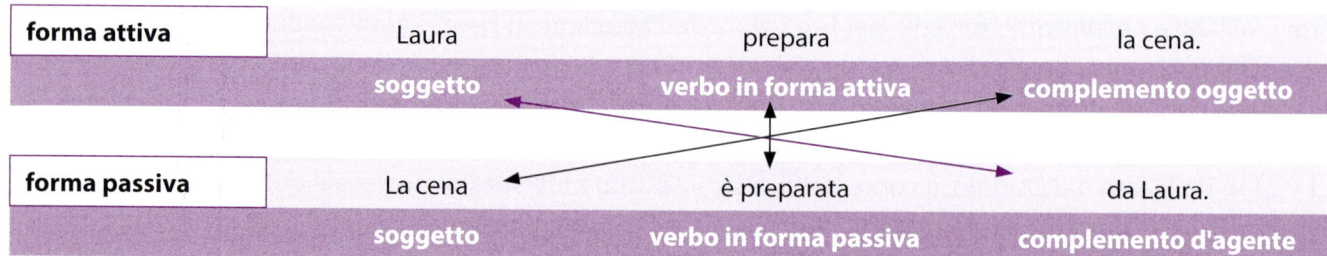

forma attiva	Laura	prepara	la cena.
	soggetto	verbo in forma attiva	complemento oggetto
forma passiva	La cena	è preparata	da Laura.
	soggetto	verbo in forma passiva	complemento d'agente

La forma passiva si realizza con l'ausiliare *essere* allo stesso modo e tempo della forma attiva e il participio passato del verbo, che si accorda in genere e numero con il soggetto passivo (*Laura prepara la cena* > *La cena è preparata da Laura*). Il complemento oggetto della frase attiva (*la cena*) diventa il soggetto della frase passiva, mentre il soggetto della frase attiva (*Laura*), diventa il complemento d'agente, preceduto dalla preposizione *da*.

Solo i verbi transitivi con il complemento oggetto espresso possono avere la forma passiva. Se manca il complemento oggetto, manca anche il soggetto della forma passiva e la frase non ha significato (*Laura beve* (?) > (?) *è bevuto da Laura*).

La forma passiva di un verbo può esistere anche senza il complemento d'agente (o di causa efficiente) espresso, se questo complemento non è rilevante (*La chiesa fu restaurata* (è irrilevante da chi) *negli anni Novanta*).

I pronomi personali oggetto diretto quando diventano soggetti di forma passiva in genere non sono usati (*È una trasmissione di successo: tutti la seguono* > *È una trasmissione di successo: Ø è seguita da tutti*).

Uso di *venire* al posto di *essere*
Nella forma passiva possiamo usare l'ausiliare *venire* al posto di *essere*, ma solamente nei tempi semplici (*La cena è/viene preparata da Laura*). *Venire* evidenzia la dimensione dinamica del verbo (*Le luci delle aule vengono spente ogni sera dal custode*), mentre *essere* fa riferimento all'aspetto statico del verbo (*Le luci delle aule sono spente ogni sera dal custode*) e corrisponde, in assenza del complemento d'agente o di altri elementi utili per l'interpretazione, alla descrizione di uno stato (*Le luci delle aule sono spente*), in cui *spente* non è un verbo, ma un aggettivo.

→ Tavola dei verbi alla forma passiva, p. 216

1 Trasforma i verbi dalla forma attiva alla forma passiva, come nell'esempio.

1. finirà — *sarà finito/a*
2. hanno processato —
3. avrebbe finito —
4. (tu) sconvolga —
5. aver servito —
6. superasti —
7. aveste visto —
8. colpendo —
9. uccidessimo —
10. avranno urtato —
11. (io) abbia riconosciuto —
12. aveva lavato —
13. avremmo respinto —
14. abbiano concluso —
15. amo —
16. interrogheresti —

10. Forma passiva

FORME

2 Completa la tabella, come nell'esempio.

attivo	passivo	attivo	passivo
1. apprezzo	*sono apprezzato/a*	7. _____	tu-sia salutato
2. avessero approvato	_____	8. condividere	_____
3. _____	sarei condotto/a	9. avevamo criticato	_____
4. finendo	_____	10. _____	sarò superato/a
5. _____	fu acquistato/a	11. avrà tradotto	_____
6. ristrutturavano	_____	12. _____	siamo stati promossi

3 Indica se le frasi sono in forma attiva (A) o in forma passiva (P), e scrivi il tempo (e il modo) dei verbi, come nell'esempio.

	Tempo	A	P
1. I due fuggitivi *furono visti* per caso in un bar di una città della Toscana.	*passato remoto*	☐	☑
2. In quel caso di corruzione, *sono stati scesi* tutti i gradini della decenza.	_____	☐	☐
3. La cittadinanza *sarebbe stata favorevole* alla chiusura al traffico del centro storico.	_____	☐	☐
4. Il portone principale dell'edificio *viene* sempre *chiuso* durante la notte.	_____	☐	☐
5. Gli alberi secolari del viale *erano potati* ogni anno nel periodo autunnale.	_____	☐	☐
6. I soldati *erano esausti* dopo la sfibrante attesa della battaglia nella trincea.	_____	☐	☐
7. Il ladro *era stato colto* in flagrante durante un furto nella gioielleria del centro.	_____	☐	☐
8. Alcuni spettatori *sono morti* a causa del crollo della tribuna dello stadio.	_____	☐	☐
9. I film della stagione *sarebbero proiettati* da giugno a settembre nell'arena estiva.	_____	☐	☐
10. Gli studenti del primo anno *sono risultati* molto bravi nella prova scritta di italiano.	_____	☐	☐

USI E FUNZIONI

Esempi	La forma passiva, rispetto alla forma attiva
– York **fu fondata** dai Romani con il nome di Erboracum nel 71 d.C.	– focalizza l'attenzione sugli effetti dell'azione del soggetto attivo (*i Romani*) sull'oggetto (*York*)
– Le tasse sui rifiuti urbani **sono state aumentate** sensibilmente (ovviamente dal Comune); L'uomo **fu ucciso** con due colpi di pistola (non si sa da chi).	– focalizza l'attenzione sugli effetti dell'azione del soggetto attivo (*il Comune*) sull'oggetto senza però specificarlo perché ovvio/sconosciuto (*le tasse sui rifiuti urbani*)
– Gli studenti riceveranno per posta elettronica le informazioni sull'esame di accesso e **saranno convocati** per la prova entro la fine del mese (al posto di *e gli uffici competenti convocheranno gli studenti per la prova entro la fine del mese*).	– dà continuità alle due frasi e rende il discorso più scorrevole

obiettivo grammatica

FORME | **USI E FUNZIONI**

> **Uso di *andare* al posto di *essere***
>
> Nella forma passiva possiamo usare il verbo *andare* per esprimere dovere, necessità, obbligo. Usiamo *andare* solo nei tempi semplici e quando il complemento d'agente non è espresso (*Gli studenti devono fare i compiti* > *I compiti devono essere fatti dagli studenti*; *I compiti vanno fatti*, ma non ~~*I compiti vanno fatti dagli studenti*~~).
>
> **Forma passiva e verbi modali (*dovere, potere, volere*)**
>
> I verbi *potere* e *dovere* usati in senso assoluto, cioè senza un altro verbo all'infinito, non hanno la forma passiva. Quando invece sono seguiti da un verbo transitivo all'infinito, conservano la forma attiva e sono accompagnati dall'infinito passivo del verbo, accordato in genere e numero con il soggetto (*Il Gruppo di Intervento Speciale deve difendere la Nazione dagli attacchi terroristici* > *La Nazione deve essere difesa dagli attacchi terroristici dal Gruppo di Intervento Speciale*).
>
> Il verbo *volere*, se usato in senso assoluto, ha la forma passiva (*Il magistrato vuole il rispetto della legge* > *Il rispetto della legge è voluto dal magistrato*).

4a Completa le frasi con i verbi al tempo e al modo indicati, come nell'esempio.

1. Le candidate e i candidati al posto di direttore, dopo che avranno superato lo scritto, dovranno sostenere la prova orale e (esaminare) (futuro semplice) _saranno esaminati_ sulle materie indicate nel bando.

2. I due imputati (condannare) (passato prossimo) _____ a una pena detentiva di sei anni per omicidio colposo.

3. L'avanzata dell'impero persiano in Grecia (bloccare) (passato remoto) _____ dagli eserciti di Atene e di Platea nel 490 a.C.

4. La fabbricazione degli autoveicoli agricoli (incrementare) (condizionale composto) _____ a causa del successo di mercato ottenuto da questa linea di produzione.

5. Il 20 giugno del 451 d. C. l'esercito degli Unni _____ (sconfiggere) (passato remoto) dai Romani a Chalons, nella Gallia, grazie alle doti strategiche del generale Flavio Ezio.

6. Dalla ricostruzione degli inquirenti non si tratterebbe di suicidio: la vittima (spingere) (condizionale composto) _____ volontariamente nel precipizio.

7. Le studentesse e gli studenti con il Livello B2 certificato non hanno dovuto sostenere l'esame di lingua e pertanto _____ (iscrivere) (passato prossimo) automaticamente al corso di laurea richiesto.

8. La ristrutturazione della antica basilica di San Pietro in Vaticano inizialmente (affidare) (trapassato prossimo) _____ da papa Niccolò V (1447-1455) a Bernardo Rossellino.

4b Completa e scrivi per ogni funzione il numero della frase corrispondente dell'esercizio 4a.

Funzioni	Numero delle frasi
a. attenzione sugli effetti dell'azione del soggetto attivo sull'oggetto	_____
b. attenzione sugli effetti dell'azione del soggetto attivo sull'oggetto, senza specificarlo	_____
c. continuità alle due frasi	_____

10. Forma passiva

5 Trasforma le frasi dalla forma attiva alla forma passiva e dalla forma passiva alla forma attiva. Nella forma passiva, usa, quando è possibile, l'ausiliare *essere* e *venire*, e *andare*.

Forma attiva	Forma passiva
1A. I carabinieri <u>arrestarono</u> i responsabili dello scempio edilizio.	1P. _____
2A. _____	2P. La *Pietà* di Giovanni Bellini <u>è stata portata</u> a Firenze dal curatore della mostra.
3A. Penso che il testimone <u>abbia riconosciuto</u> l'assassino.	3P. _____
4A. _____	4P. Quell'edificio storico <u>dovrebbe essere restaurato</u> dalla Sovrintendenza.
5A. L'insegnante <u>doveva</u> coinvolgere tutti gli studenti nella discussione.	5P. _____
6A. _____	6P. Il bilancio per l'anno in corso <u>sarebbe stato approvato</u> ieri dal Consiglio comunale.
7A. Si temeva che i proprietari del terreno <u>sfrattassero</u> la cooperativa agricola.	7P. _____
8A. _____	8P. I due ragazzi <u>erano stati investiti</u> da un motociclista.
9A. Dopo che l'artigiano <u>avrà verniciato</u> le ante, gli armadi saranno venduti.	9P. _____
10A. _____	10P. Luca, poiché <u>veniva minacciato</u> sempre da alcuni compagni, andava a scuola malvolentieri.

6 Completa il testo con i verbi al tempo e al modo adatti nella forma passiva.

Ritrovato l'alpinista disperso sull'Appennino tosco-emiliano

PARMA – (1. salvare) _____ dopo quasi 30 ore all'addiaccio l'alpinista 36enne bloccato nella nebbia in un canalone ghiacciato del Monte Bocco, al confine fra Parma e Massa Carrara. Sabato pomeriggio l'uomo, originario di Cremona, era riuscito a dare l'allarme al Soccorso Alpino di Parma a causa di una brutta caduta.
Le operazioni di ricerca e recupero, che (2. interrompere) _____ durante la notte, (3. condurre) _____ via terra per la fitta nebbia, che rendeva impossibile l'intervento degli elicotteri. Sono state le unità cinofile e i volontari del Soccorso Alpino di Emilia e Toscana a trovare l'alpinista e a riportarlo incolume a valle.
La zona (4. circoscrivere) _____ grazie alla descrizione dello stesso alpinista, ma fino alle 18.00 di domenica le ricerche non avevano dato risultati, complici nebbia e maltempo. La svolta è avvenuta quando il capo stazione del Soccorso Alpino di Parma (5. contattare) _____ telefonicamente dall'uomo, che lo ha informato sulla sua esatta posizione. Le indicazioni del disperso (6. seguire) _____ prontamente dai soccorritori, che, dopo averlo individuato, lo hanno accompagnato al Passo del Lagastrello. Qui (7. allestire) _____ il campo base per le ricerche con carabinieri e Vigili del fuoco. Arrivato a valle, il disperso (8. affidare) _____ alle cure di medici e sanitari giunti sul posto in ambulanza.
Le sue condizioni di salute al momento (9. potere definire) _____ buone, nonostante la nottata passata all'aperto e nonostante gli (10. riscontrare) _____ una lieve frattura al bacino.

obiettivo grammatica

FORME | **USI E FUNZIONI**

11. PERIODO IPOTETICO

FORME

Il periodo ipotetico si forma con una frase che indica una condizione (subordinata condizionale) introdotta da *se* e con una frase che indica la conseguenza (frase principale).

Il periodo ipotetico può essere di tre tipi in base al grado di probabilità dell'ipotesi (condizione): periodo ipotetico della realtà (I tipo), della possibilità (II tipo) e dell'irrealtà (III tipo).

se + condizione (protasi)	conseguenza (apodosi)
(subordinata condizionale)	(frase principale)
Se arrivo in tempo per il concerto,	ti telefono.

Posizione della subordinata condizionale
Nel periodo ipotetico la posizione della condizione (subordinata condizionale) non è fissa e si può trovare prima o dopo la conseguenza (frase principale) (**Se** *avessi qualche difficoltà, ti chiamerei senz'altro = Ti chiamerei senz'altro,* **se** *avessi qualche difficoltà*).

 OG1 ➜ p. 56, per il periodo ipotetico della realtà (I tipo)

USI E FUNZIONI

• **Periodo ipotetico della realtà (I tipo)**

Usiamo il periodo della realtà quando l'ipotesi è reale o molto probabile.

se + condizione (protasi)	conseguenza (apodosi)
(subordinata condizionale)	(frase principale)
se + indicativo presente/futuro	indicativo presente/futuro
Se finisco/finirò questo lavoro prima di cena,	stasera **esco/uscirò** con gli amici.
se + indicativo presente/futuro	imperativo
Se finisci/finirai prima il lavoro,	**chiamami**!

Possiamo esprimere la conseguenza anche con il condizionale semplice (*Se stasera uscirai con i miei amici, mi* **farebbe** *molto piacere*).
Possiamo esprimere la condizione anche con il passato prossimo (*Se Luigi* **ha deciso** *di venire, me lo farà sapere presto*).

• **Periodo ipotetico della possibilità (II tipo)**

Usiamo il periodo ipotetico della possibilità quando l'ipotesi è possibile, ma non sicura.

se + condizione (protasi)	conseguenza (apodosi)
(subordinata condizionale)	(frase principale)
se + congiuntivo imperfetto	condizionale semplice
Se io avessi del tempo libero,	**rimarrei** qui senza fare niente.
se + congiuntivo imperfetto	imperativo
Se tu avessi bisogno di aiuto,	**chiamami** senza problemi!

| | FORME | USI E FUNZIONI |

11. Periodo ipotetico

Uso dell'infinito e del gerundio per esprimere una condizione
Possiamo esprimere la condizione (subordinata condizionale) anche con *a* + infinito semplice (***A pensarci*** (= *se ci penso*) *bene, hai ragione tu*) e con il gerundio semplice (***Mangiando*** (= *se mangerai*) *in fretta, avrai mal di pancia*; ***Mettendoti*** (= *se ti mettessi*) *la giacca, non sentiresti freddo*).

 Uso del gerundio e dell'infinito per esprimere una condizione ⟶ Infinito semplice, p. 72 ⟶ Gerundio semplice, p. 76

- **Periodo ipotetico dell'irrealtà (III tipo)**

Usiamo il periodo ipotetico della irrealtà quando l'ipotesi è impossibile e non realizzabile.

se + condizione (protasi)	conseguenza (apodosi)
(subordinata condizionale)	(frase principale)
Nel presente (o nel futuro)	
se + congiuntivo imperfetto	condizionale presente
Se fossi *in te,*	*non* ***direi*** *niente ai colleghi.*
Nel passato	
se + congiuntivo trapassato	condizionale composto
Se *tu mi* ***avessi ascoltato****,*	***avresti preso*** *la decisione giusta.*

LINGUA IN USO

Uso dell'indicativo imperfetto nel periodo ipotetico dell'irrealtà (III tipo)
Nella lingua parlata di uso comune e nel linguaggio giornalistico possiamo formare il periodo ipotetico dell'irrealtà (nel passato) con l'indicativo imperfetto nella condizione irreale ed eventualmente anche nella conseguenza (*Se mi* ***dicevi*** (= *avessi detto*) *la verità, ti avrei capito*; *Se mi* ***dicevi*** (= *avessi detto*) *la verità, ti* ***capivo*** (= *avrei capito*)).

Uso dell'indicativo trapassato prossimo nel periodo ipotetico dell'irrealtà (III tipo)
Nella lingua parlata di uso comune usiamo il trapassato prossimo nel periodo ipotetico per esprimere la condizione e la conseguenza irreali nel passato al posto del congiuntivo trapassato e del condizionale composto (*Se il treno non* ***era arrivato*** (= *fosse arrivato*) *in ritardo,* ***ero passato*** (= *sarei passato*) *da voi*).

- **Periodo ipotetico misto**

È possibile formare periodi ipotetici misti.

se + condizione (protasi)	conseguenza (apodosi)
(subordinata condizionale)	(frase principale)
se + congiuntivo trapassato	condizionale semplice
Se avessi ascoltato *i miei consigli,*	*ora non* ***ti troveresti*** *in questa situazione.*
se + congiuntivo imperfetto	condizionale composto
Se tu ***fossi*** *meno impulsivo,*	*non* ***avresti preso*** *una decisione così affrettata.*

obiettivo grammatica

FORME | **USI E FUNZIONI**

> Nel periodo ipotetico usiamo
> - *se* + congiuntivo trapassato nella condizione e il condizionale semplice nella conseguenza per esprimere una conseguenza che perdura nel presente (*Se ieri io **avessi studiato**, ora mi **sentirei** preparato*).
> - *se* + congiuntivo imperfetto nella condizione e il condizionale composto nella conseguenza per esprimere una condizione sempre valida nel presente (*Se **mangiassi** in modo sano, ieri non **avrei avuto** quel disturbo*).

1 Completa le frasi con il periodo ipotetico e indicane il tipo.

1. Se domani (voi-partire) _____ nel primo pomeriggio, mi avviserete, vero? Così verrò a salutarvi. ☐
2. Marco, sarei davvero orgoglioso di te, se tu (riuscire) _____ a laurearti con un bel voto. ☐
3. Avremmo evitato molti problemi, se (riflettere) _____ prima di prendere una decisione. ☐
4. Eventualmente, se Anna non (rispondere) _____ al telefono, mandale un messaggio e-mail. ☐
5. Se oggi non farò troppo tardi al lavoro, stasera (passare) _____ senz'altro a salutarti. ☐
6. Se l'uomo fosse stato più attento a scendere dall'autobus, non (cadere) _____ per terra. ☐
7. Se smettessi di fumare, non (tu-avere) _____ tanti problemi ai polmoni. ☐
8. Non sarebbero usciti dalla scuola, se non (avere) _____ il permesso del direttore. ☐
9. Mi (Lei-portare) _____ la relazione corretta, se vuole continuare a lavorare con me. ☐
10. Non (dovere) _____ pagare la multa, se non avessimo parcheggiato in sosta vietata. ☐

a. realtà – **b.** possibilità – **c.** irrealtà

2 Trasforma il periodo ipotetico della realtà in periodo ipotetico della possibilità, come nell'esempio.

1. Se Lei passerà nel pomeriggio, forse la macchina non sarà pronta.
   Se Lei passasse nel pomeriggio, forse la macchina non sarebbe pronta.
2. Se ci rechiamo in agenzia, la troveremo sicuramente aperta.
3. Se non rientri troppo tardi dal viaggio, mi puoi chiamare senza problemi.
4. Ti sentirai senz'altro meglio, se farai più sport all'aria aperta.
5. Se il professore sta spiegando, non devi interromperlo.
6. Se oggi i bambini non verranno al cinema, lo faranno la prossima volta.

11. Periodo ipotetico

7. Non vale la pena comprare il biglietto in anticipo, se non ci sono degli sconti.

8. Stasera farò il tiramisù, se avrò tutti gli ingredienti.

3 Trasforma i periodi ipotetici secondo le indicazioni, come nell'esempio.

1. Se telefonerete al direttore entro le tre, lo troverete in ufficio.
   (irrealtà-passato) *Se aveste telefonato al direttore entro le tre, lo avreste trovato in ufficio.*
2. Avremmo vinto alla lotteria, se avessimo giocato più spesso.
   (irrealtà-presente) _____
3. Se seguirai i consigli del tuo insegnante, ti iscriverai a medicina.
   (irrealtà-passato) _____
4. Se le persone rispettassero l'ambiente, farebbero la raccolta differenziata.
   (realtà) _____
5. Se non avessero bevuto tanta birra alla festa, non si sarebbero ubriacati.
   (possibilità) _____
6. Se tu mi amassi davvero, non mi parleresti con tanta freddezza.
   (irrealtà-passato) _____
7. Se qualcuno ti chiedesse del denaro in Internet, dovresti avvisare subito la polizia postale.
   (realtà) _____
8. Se foste venuti in vacanza sulle Dolomiti, avreste trascorso delle bellissime giornate con noi.
   (possibilità) _____

4 Completa il testo con il periodo ipotetico.

Io non ho paura del lupo: l'associazione in difesa del lupo

Se tu (1. essere) _____ informato, sapresti che "Io non ho paura del lupo" è un'associazione formata da abitanti e lavoratori della montagna, cittadini, appassionati e professionisti della natura, e (2. sapere) _____ anche che l'Associazione ha lo scopo di favorire la conservazione e la convivenza tra il lupo e le attività umane. "Io non ho paura del lupo" è impegnata nella divulgazione di informazioni corrette sul lupo e sulla grande fauna, in un contesto che favorisca la convivenza con le attività umane. Allora cosa aspetti a informarti e a iscriverti alla nostra Associazione?

Se (3. fare) _____ parte dell'Associazione, parteciperai a progetti di monitoraggio del lupo sugli Appennini e sulle Alpi, attraverso metodi di campionamento non invasivi e (4. contribuire) _____ a tenere viva la piattaforma social con oltre 20.000 follower. Se sarai un associato sostenitore, (5. dovere) _____ pubblicare quotidianamente materiale informativo e monitorare i forum per un pacifico confronto. Allora cosa aspetti?

Se vuoi contribuire alla salvaguardia del lupo, (6. iscriversi) _____ anche tu a "Io non ho paura del lupo" e (7. portare) _____ un amico! Pensa che se negli anni passati ogni iscritto (8. portare) _____ un amico, oggi il lupo non (9. essere) _____ a rischio di estinzione.
Affrettati, ti aspettiamo!

obiettivo grammatica

FORME | **USI E FUNZIONI**

12. CONCORDANZA DEI TEMPI

Usiamo l'espressione "concordanza dei tempi" per indicare i rapporti fra il tempo del verbo della frase principale e il tempo della frase subordinata (prime fra tutte le subordinate oggettive e soggettive). Il tempo della frase principale influenza il tempo della subordinata; quest'ultimo può esprimere un rapporto di contemporaneità (nello stesso momento), di anteriorità (prima) o di posteriorità (dopo), rispetto al tempo della principale.

12.1. Concordanza dei tempi all'indicativo

- **Verbo della frase principale all'indicativo presente che richiede l'indicativo**

Frase principale	Frase subordinata con rapporto di		
	anteriorità (prima)		
	che Luca	**è tornato** ieri.	(passato prossimo)
		quell'anno **tornò** da te.	(passato remoto)
		tornava spesso a trovarti.	(indicativo imperfetto)
		era tornato prima di me.	(trapassato prossimo)
So	**contemporaneità (nello stesso momento)**		
(Ho appena saputo)	che Luca	**torna** (**sta** tornando) ora.	(presente – *stare* + gerundio)
	posteriorità (dopo)		
	che Luca	**tornerà** presto.	(futuro semplice)
		torna presto.	(indicativo presente)
		sarà tornato già, quando arriverò io.	(futuro composto)

> Se il tempo della frase principale è un passato prossimo con valore di presente usiamo le stesse regole della concordanza con la principale al presente (*Anna mi **ha** appena **detto*** (= mi dice ora) *che oggi si trova in città*).

LINGUA IN USO

Uso dell'indicativo presente al posto del futuro semplice
Nella lingua parlata di uso comune usiamo l'indicativo presente al posto del futuro semplice per esprimere un'azione posteriore con espressioni di tempo che indicano il futuro (*domani, fra poco, l'anno prossimo...*), soprattutto quando consideriamo l'evento sicuro (*So che domani Carlo **va*** (= andrà) *a Firenze*).

---

1 Completa le frasi con il tempo adatto e indica se il tempo della frase subordinata esprime anteriorità (A), contemporaneità (C) o posteriorità (P), rispetto al tempo presente della principale.

	A	C	P
1. Sappiamo tutti che Giovanni (stare) _____ passando un momento difficile.	☐	☐	☐
2. Luca sa che suo figlio da piccolo (marinare) _____ spesso la scuola.	☐	☐	☐
3. Il giovane racconta che presto (lasciare) _____ questa città.	☐	☐	☐

	FORME	USI E FUNZIONI

12.1. Concordanza dei tempi all'indicativo

A C P

4. Siamo certi che Marta (trovare-già) _____ in Giorgio un ottimo compagno. ☐ ☐ ☐
5. Sono sicuro che i bambini ora (trovarsi) _____ bene nella nuova classe. ☐ ☐ ☐
6. Dico solo che quel giorno (tu-fare) _____ male ad andare via. ☐ ☐ ☐
7. So bene che tuo padre in futuro (trasferirsi) _____ nella sua città d'origine. ☐ ☐ ☐
8. Condivido totalmente ciò che adesso (voi-stare) _____ dicendo. ☐ ☐ ☐
9. Paolo sostiene che venerdì prossimo non (esserci) _____ le lezioni. ☐ ☐ ☐
10. So per certo che Paolo (incontrare-già) _____ Laura prima di oggi. ☐ ☐ ☐

2 Completa le frasi con il tempo adatto ed esprimi anteriorità (A), contemporaneità (C o posteriorità (P), rispetto al tempo presente (o passato con valore di presente) della principale.

1.	A	Tutti noi sappiamo che quell'anno Roberto (avere) _____ un esaurimento nervoso.
2.	P	Anna dice che i suoi genitori (passare) _____ le vacanze estive al mare.
3.	C	Sono certo che Anna e Marco (trovarsi) _____ a proprio agio con i nostri amici.
4.	A	Sono sicura che la situazione (diventare) _____ insostenibile per tutti.
5.	P	Claudio è sicuro che la ditta (realizzare) _____ il progetto entro l'anno.
6.	C	Gli studenti dicono che (esserci) _____ pochi appelli durante l'anno.
7.	A	Dico che i nostri colleghi (discutere-già) _____ in passato di questa evenienza.
8.	P	So che Luca (partire-già) _____, quando noi arriveremo in città.
9.	C	Laura ha appena saputo che (voi-soggiornare) _____ per qualche giorno in città.
10.	A	I sindacati dichiarano che non (firmare) _____ l'accordo con l'azienda sanitaria.

3 Completa il testo con i verbi al tempo adatto ed esprimi anteriorità (A), contemporaneità (C) o posteriorità (P) con il verbo della frase principale al presente.

I gatti sono creature socievoli?

Molte persone affermano che i gatti (1. essere, C) _____ animali chiusi e solitari, ma le indagini svolte dicono che nel corso del tempo (2. noi-farsi, A) _____ delle idee sbagliate su questi animali e che (3. dovere, P) _____ ricrederci. Alcuni studi confermano infatti che tale reputazione (4. risultare, C) _____ totalmente ingiustificata. Diciamo in genere che i gatti (5. avere, C) _____ un carattere schivo, ma chi crede in questo non li conosce affatto. In un recente studio, si afferma che il livello di attenzione degli umani verso i gatti e il contesto di origine di questi ultimi (6. influenzare, C) _____ il desiderio di interagire di questi felini.
I risultati delle ricerche evidenziano che i gatti (7. mostrare, A) _____ di possedere, a parità di condizioni, diversi gradi di socievolezza. Ciò dimostra che non (8. esistere, C) _____ una regola fissa e che molto (9. dipendere, C) _____ dal carattere del micio. Tuttavia, si sottolinea che i gatti durante gli esperimenti (10. trascorrere, A) _____ più tempo con le persone che hanno dato loro più attenzione. Ciò indica che il gatto domestico (11. riconoscere, C) _____ il livello di attenzione umano e di conseguenza (12. cambiare, P) _____ il suo comportamento, dimostrando di essere molto sensibile ai segnali sociali umani.

obiettivo grammatica

FORME | **USI E FUNZIONI**

- **Verbo della frase principale al futuro che richiede l'indicativo**

Frase principale	Frase subordinata con rapporto di		
Saprò più tardi	anteriorità (prima)		
	che Luca	è tornato ieri. quell'anno tornò da te. tornava spesso a trovarti. era tornato prima di me.	(passato prossimo) (passato remoto) (indicativo imperfetto) (trapassato prossimo)
	contemporaneità (nello stesso momento)		
	che Luca	tornerà (starà tornando). torna.	(futuro semplice – stare + gerundio) (indicativo presente)
	posteriorità (dopo)		
	che Luca	tornerà presto.	(futuro semplice)

4 Completa le frasi con il tempo adatto e indica se il tempo della frase subordinata esprime anteriorità (A), contemporaneità (C) o posteriorità (P), rispetto al tempo futuro della principale.

                                                                                                                        A C P

1. Dopo mi confermerà definitivamente che Marco e Lia (venire) _____ da noi. ☐ ☐ ☐
2. Mi dirai più tardi che cosa (succedere) _____ ieri durante la riunione. ☐ ☐ ☐
3. Se deciderà di partire, gli dirò che (stare) _____ sbagliando. ☐ ☐ ☐
4. I dati ci diranno che i cellulari che usiamo (avere) _____ effetti negativi in futuro. ☐ ☐ ☐
5. Luca giurerà che non (fare) _____ più simili sciocchezze. ☐ ☐ ☐
6. Comunicherò per certo domani che (noi-valutare) _____ i test in settimana. ☐ ☐ ☐
7. Carlo capirà che ieri Pia non (potere) _____ prendere un'altra decisione. ☐ ☐ ☐
8. Domani ci dirà ufficialmente che l'orario del corso (cambiare) _____ presto. ☐ ☐ ☐
9. Non metterò in dubbio che (voi-stare) _____ facendo del vostro meglio. ☐ ☐ ☐
10. Le ricercatrici diranno più tardi che (incontrarsi) _____ ieri inutilmente. ☐ ☐ ☐

5 Completa le frasi con il tempo adatto ed esprimi anteriorità (A), contemporaneità (C) o posteriorità (P), rispetto al tempo futuro della principale.

1. C | Capirò senz'altro che Luisa (avere) _____ le sue ragioni per non restare.
2. A | Saprai presto che Lia (ingannare-già) _____, prima di adesso, il suo socio in affari.
3. P | Oggi faremo presente che in futuro (rifiutarsi) _____ di fare tanti straordinari.
4. A | Dirò certamente che (voi-migliorare) _____ il vostro rendimento nell'ultimo mese.
5. C | Comunicheremo il giorno del concerto che (mancare) _____ due cantanti del coro.
6. P | Luca saprà dalla moglie che il figlio (iscriversi) _____ a economia in futuro.

12.1. Concordanza dei tempi all'indicativo

7.	C	Direte che non (sentirsi) _____ preparati per fare una scalata così impegnativa.
8.	A	I parlamentari dichiareranno che il provvedimento (essere) _____ inammissibile.
9.	P	Saprò più tardi che l'idraulico (venire) _____ per la riparazione della caldaia.
10.	A	Affermerò di nuovo davanti a tutti che (io-sostenere) _____ a ragione le vostre idee.

6 Completa il testo con i verbi al tempo adatto ed esprimi anteriorità (A), contemporaneità (C) o posteriorità (P) con il verbo della frase principale al futuro.

La tecnologia sarà indossabile

Oggi non possiamo fare a meno di smartphone e tablet, ma presto diremo che (1. preferire, C) _____ nettamente la tecnologia che indosseremo direttamente. Gli esperti del settore ci ricorderanno con maggior forza che l'hi-tech (2. dovere, P) _____ essere sempre meno visibile, ma incredibilmente più invasiva, e che (3. interagire, P) _____ con il nostro corpo attraverso sensori, realtà virtuale e aumentata.

Le maggiori società che operano nel settore dell'Information Technology – che si riuniranno a Stamford (USA) in questi giorni – ci mostreranno che presto (4. iniziare, P) _____ il vero boom dell'hi-tech indossabile e ci ricorderanno che questa tendenza (5. avere, A) _____ inizio con gli smart watch, dotati di sensori biometrici e d'interazione con i dispositivi smart già esistenti. Gli hi-tech guru ci spiegheranno che l'obiettivo principale dei prossimi anni (6. essere, P) _____ quello di interfacciare sempre di più il nostro corpo con la tecnologia. Avranno maggiore diffusione gli hmd (head mounted displays), in particolare i visori per la realtà aumentata, che ci garantiranno che il nostro modo di vedere il mondo (7. cambiare, P) _____ totalmente. E poi lenti a contatto, occhiali e gioielli "intelligenti". Sono molteplici i progetti che competono in questo settore.

Insomma, ci aspetterà un futuro di "realtà indossata", di cui forse non (8. sapere, P) _____ più fare a meno.

- **Verbo della frase principale all'indicativo passato che richiede l'indicativo**

Frase principale	Frase subordinata con rapporto di		
Ho saputo (Sapevo, Seppi, Avevo saputo)	anteriorità (prima)		
	che Luca	**era tornato** prima di me.	(trapassato prossimo)
	contemporaneità (nello stesso momento)		
	che Luca	**tornava** (**stava** tornando).	(indicativo imperfetto – *stare* + gerundio)
	posteriorità (dopo)		
	che Luca	**sarebbe tornato** presto.	(condizionale composto)

LINGUA IN USO

Uso dell'indicativo imperfetto al posto del condizionale composto

Nella lingua parlata di uso comune usiamo l'indicativo imperfetto al posto del condizionale composto per esprimere un'azione posteriore rispetto al passato (*Mi ha detto che **tornava** (= sarebbe tornato) presto*).

12.1. Concordanza dei tempi all'indicativo

obiettivo grammatica

FORME | **USI E FUNZIONI**

7 Completa le frasi con il tempo adatto e indica se il tempo della frase subordinata esprime anteriorità (A), contemporaneità (C) o posteriorità (P), rispetto al tempo passato della principale.

                                                                                    A   C   P

1. Laura diceva sempre che quell'uomo (avere) _____ un ottimo carattere. ☐ ☐ ☐
2. Dissero che per fortuna il bambino non (farsi) _____ niente. ☐ ☐ ☐
3. Ero sicuro che il giovane (ripresentarsi) _____ presto al test. ☐ ☐ ☐
4. Gli esperti affermavano che in quel momento non (esserci) _____ motivo di allarmarsi. ☐ ☐ ☐
5. Sapevo che il mese prima (uscire) _____ un nuovo modello di *smartphone*. ☐ ☐ ☐
6. Il capitano ci ha detto che (noi-trovarsi) _____ nell'occhio dell'uragano. ☐ ☐ ☐
7. Il medico disse che (operare) _____ il paziente il giorno dopo. ☐ ☐ ☐
8. Ho saputo che il giorno prima (voi-superare) _____ bene l'esame. ☐ ☐ ☐
9. Non sapevo che poi (loro-discutere) _____ di quella questione. ☐ ☐ ☐
10. La donna diceva che (guadagnarsi) _____ da sempre la vita con molta fatica. ☐ ☐ ☐

8 Completa le frasi con il tempo adatto ed esprimi anteriorità (A), contemporaneità (C) o posteriorità (P), rispetto al tempo passato della principale.

1. A   Ho saputo che la mia squadra del cuore (vincere) _____ il campionato.
2. P   Paolo disse che (dimettersi) _____ presto dall'incarico di presidente.
3. C   I presenti hanno notato subito che la donna (essere) _____ in grave imbarazzo.
4. A   Capimmo subito che (succedere) _____ qualcosa di grave fra loro.
5. P   Ero certo che Claudio (adottare) _____ entrambi i cani di quel vecchio malato.
6. C   Il giovane confessò che non (sapere) _____ che cosa dire per discolparsi.
7. A   Marco era a conoscenza che il suo direttore (prendere) _____ la decisione giusta.
8. P   La senatrice ha ammesso che (loro-dovere) _____ rivedere la normativa.
9. C   Sapevo che Anna e Roberto (essere) _____ fidanzati da alcuni mesi.
10. A   L'imputato dichiarò che non (rapinare) _____ la banca da solo.

9 Completa le frasi con il tempo e il modo adatti.

1. Solo domani ti dirà se il prossimo mese (potere) _____ collaborare con te.
2. So che in passato Pietro (vedersi) _____ spesso con tua sorella.
3. Alle otto sapremo se (avere) _____ qualche possibilità di vincere il concorso.
4. Sapevo che gli studenti (partecipare) _____ in molti alla conferenza successiva.
5. Spiegherà ai genitori che Laura e Luca (scegliere-già) _____ una ottima università.
6. Dirò semplicemente che il progetto non (essere) _____ alla nostra portata.

12.1. Concordanza dei tempi all'indicativo

7. Avevo detto che (richiamare) _____ mio fratello, ma poi non lo feci.
8. Anna era sicura che i suoi figli (rincasare-già) _____ da alcune ore.
9. Luca disse ai presenti solo ciò che (pensare) _____ in quel momento della situazione.
10. Affermerò con forza che non (accettare) _____ mai più le sue minacce.

10 Completa il testo con i verbi al tempo adatto ed esprimi un rapporto di anteriorità (A), contemporaneità (C) o posteriorità (P) con il verbo della frase principale al passato.

Nuovo messaggio
DA: eleonora@gmail.it
Oggetto: Come stai?

Cara Marianna,

come stai? È una vita che non ci sentiamo e vorrei riprendere i contatti con te. Mi manchi tanto. La mia vita continua a essere piuttosto complicata anche perché mio marito lavora spesso all'estero e così, di tanto in tanto, lo seguo nei suoi viaggi. Qualche tempo fa gli avevano chiesto se (1. lui-essere, C) _____ disponibile a seguire un progetto in Bahrain e gli avevano detto pure che (2. dovere, P) _____ trasferirsi in quel paese per cinque anni, ma poi la cosa, per fortuna, non è andata avanti.

Quanto al resto, lavoro sempre con contratti a tempo determinato nella stessa libreria. Mi avevano promesso che mi (3. loro-assumere, P) _____ in modo stabile e che mi (4. affidare, P) _____ il settore della narrativa, ma ancora niente. Coltivo ancora la scrittura. Ho finito di scrivere alcuni racconti e li ho fatti leggere ad alcuni editori senza molte speranze. Poi uno, incredibile ma vero, mi ha detto che gli (5. piacere, C) _____ e che (6. io-dovere, P) _____ solo fare qualche piccola modifica per renderli pubblicabili. Se tutto va bene, usciranno in autunno.

Ma tu che cosa combini di bello? Qualche tempo fa ho incontrato tua cugina e mi ha detto che (7. tu-laurearsi, A) _____, che (8. trovare-già, A) _____ un lavoro nella redazione di un quotidiano e che al lavoro (9. trovarsi, C) _____ bene. Infatti mi ricordavo che (10. essere, C) _____ il tuo sogno fare la giornalista e mi ha fatto molto piacere per te. Tua cugina mi ha detto anche che (11. tu-fidanzarsi, A) _____ e che di lì a poco (12. andare, P) _____ a convivere con il tuo compagno. Come si chiama? Dove vi siete conosciuti?

Ora devo lasciarti, ma prometto di riscriverti presto. Se trovi un po' di tempo, mi farebbe piacere avere tue notizie.

Un abbraccio,
Eleonora

12.1. Concordanza dei tempi all'indicativo

obiettivo grammatica

FORME | **USI E FUNZIONI**

12.2. Concordanza dei tempi al congiuntivo

- Verbo della frase principale all'indicativo presente o al futuro che richiede il congiuntivo

Frase principale	Frase subordinata con rapporto di		
	anteriorità (prima)		
	che Luca	ieri **sia uscito** più tardi.	(congiuntivo passato)
		nei giorni scorsi **uscisse** sempre alle nove.	(congiuntivo imperfetto)
Credo/ Crederò		ieri alle otto **fosse uscito** già.	(congiuntivo trapassato)
	contemporaneità (nello stesso momento)		
	che Luca	**esca** (**stia** uscendo) ora.	(congiuntivo presente – *stare* + gerundio)
	posteriorità (dopo)		
	che Luca	**esca** più tardi.	(congiuntivo presente)
		uscirà più tardi.	(indicativo futuro)

Esprimere rapporti di tempo con il verbo della principale *volere* al condizionale semplice
Se il verbo della principale è *volere* (*avere piacere*, *preferire* ecc.) al condizionale semplice, nella frase subordinata usiamo il congiuntivo
- trapassato per esprimere l'anteriorità (*Vorrei che ieri sera tu **fossi venuto** con noi*)
- imperfetto per esprimere contemporaneità (*Vorrei che tu ora **fossi** qui*)
- imperfetto per esprimere posteriorità (*Vorrei che stasera tu **uscissi** con me*).

Per esprimere la posteriorità
- possiamo usare il congiuntivo presente o l'indicativo futuro (*Penso che domani **venga/verrà** a teatro con me*)
- se il verbo della principale è *volere* o in genere una forma impersonale con il *che* (frase soggettiva) usiamo il congiuntivo presente e non è possibile usare il futuro (*Voglio che Giovanni **arrivi** puntuale domani mattina*, ma non ~~Voglio che Giovanni arriverà puntuale domani mattina~~; *È bene che tu domani **sia** puntuale*, ma non ~~È bene che tu domani sarai puntuale~~).

1 Completa le frasi con il tempo adatto e indica se il tempo della frase subordinata esprime anteriorità (A), contemporaneità (C) o posteriorità (P) rispetto al tempo presente o futuro della principale.

                                                                                                     A C P

1. Da come il commissario sta parlando, sembra che (sapere) _____ chi è il colpevole. ☐ ☐ ☐

2. È possibile che il relatore, mentre parlava, (accorgersi) _____ dell'insofferenza dei partecipanti in aula. ☐ ☐ ☐

3. Non capisco perché adesso (tu-volere) _____ comprare un altro paio di scarpe, ne hai già molte! ☐ ☐ ☐

4. Se non fai attenzione a come ti vesti, al colloquio di lavoro penseranno che tu (essere) _____ poco adeguato. ☐ ☐ ☐

| | | FORME | USI E FUNZIONI |

12.2. Concordanza dei tempi al congiuntivo

		A	C	P
5.	Dopo un allenamento così duro immagino che Franco (uscire) _____ con gli amici questa sera!	☐	☐	☐
6.	Se non restituisci a quei ragazzi il libro, loro crederanno che tu glielo (rubare) _____.	☐	☐	☐
7.	È noto che l'uso dei pesticidi (danneggiare) _____ la salute di tutti gli esseri viventi.	☐	☐	☐
8.	È un peccato che gli studenti non (avvalersi) _____ dell'aiuto del loro tutor quando hanno messo a punto il progetto.	☐	☐	☐
9.	Non ho seguito lo spoglio delle schede elettorali, non so quale schieramento politico (vincere) _____.	☐	☐	☐
10.	La nostra coinquilina pensa che tra meno di un'ora i negozi del centro (chiudere) _____.	☐	☐	☐

2 Completa le frasi con il tempo adatto ed esprimi anteriorità (A), contemporaneità (C) o posteriorità (P), rispetto al tempo presente o futuro della principale.

1.	A	È probabile che il ladro (nascondersi) _____ in una cascina abbandonata.
2.	P	Ho paura che quella vetrata (rompersi) _____ in caso di forte vento.
3.	C	È difficile che i genitori non (aiutare) _____ i figli in caso di bisogno.
4.	A	Gli allenatori temono che i calciatori (stancarsi) _____ durante la partita.
5.	P	È necessario che gli studenti (pagare) _____ la tassa entro domani.
6.	C	Molti stranieri credono che in Italia tutti (amare) _____ il calcio.
7.	A	Il direttore ritiene che gli impiegati non (essere) _____ precisi nel lavoro.
8.	P	Per superare la prova è utile che (loro-studiare) _____ con costanza.
9.	A	Marco non c'è ancora e ho il timore che (lui-sbagliare) _____ strada.
10.	C	Per iscrivermi bisogna che (io-avere) _____ la ricevuta di pagamento.

3 Completa il testo con i verbi al tempo adatto ed esprimi anteriorità (A), contemporaneità (C) o posteriorità (P) rispetto al tempo presente della principale. Attenzione alla forma passiva (/P).

Falsi miti sull'alimentazione

Oggigiorno sono davvero numerose le persone che si affidano a Internet per cercare di migliorare il proprio stile di vita attraverso l'alimentazione, spesso però capita che (1. pubblicare/P, C) _____ informazioni false. Vediamo alcuni esempi:

- *È bene che non si assumano zuccheri!*

Il fatto che un alimento sull'etichetta (2. definire/P, A) _____ "senza zucchero" o "senza grassi" non significa che non (3. avere, C) _____ calorie.

- *È necessario che non si eliminino i carboidrati!*

I carboidrati di per sé non fanno ingrassare ma è necessario che le persone (4. scegliere, C) _____ i carboidrati giusti e al tempo stesso ne (5. moderare, C) _____ la quantità di assunzione. Qualche giorno capita che si (6. esagerare, A) _____ con i carboidrati raffinati (quelli "bianchi") e questo contribuisce a far spostare in avanti l'ago della bilancia. Pertanto è necessario che nei giorni successivi si (7. assumere, P) _____ carboidrati integrali e non raffinati, insieme a frutta e verdura.

obiettivo grammatica

FORME | **USI E FUNZIONI**

- *Seguire le diete costa troppo!*

Un consiglio utile per ridurre i costi della spesa è seguire la stagionalità: è necessario che le persone (8. acquistare, C) _____ frutta e verdura secondo stagione, così facendo riducono i costi e variano la propria alimentazione, strategia vincente in termini di salute.

La Rete è un'ottima fonte di informazione, ma non è infallibile e bisogna che i lettori (9. valutare, C) _____ con attenzione ogni singola informazione che viene presentata.

- **Verbo della frase principale all'indicativo passato che richiede il congiuntivo**

Frase principale	Frase subordinata con rapporto di		
Credevo (*Ho creduto, Avevo creduto*)	anteriorità (prima)		
	che Luca	**fosse uscito** più tardi rispetto al solito.	(congiuntivo trapassato)
		uscisse sempre alle nove.	(congiuntivo imperfetto)
	contemporaneità (nello stesso momento)		
	che Luca	**uscisse** (**stesse uscendo**) in quel momento.	(congiuntivo imperfetto – *stare* + gerundio)
	posteriorità (dopo)		
	che Luca	**uscisse** più tardi.	(congiuntivo imperfetto)
		sarebbe uscito più tardi.	(condizionale composto)

> **Esprimere rapporti di tempo con il verbo della principale *volere* al condizionale composto**
> Se il verbo della principale è *volere* (*avere piacere*, *preferire* ecc.) al condizionale composto, nella frase subordinata usiamo il congiuntivo
> - trapassato per esprimere l'anteriorità (*Avrei voluto che la sera prima tu **fossi venuto** con noi*)
> - imperfetto per esprimere contemporaneità (*Avrei voluto che tu in quel momento **fossi** lì*)
> - imperfetto per esprimere posteriorità (*Avrei voluto che il giorno dopo tu **uscissi** con me*).

4 Completa le frasi con il tempo adatto e indica se il tempo della frase subordinata esprime anteriorità (A), contemporaneità (C) o posteriorità (P), rispetto al tempo passato della principale.

                                                                                                A C P

1. Dal modo in cui si è rivolto ai figli mi è sembrato che in quel momento (essere) _____ molto arrabbiato, ma in realtà non era così. ☐ ☐ ☐

2. Nessuno sapeva in quale posto il gatto (nascondersi) _____ dopo che aveva visto il cane entrare. ☐ ☐ ☐

3. Non ho parole per descrivere quell'istante in cui credevo che il mondo mi (crollare) _____ addosso. ☐ ☐ ☐

4. Il cielo si era annuvolato, il vento si era calmato e pareva che finalmente (stare) _____ per piovere. ☐ ☐ ☐

5. Tutti avevano creduto che il cantante, dopo l'ultima canzone, (concedere) _____ senz'altro un bis. ☐ ☐ ☐

			A C P
6.	Dopo tutto il lavoro che avevo fatto per lui mi auguravo che mi (dire) _____ almeno "grazie".		☐ ☐ ☐
7.	La donna non immaginava che un bambino così piccolo (essere) _____ in grado di rispondere al telefono!		☐ ☐ ☐
8.	Erano molto stanchi, ma io non sapevo che (loro-venire) _____ a piedi da così lontano.		☐ ☐ ☐
9.	I dipendenti credevano che il mese successivo il titolare (dare) _____ loro un premio produttività.		☐ ☐ ☐
10.	Speravamo che nel nuovo gruppo di lavoro (noi-potere) _____ esprimere liberamente le nostre opinioni.		☐ ☐ ☐

5 Completa le frasi con il tempo adatto ed esprimi anteriorità (A), contemporaneità (C) o posteriorità (P), rispetto al tempo della principale.

1.	A	Vorrei che tu (venire) _____ a trovarmi a casa, invece di avermi dato appuntamento in un caffè.
2.	P	Non credevo proprio che tu ti (potere) _____ arrabbiare tanto per una simile sciocchezza.
3.	C	All'inizio credevo che quel lavoro (essere) _____ facile, ma non lo era affatto.
4.	A	I miei genitori avrebbero voluto che io (iscriversi) _____ a ingegneria, ma ho preferito fare lettere.
5.	P	Ero dell'idea che alla festa tu non (divertirsi) _____, per questo non ti ho invitato. Scusami!
6.	A	Il controllore mi ha fatto la multa perché pensava che io non (acquistare) _____ il biglietto, ma in realtà l'avevo perso.
7.	P	I genitori speravano che il figlio (smettere) _____ presto di fumare a causa dei suoi problemi respiratori.
8.	A	I medici temevano che la terapia (risultare) _____ troppo forte per quell'anziana signora.
9.	C	Non eravamo certi che i testimoni (dire) _____ la verità a causa delle pressioni della controparte.
10.	P	Gli agricoltori avevano paura che (piovere) _____ troppo nelle settimane successive.

obiettivo grammatica

6 Completa il testo con i verbi al tempo adatto ed esprimi anteriorità (A), contemporaneità (C) o posteriorità (P) rispetto al tempo passato della principale. Attenzione alla forma passiva (/P).

Falsi miti del passato

Leonardo da Vinci (1452-1519). Leonardo è il padre della bicicletta. Questa diffusa credenza deriva dal fatto che su una pagina del Codice Atlantico comparve il disegno di una bicicletta con pedali e catena. In realtà la maggior parte degli studiosi concorda sul fatto che il disegno non appartiene alla mano del Maestro, né a quella di un suo allievo. Si suppone per esempio che (1. potere) _____ /____/ essere opera di Gian Giacomo Caprotti, detto "Salaì". L'ipotesi più probabile era che il disegno (2. aggiungere/P) _____ /____/ nell'800, quando la bicicletta era appena stata inventata, o successivamente.

Isaac Newton (1643-1727). Newton scoprì la forza di gravità grazie a un fatto curioso. La leggenda narra che il fisico inglese cominciò a lavorare alla sua legge di gravitazione dopo che una mela gli fu caduta in testa. Gli scienziati hanno sempre sospettato che (3. trattarsi) _____ /____/ di un aneddoto, ma la conferma viene dalla biografia scritta dall'amico e collega William Stukeley.

Galileo Galilei (1564-1642). Dopo l'abiura, Galileo aggiunse sottovoce "Eppur si muove". Nel 1633 lo scienziato fu condannato dal tribunale dell'Inquisizione perché sosteneva che la Terra (4. ruotare) _____ /____/ attorno al Sole (e non il contrario). La storia ci racconta che Galileo non fu condannato a morte perché accettò di abiurare, cioè di disconoscere le sue intuizioni scientifiche e di ristabilire la verità voluta dalla Chiesa. Risulta però difficile credere che Galileo – come vorrebbe la tradizione – (5. azzardarsi) _____ /____/ a sussurrare la frase "Eppur si muove", in un clima di tale ostilità, riferendosi alla Terra. E infatti non andò così: questa ricostruzione fu inventata nel 1757 dal giornalista Giuseppe Baretto, che scrisse un'apologia in difesa dello scienziato. Fu lui a dipingere Galileo più audace e temerario di quanto non (6. essere) _____ /____/ in realtà.

(s.a. *Le bugie storiche (che tutti credono vere)*, "Focus", URL: https://bit.ly/2MPSPcb, ultimo accesso: 2.11.2022)

Leonardo da Vinci

Isaac Newton

Galileo Galilei

obiettivo grammatica

FORME | **USI E FUNZIONI**

13. DISCORSO INDIRETTO

Il discorso indiretto riporta le parole di qualcuno attraverso un narratore, che riformula il discorso in una frase subordinata (oggettiva, interrogativa indiretta, causale ecc.). La subordinata dipende da un verbo che introduce il discorso riferito e può a sua volta reggere altre subordinate.

discorso diretto	Il giovane dice:	"Studio	perché ho un esame".
discorso indiretto	**Il giovane dice**	**che studia**	**perché ha un esame.**
	frase principale	subordinata oggettiva	subordinata causale

Il discorso diretto riporta puntualmente le parole che qualcuno pronuncia ed è autonomo. È in genere introdotto da verbi come *dire, chiedere, comandare, sentire*. Nello scritto, introduciamo il discorso diretto con i due punti (:) e lo racchiudiamo in genere fra virgolette.

Nei seguenti casi non è possibile il passaggio dal discorso diretto al discorso indiretto:
- frasi principali che non possono diventare subordinate (*Esclama: "Se avessi vent'anni!"* > ~~Esclamò se avesse vent'anni~~)
- frasi nominali (*Dice: "Che magnifica vista!"* > ~~Dice che magnifica vista~~)
- segnali discorsivi del parlato (*Dice: "Ecco. Maria sta arrivando"* > *Dice che* ~~ecco~~ *Maria sta arrivando*).

Il discorso indiretto è introdotto dalla congiunzione che (o se) (*Mi ha detto che è in città; Mi chiedo se convenga rimandare il viaggio*), dalla preposizione *di* (+ infinito) (*Dice di andare a casa sua*), o da pronomi e aggettivi interrogativi (*chi, come, quando, quale, perché…*) (*Mi chiedo chi sia quell'uomo*).

Nel discorso indiretto è necessario esplicitare i legami logici fra le parti del discorso con l'uso di connettivi (*Disse: "Preferirei restare a casa: sono esausto"* > *Disse che avrebbe preferito restare a casa perché era esausto*).

- **Dal discorso diretto al discorso indiretto**

Nella trasformazione dal discorso diretto al discorso indiretto avvengono alcuni cambiamenti, che riguardano principalmente: pronomi personali, persone dei verbi, possessivi, dimostrativi, espressioni di luogo e di tempo, modi e tempi verbali.

- **Pronomi personali**

    I pronomi personali e i verbi di I e di II persona diventano di III persona quando il verbo della frase principale è di III persona.

discorso diretto		discorso indiretto
io, tu	→	lui (egli), lei (ella)
Dice: "Io sono felice".		*Dice che (lui/lei) è felice.*
Dice: "Tu sei capace".		*Dice che lui/lei è capace.*
noi, voi	→	loro (essi, esse)
Dice: "Noi ti accompagniamo a casa".		*Dice che loro lo accompagnano a casa.*
Dice: "Voi vi telefonate spesso".		*Dice che loro si telefonano spesso.*

107

obiettivo grammatica

FORME | **USI E FUNZIONI**

- **Possessivi**

Quando il verbo della frase principale è di III persona, i possessivi di I e di II persona diventano di III persona.

discorso diretto		discorso indiretto
mio, tuo	→	suo
Dice: "**Mia** madre sta bene".		Dice che **sua** madre sta bene.
Dice: "La **tua** casa mi piace".		Dice che la casa **sua** gli/le piace.
nostro, vostro	→	loro
Dice: "Il **nostro** gatto è sul divano".		Dice che il **loro** gatto è sul divano.
Dice: "Il **vostro** cane è docile".		Dice che il **loro** cane è docile.
ma		
Io dico: "La **mia** auto è in garage".		Io dico che la **mia** macchina è in garage.

- **Dimostrativi, espressioni di luogo e di tempo,** *venire*

In genere cambiano i dimostrativi, le espressioni di luogo e di tempo, il verbo *venire*.

discorso diretto		discorso indiretto
questo	→	quello
Ha detto: "**Questo** cappotto è caro".		Ha detto che **quel** cappotto era caro.
qui/qua	→	lì/là, in quel luogo
Ha detto: "Resto **qui** tutto il giorno".		Ha detto che restava **lì** tutto il giorno.
oggi	→	quel giorno
Ha detto: "**Oggi** fa brutto tempo".		Ha detto che **quel giorno** faceva brutto tempo.
ieri	→	il giorno prima/precedente
Ha detto: "**Ieri** ero a Roma".		Ha detto che **il giorno prima** era a Roma.
domani	→	il giorno dopo/seguente/successivo
Ha detto: "**Domani** sarò a casa".		Ha detto che **il giorno dopo** sarebbe stato a casa.
poco fa	→	poco prima
Ha detto: "**Poco fa** ho visto Ada".		Ha detto che **poco prima** aveva visto Ada.
un mese fa	→	il mese prima
Ha detto: "**Un mese fa** ero in Francia".		Ha detto che **il mese prima** era in Francia.
ora	→	allora
Ha detto: "**Ora** abito in città".		Ha detto che **allora** abitava in città.
la settimana scorsa	→	la settimana prima/precedente
Ha detto: "**La settimana scorsa** ero a Capri".		Ha detto che **la settimana prima** era a Capri.
fra un anno	→	dopo un anno, l'anno dopo/seguente
Ha detto: "**Fra** un anno tornerò".		Ha detto che **dopo un anno** sarebbe tornato.
venire	→	andare
Luca ha detto: "**Vengo** a casa a piedi".		Luca ha detto che **va** a casa a piedi.
ma		
Luca mi ha detto: "**Vengo** da te fra poco".		Luca mi ha detto che **viene** da me fra poco.

13. Discorso indiretto

| | FORME | USI E FUNZIONI |

13. Discorso indiretto

1 Completa le frasi con l'alternativa corretta.

1. Ha detto che Marco abitava proprio ❑ **qui** ❑ **in quel luogo** e in quella casa.
2. Dice che ❑ **oggi** ❑ **quel giorno** è molto impegnato e non va a lezione di inglese.
3. Ha detto che ❑ **ieri** ❑ **il giorno precedente** era stato in banca.
4. Dice che ha incontrato la sua ex fidanzata ❑ **poco fa** ❑ **poco prima** al bar.
5. Dice che ❑ **va** ❑ **viene** in vacanza in montagna con loro.
6. Ha detto che ❑ **domani** ❑ **il giorno seguente** la biblioteca sarà chiusa.
7. Ha detto che ❑ **due anni fa** ❑ **due anni prima** si era diplomato in pianoforte.
8. Dice che ❑ **questa** ❑ **quella** trattoria qui davanti è economica.
9. Ha detto che i ragazzi ❑ **ora** ❑ **allora** non erano consapevoli delle loro azioni.
10. Dice che ❑ **il mese scorso** ❑ **il mese prima** ha consegnato la tesi al professore.
11. Ha detto che i due uomini si rividero ❑ **fra molto** ❑ **dopo molto** tempo.
12. Dice che la chiesa risale a venti ❑ **anni fa** ❑ **anni prima**.

- **Modi e tempi verbali**
  - **Verbo della frase principale al presente, al futuro o al passato prossimo legato al presente**

> Quando il verbo della principale è al presente, al futuro o al passato prossimo con valore di presente, il tempo della frase subordinata e delle frasi già subordinate nel discorso diretto non cambia (*Dice/Ha appena detto/Dirà: "**Ordino** una pizza" > Dice/Ha appena detto/Dirà che **ordina** una pizza*).

➔ **Uso di modi e tempi nel discorso indiretto** ⟶ Concordanza dei tempi all'indicativo, p. 96

discorso diretto		discorso indiretto
Dice: "**Ordino** una pizza".	↔	Dice che **ordina** una pizza.
Dice: "**Ho ordinato** una pizza".	↔	Dice che **ha ordinato** una pizza.
Dice: "**Ordinerei** una pizza".	↔	Dice che **ordinerebbe** una pizza.
Dice: "**Penso** che Pia **ordini** una pizza".	↔	Dice che **pensa** che Pia **ordini** una pizza.

2 Trasforma i testi dal discorso diretto al discorso indiretto.

1. L'avvocato Paoli lascia il seguente messaggio alla segreteria telefonica della Signora Bianchi: "Oggi non mi sento bene, quindi dobbiamo rimandare il nostro appuntamento. Richiamerò io la settimana prossima per fissare una nuova data".

L'avvocato Paoli dice alla Signora Bianchi che oggi non (1) _____ bene e quindi (2) _____ rimandare il (3) _____ appuntamento. Ha detto anche che (4) _____ (5) _____ la settimana prossima per fissare una nuova data.

2. Giacomo lascia il seguente messaggio alla segreteria telefonica di Laura: "Oggi non posso venire a casa tua, perché ho un altro impegno. Ma stasera, se vuoi, mi puoi richiamare verso le sette e ci metteremo d'accordo per una pizza insieme.

Giacomo dice a Laura che oggi non (1) _____ (2) _____ a casa (3) _____, perché (4) _____ un altro impegno. Ma la sera, se (5) _____, (6) _____ (7) _____ richiamare verso le sette e (8) _____ d'accordo per una pizza insieme.

obiettivo grammatica

FORME | USI E FUNZIONI

- Verbo della frase principale al passato

> Quando il verbo della frase principale è al passato (passato prossimo, imperfetto, passato remoto, trapassato prossimo), il tempo della frase subordinata e delle frasi già subordinate nel discorso diretto cambia nei seguenti casi.

 Uso di modi e tempi nel discorso indiretto → Concordanza dei tempi all'indicativo e al congiuntivo, p. 96, p. 102

discorso diretto	discorso indiretto
presente indicativo/congiuntivo →	imperfetto indicativo/congiuntivo
Disse: "Ada **vive** a Lucca".	Disse che Ada **viveva** a Lucca.
Disse: "**Penso** che Ada **viva** a Lucca".	Disse che **pensava** che Ada **vivesse** a Lucca.
passato indicativo/congiuntivo →	trapassato indicativo/congiuntivo
Disse: "**È arrivata**/**arrivò** Ada".	Disse che **era arrivata** Ada.
Disse: "**È sembrato** a molti che **sia arrivata** Ada".	Disse che **era sembrato** a molti che **fosse arrivata** Ada.
futuro semplice →	condizionale composto/trapassato congiuntivo
Disse: "Ada **partirà** presto".	Disse che Ada **sarebbe partita** presto.
futuro composto (con un futuro semplice)	condizionale composto/trapassato congiuntivo
Disse: "Ada partirà quando **avrà finito**".	Disse che Ada sarebbe partita quando **avrebbe finito**/**avesse finito**.
condizionale semplice	condizionale composto
Disse: "Ada **vorrebbe** partire in treno".	Disse che Ada **sarebbe voluta** partire in treno.
imperativo →	di + infinito/imperfetto congiuntivo
Disse a Luca: "**Entra** pure".	Disse a Luca **di entrare**/che **entrasse** pure.
periodo ipotetico della realtà (I tipo): *se* + indicativo presente/futuro + indicativo presente/futuro	
Disse: "Se **piove**/**pioverà**, **resto**/**resterò**".	
periodo ipotetico della possibilità (II tipo): *se* + congiuntivo imperfetto + condizionale semplice →	*se* + congiuntivo trapassato + condizionale composto
Disse: "Se **piovesse**, **resterei**".	Disse che se **avesse piovuto**, **sarebbe restato**.
periodo ipotetico dell'irrealtà (nel presente) (III tipo): se + congiuntivo imperfetto + condizionale semplice	
Disse: "Se ora **piovesse**, **resterei**".	

- Verbo della frase principale al passato: tempi e modi che non cambiano

> Quando il verbo della principale è al passato, il tempo della frase subordinata, e delle frasi già subordinate nel discorso diretto, non cambia nei casi che seguono.

 Uso di modi e tempi nel discorso indiretto → Concordanza dei tempi all'indicativo, p. 96

13. Discorso indiretto

FORME | USI E FUNZIONI

13. Discorso indiretto

discorso diretto		discorso indiretto
imperfetto indicativo/congiuntivo	↔	imperfetto indicativo/congiuntivo
Disse: "Ada **studiava** sempre a casa".		Disse che Ada **studiava** sempre a casa.
Disse: "**Pensavo** che Ada **studiasse** a casa.		Disse che **pensava** che Ada **studiasse** a casa.
trapassato indicativo/congiuntivo	↔	trapassato indicativo/congiuntivo
Disse: "**Avevo** già **visto** quella mostra".		Disse che **aveva** già **visto** quella mostra.
Disse: "**Avevo pensato** che tu **avessi** già **visto** quella mostra.		Disse che **aveva pensato** che lui/lei **avesse** già **visto** quella mostra.
condizionale composto	↔	condizionale composto
Disse: "Ada **sarebbe partita** volentieri.		Disse che Ada **sarebbe partita** volentieri.
infinito semplice	↔	infinito semplice
Disse: "Penso **di avere** tempo".		Disse che pensava **di avere** tempo.
gerundio semplice	↔	gerundio semplice
Disse: "**Uscendo** di casa, lo incontravo".		Disse che, **uscendo** di casa, lo incontrava.
periodo ipotetico dell'irrealtà (nel passato) (III tipo): se + congiuntivo trapassato + condizionale composto	↔	se + congiuntivo trapassato + condizionale composto
Disse: "Se prima **avesse piovuto**, **sarei restato**.		Disse che se prima **avesse piovuto**, **sarebbe restato**.

LINGUA IN USO

Uso dell'indicativo imperfetto nel periodo ipotetico (discorso indiretto)

Nella lingua parlata di uso comune usiamo l'indicativo imperfetto al posto del condizionale composto e del congiuntivo trapassato per esprimere una conseguenza e una condizione nel periodo ipotetico dell'irrealtà (III tipo) con la frase principale al passato (*Disse che se gli **diceva** (= avesse detto) tutto, **poteva** (= avrebbe potuto) capire meglio la questione*).

---

3 Trasforma il discorso diretto in discorso indiretto e indica se i tempi sottolineati cambiano (Sì) o non cambiano (No).

                                                                                                            Sì No

1. Disse: "<u>Ho ritrovato</u> alcune sue vecchie fotografie".
   Disse che _____ ☐ ☐

2. Disse: "Pensava <u>di partire</u> con il primo treno della mattina".
   Disse che _____ ☐ ☐

3. Disse: "Prima di allora, <u>avevo dato</u> già due esami di filosofia".
   Disse che _____ ☐ ☐

4. Disse: "<u>Risponderò</u> alla e-mail del direttore nel pomeriggio".
   Disse che _____ ☐ ☐

obiettivo grammatica

FORME | **USI E FUNZIONI**

5. Disse: "Immaginavo che Luca <u>si fosse risentito</u> della loro decisione".   Sì   No
   Disse che _____

6. Disse: "<u>Dalle</u> retta! Sara lavorava proprio nello stesso settore".
   Disse che _____

7. Disse: "Quella domenica Marco <u>sarebbe andato</u> volentieri in campagna".
   Disse di _____

8. Disse: "Il padre della madre di Antonio <u>morì</u> durante la guerra".
   Disse che _____

4 Completa la tabella, come nell'esempio.

discorso diretto	discorso indiretto
Disse:	Disse che…
1. "Ho superato l'esame".	aveva superato l'esame.
2. "Ci preparavamo per la lezione".	
3. "Finirai presto il compito".	
4. "Avevate già visitato quella mostra".	
5. "Studiamo all'Università di Napoli".	
6. "Luca vorrebbe tornare a casa".	
7. "Pensavano di partire nel fine settimana".	
8. "Salirò sul palco per primo".	
9. "Temevano di aver preso il raffreddore".	
10. "Cado camminando sul ghiaccio".	
11. "Siete stati fortunati a conoscere Antonio".	
12. "Hai temuto che il bambino si fosse perso".	
13. "I colleghi preferirebbero incontrarsi alle tre".	
14. "Anna ha acquistato quel posto auto".	

5 Trasforma il discorso indiretto in diretto e il discorso diretto in indiretto, come nell'esempio.

discorso diretto	discorso indiretto
Luca disse:	Luca disse che…
1. "Domani chiamerò i miei".	1. il giorno dopo avrebbe chiamato i suoi.
2. "Ieri mi sarei fermato volentieri da voi".	2.
3.	3. credeva che Anna si fosse innamorata di lui.

13. Discorso indiretto

FORME | USI E FUNZIONI

13. Discorso indiretto

discorso diretto	discorso indiretto
4. "Fra un anno mi trasferirò qui, in questa città".	4. _____
5. "Un mese fa sono venuto qui con mia figlia".	5. _____
6. _____	6. prima si occupava della sua ditta.
7. _____	7. aveva già incontrato quel ragazzo da Lea.
8. "Paolo ci assumerà il mese prossimo".	8. _____
9. "Ieri sera ho avuto un forte mal di testa".	9. _____
10. _____	10. Lia gli aveva parlato solo due giorni prima.
11. "Oggi ci troviamo a Pisa per lavoro".	11. _____
12. _____	12. pensava che Matteo fosse un insegnante.

Esempi	Usiamo il discorso indiretto per riferire le parole (o il pensiero) di qualcuno con verbi come
– L'impiegato **comunica** che la biblioteca rimarrà chiusa per alcuni giorni.	– dire, comunicare, dichiarare… (dichiarativi)
– Il padre **domanda** al figlio come vadano/vanno gli studi.	– chiedere, domandare… (interrogativi)
– La donna **vieta** al cane e al gatto di salire sul letto.	– comandare, ordinare, vietare… (volitivi)
– Rosa **sente** spesso dire che Alessio non si trova bene in quella ditta.	– sentire, udire… (di percezione)

LINGUA IN USO

Uso dell'indicativo al posto del congiuntivo nelle interrogative indirette

Nella lingua parlata di uso comune, quando nel discorso diretto c'è una domanda (interrogativa diretta), nel discorso indiretto possiamo usare l'indicativo al posto del congiuntivo (Le chiese: "Come **sta**?". > Le chiese come **stava**/stesse; Le chiese: "Quanti esami ha sostenuto?". > Le chiese quanti esami **aveva sostenuto**/avesse sostenuto).

6 Trasforma il discorso diretto in discorso indiretto e indica se il verbo sottolineato è dichiarativo (D), interrogativo (I), volitivo (V), di percezione (P), come nell'esempio.

D I V P

1. Il ragazzo udì la madre dire: "Penso che la mia famiglia non abbia mai condiviso il mio interesse per l'escursionismo". ☐ ☐ ☐ ✓

    Il ragazzo udì la madre dire che pensava che la sua famiglia non avesse mai condiviso il suo interesse per l'escursionismo.

2. Comunica al compagno: "Domani porterò la cagnolina dal veterinario e la farò sterilizzare". ☐ ☐ ☐ ☐

    Comunica al compagno

3. Chiese al tecnico: "È possibile riparare il guasto della lavatrice oppure ne devo comprare una nuova?". ☐ ☐ ☐ ☐

    Chiese al tecnico

obiettivo grammatica

FORME | **USI E FUNZIONI**

		D	I	V	P

4. <u>Informò</u> i colleghi: "Le voci sull'apertura di una nuova sede sono assolutamente attendibili: le ho avute da una fonte sicura".
   Informò i colleghi

5. <u>Mi chiedo</u> spesso: "Come ho fatto a rinunciare a una occasione di lavoro tanto vantaggiosa per me?".
   Mi chiedo spesso

6. L'infermiera <u>ordinò</u> al paziente: "Spenga la sigaretta e smetta subito di fumare".
   L'infermiera ordinò al paziente

7. <u>Gli domandò</u>: "Mi daresti una mano a mettere in ordine il garage, se avessi un po' di tempo domani?".
   Gli domandò

8. <u>Intimò</u> alla figlia: "Rincasa entro mezzanotte e non fare tardi come il fine settimana scorso".
   Intimò alla figlia

★ 7 Trasforma il discorso diretto in discorso indiretto.

1. Disse: "La settimana scorsa mi sono incontrato con Luca e insieme abbiamo discusso di quando consegneremo il programma dell'evento".

2. Disse all'automobilista: "Rimuova l'autovettura da questo passo carrabile e la parcheggi dove è consentito, altrimenti le dovrò fare una multa".

3. Domandò alla figlia: "Quando avrai finito la triennale, ti iscriverai alla magistrale oppure ti metterai alla ricerca di un lavoro?".

4. Comunicò alla classe: "La settimana prossima lavoreremo al progetto di cui vi ho parlato ieri e che dovremo ultimare entro la fine di questo mese".

5. Li udì dire: "Se almeno avessimo ricevuto un compenso adeguato, saremmo soddisfatti del lavoro fatto, anche se è stato molto complesso".

6. Gli ordinò: "Trova una soluzione ai tuoi problemi personali, affinché non influenzino il tuo lavoro, oppure vattene!".

7. Mi chiese: "Perché hai deciso di lasciare un lavoro che ti piace e che in futuro ti darebbe delle soddisfazioni?".

8. Lo sentì bisbigliare: "Se domani il direttore non venisse all'incontro, probabilmente non ci verrei neppure io".

13. Discorso indiretto

8 Trasforma il discorso diretto in discorso indiretto.

Il leone e il topo

C'era una volta, nella grande foresta, un maestoso leone, che si riposava all'ombra di un grande albero. Stava controllando se in lontananza c'erano delle prede da poter cacciare, ma non vedeva niente di interessante. Così il pomeriggio passava lento e la pancia iniziava a brontolare dalla fame.
A un certo punto si disse: "Forse è meglio che mi sposti da qui e che vada a cacciare in un'altra zona" (1. _____), ma era abbastanza infastidito al pensiero di doversi alzare. Poi ecco improvvisamente un piccolo topolino corrergli proprio davanti alle zampe. Il leone colse al balzo l'occasione e, con uno scatto felino, bloccò la coda del topino con la zampa.
Il leone già pregustava il piccolo bocconcino come antipasto e si stava leccando i baffi, ma il topino, con le lacrime agli occhi, iniziò a supplicarlo dicendo: "Non mi mangiare! Risparmiami!" (2. _____). Il leone, sorridendo, iniziò a tirare con la zampa il topino verso di sé, mentre il piccolo animaletto continuava a implorarlo: "Non mi mangiare, perché con me non ti sazierei che per pochi minuti: sono così tanto piccolo per un leone tanto grande quanto te!" (3. _____).
Il leone pensò che questo era vero: quel topolino gli avrebbe placato la fame giusto per il tempo di alzarsi da lì. Il topolino aggiunse: "E poi le mie piccole ossicine rischierebbero di andarti di traverso in gola" (4. _____). Anche questo era vero, pensò il leone, che smise di trascinare verso di sé il topolino.
Infine, il topo disse: "Se mi lascerai andare, ti sarò riconoscente per tutta la vita!" (5. _____). Il leone, mosso più dalla fatica di ingoiare quel piccolo pasto che dalla pietà per il topolino, lo lasciò libero di andare.

13. Discorso indiretto

115

SEZIONE 2

ARTICOLO, NOME, AGGETTIVO, PRONOME, AVVERBIO, PREPOSIZIONI, CONNETTIVI, LINGUAGGIO DI GENERE

1. ARTICOLO
1.1. Articolo determinativo
1.2. Articolo indeterminativo
1.3. Articolo determinativo e indeterminativo

2. NOME
2.1. Maschile e femminile, singolare e plurale
2.2. Formazione del femminile

3. AGGETTIVO
3.1. Aggettivo qualificativo
    3.1.1. Maschile e femminile, singolare e plurale
    3.1.2. Particolarità degli aggettivi qualificativi
    3.1.3. Gradi dell'aggettivo
3.2. Aggettivi e pronomi
    3.2.1. Indefiniti
3.3. Posizione dell'aggettivo
    3.3.1. Posizione dell'aggettivo qualificativo
    3.3.2. Posizione obbligatoria dell'aggettivo

4. PRONOME
4.1. Pronomi personali
    4.1.1. Pronomi soggetto
    4.1.2. Pronomi riflessivi
    4.1.3. Pronomi allocutivi e forma di cortesia
    4.1.4. Pronomi combinati
    4.1.5. Pronomi personali sintesi

4.2. Particelle pronominali *ci/vi* e *ne*
4.3. Pronomi relativi
    3.1.1. Pronomi relativi doppi *chi* e *quanto*

5. AVVERBIO
5.1. Avverbi di giudizio, tempo, luogo, quantità, modo
5.2. Posizione dell'avverbio
5.3. Gradi dell'avverbio

6. PREPOSIZIONI
6.1. Preposizioni semplici e articolate
6.2. Verbi, aggettivi con preposizioni

7. CONNETTIVI
7.1. Connettivi/Congiunzioni coordinanti
7.2. Connettivi/Congiunzioni subordinanti

8. LINGUAGGIO DI GENERE

obiettivo grammatica

FORME | **USI E FUNZIONI**

1. ARTICOLO

L'articolo è una parte variabile del discorso che precede un nome (oppure un aggettivo o un verbo sostantivato). L'articolo concorda nel genere e nel numero con il nome a cui si riferisce. L'articolo può essere determinativo, indeterminativo, partitivo.

1.1. Articolo determinativo

L'articolo determinativo accompagna il nome e ha la funzione di specificare cose, persone, animali ed eventi conosciuti e determinati. Si trova davanti al nome e concorda con questo in genere (maschile o femminile) e in numero (singolare o plurale).

	singolare	plurale	esempi	
maschile	il	i	*il* progetto	*i* progetti
	davanti a nomi che iniziano con consonante (*b, c, d…*)			
	lo	gli		
	davanti a nomi che iniziano con			
	- *z–*		*lo* zero	*gli* zeri
	- *s–* + consonante		*lo* studio	*gli* studi
	- *ps–; pn–, gn–*		*lo* psichiatra	*gli* psichiatri
			lo pneumologo	*gli* pneumologi
			lo gnomo	*gli* gnomi
	- *j–; x–, y–*		*lo* juventino	*gli* juventini
			lo xenofobo	*gli* xenofobi
			lo yen	*gli* yen
	l'	gli		
	davanti a nomi che iniziano con vocale (*a, e, i…*)		*l'*organo	*gli* organi
femminile	la	le		
	davanti a nomi che iniziano con consonante		*la* zona	*le* zone
	l'	le		
	davanti a nomi che iniziano con vocale		*l'*ambulanza	*le* ambulanze

> **LINGUA IN USO**
>
> Nella lingua parlata di uso colloquiale è frequente l'uso dell'articolo *il* con la parola *pneumatico* al posto dell'articolo *lo*.

1.1. Articolo determinativo

1.1. Articolo determinativo

- **L'articolo determinativo con parole straniere**

Esempi	Con le parole straniere usiamo
– *il* jazz [dʒɛz], *il* chador [tʃa'dɔr], *lo* champagne [ʃam'paɲ]	– lo stesso articolo della parola italiana che ha lo stesso suono
– *l'* harem ['arem] – *lo* Hegel ['heːgel]	– l'articolo *lo* o *l'* davanti a nomi che iniziano con la • lettera *h* • lettera *h* aspirata
– *il* whisky ['wiski]	– l'articolo *il* davanti a nomi che iniziano con *w* che corrisponde alla • lettera *u*– semiconsonante
– *il* wafer ['vafer]	• lettera *v*–

PARTICOLARITÀ: Alcune parole straniere che cominciano con *w* e che hanno la pronuncia *u* (vocale) hanno l'articolo *il* (*il* web [wɛb]; *il* weeekend [wi'kɛnd]; *il* workshop [work'ʃɔp]).
La parola *dio* al plurale richiede l'articolo *gli* (*il* dio > **gli** dei).

1 Scrivi gli articoli determinativi davanti alle parole straniere e le parole corrispondenti in italiano.

1. ___ abstract _____
2. ___ week end _____
3. ___ sport _____
4. ___ workshop _____
5. ___ fashion _____
6. ___ flop _____
7. ___ badge _____
8. ___ display _____
9. ___ gossip _____
10. ___ happy end _____
11. ___ hotel _____
12. ___ audience _____
13. ___ show _____
14. ___ selfie _____
15. ___ snack _____

2 Completa i titoli di giornale con gli articoli determinativi davanti alle parole straniere.

1. ___ fashion fa sistema. Un passo avanti storico per ___ made in Italy

2. Dove sta andando ___ Jobs Act?

3. Oggi va di moda ___ retail

4. La nuova stagione sportiva è alle porte ecco ___ staff tecnico

obiettivo grammatica

FORME | **USI E FUNZIONI**

USI E FUNZIONI

- **Presenza dell'articolo determinativo**

Esempi	Usiamo l'articolo determinativo con
– **I** Rossi (= I signori Rossi/La famiglia Rossi) sono appena arrivati.	– cognomi al plurale
– Ho incontrato **la** cara Giovanna; Ha telefonato **l'**Anna che conosci.	– nomi propri di persona con un aggettivo o una specificazione
– **La** Firenze **degli anni Ottanta** non era come **la** Firenze **di oggi**.	– nomi di città con una specificazione
– **Il** Napoli ha vinto 2-0 contro **il** Liverpool.	– nomi di squadre di calcio
– **Il** primo vincitore è Stefano, **il** secondo è Marco.	– numerali ordinali (aggettivi, pronomi)
– **Il** 10% della popolazione è emigrata.	– percentuali
– **Le** Eolie sono un arcipelago siciliano di sette isole.	– nomi plurali di isole
– **La** palermitana (= la donna/ragazza palermitana) non verrà con noi oggi.	– aggettivi con il nome sottinteso

> **Uso dell'articolo determinativo con nomi di parentela e di personaggi illustri**
>
> Usiamo l'articolo determinativo con le varianti affettive dei nomi di parentela al singolare con i possessivi come *babbo/papà, mamma, figliolo* (*il mio babbo*, ma *mio padre*), con gli aggettivi alterati (*il mio fratellino*, ma *mio fratello*) e quando è presente una specificazione (*il mio secondo figlio*, ma *mio figlio*).
>
> Usiamo in genere l'articolo determinativo con alcuni nomi di personaggi illustri (poeti, scrittori, artisti) (*Questo mese abbiamo studiato **il** Petrarca*; ***Il** Verrocchio fu il maestro di Leonardo da Vinci*) e con titoli di opere (*Ho letto **la** "Commedia" dantesca*).

— LINGUA IN USO —

Uso dell'articolo determinativo con i nomi propri di persona femminili

Nella lingua parlata di uso colloquiale, soprattutto nell'Italia settentrionale, possiamo usare l'articolo determinativo con i nomi propri femminili (*Hai visto **la** Giovanna?*) e raramente con i nomi maschili (*Hai visto **il** Beppe?*).

➔ Uso dell'articolo determinativo con i cognomi femminili ➔ Linguaggio di genere, p. 209

- **Assenza dell'articolo determinativo**

Esempi	Non usiamo l'articolo determinativo con
– Sono arrivati **alcuni** amici di Anna.	– aggettivi indefiniti (*alcuni, qualche, molti…*)
– Mangio solo **mezzo** panino.	– alcuni aggettivi numerali come *mezzo*
– Vado **a casa a piedi**; Devi **dare retta** ai tuoi genitori.	– locuzioni avverbiali (*a cavalcioni, in fretta, su due piedi*), espressioni fisse (polirematiche) (*dare ascolto, fare luce, prendere tempo, rendere conto*)
– **Don** Abbondio è un personaggio dei "Promessi sposi" di Manzoni.	– appellativi (*santo, don…*)
– **Ischia** è una meta turistica di fama internazionale; **Cuba** è un'isola caraibica.	– nomi di alcune isole, nomi di isole che sono Stati
– **Che** stanchezza!, **Quale** libro?	– esclamativi, interrogativi (*che, quale, quanto*)
– Non ti aiuterò né **oggi** né **domani**!	– avverbi di tempo

1.1. Articolo determinativo

1.1. Articolo determinativo

FORME | USI E FUNZIONI

> **LINGUA IN USO**
>
> **Uso dei cognomi femminili senza articolo determinativo**
>
> Con i cognomi femminili in genere non usiamo più l'articolo determinativo per evitare discriminazioni di genere (*Bonino* (ma non più *La Bonino*) *è intervenuta sulla questione del fine vita*; *Telefona a Russo* (ma non più *alla Russo*) *per informazioni*).

➤ Uso dell'articolo determinativo con i cognomi femminili → Linguaggio di genere, p. 209

- **Articolo determinativo con funzione di dimostrativo**

Esempi	Usiamo l'articolo determinativo con funzione di dimostrativo
– Eccolo là il bugiardo (= quel bugiardo)!	– in alcune frasi esclamative
– Il pacco arriverà entro la settimana (= entro questa settimana).	– con alcune espressioni di tempo

OG1 ➤ p. 62, 63, per altri usi dell'articolo determinativo

3 Completa con gli articoli determinativi, quando è necessario. Spiega perché si usano o non si usano.

                                                                                                              Sì No

1. Alcune persone vanno al lavoro a _____ piedi.
2. _____ ogni uomo è stato un bambino.
3. I giornali sostengono che _____ 10% degli studenti non supererà la prova.
4. _____ Capri è un'isola del golfo di Napoli.
5. _____ Rossi abitano vicino alla stazione.
6. Quella ragazza è proprio _____ acqua e _____ sapone.
7. Ricordo volentieri _____ Milano degli anni Settanta.
8. _____ Bologna ha vinto 1 a 0 contro _____ Sampdoria.
9. Ludovica è stata _____ prima a consegnare il test.
10. Il 13 giugno a Padova si festeggia _____ Sant'Antonio, il patrono della città.
11. _____ ieri la colonnina di mercurio ha toccato i 40 gradi all'ombra.
12. Quest'anno il flusso turistico verso _____ Eolie è stato elevato.
13. Che _____ meravigliosa giornata al mare abbiamo trascorso oggi!
14. Entro _____ prossimo mese ti vengo a trovare.
15. _____ Padova ha un'università molto antica.

121

obiettivo grammatica

FORME | **USI E FUNZIONI**

4 Completa il testo con gli articoli determinativi, quando è necessario.

Spiagge senza fumo: dove è vietato fumare in Italia

Ecco tutte (1) _____ informazioni utili.

Da tempo si chiede che nelle spiagge italiane venga vietato di fumare, per salvaguardare (2) _____ salute dei bagnanti e limitare (3) _____ inquinamento. (4) _____ fumo con (5) _____ caldo torrido è estremamente fastidioso e basta una folata di vento per portare (6) _____ suo odore acre per tutta (7) _____ spiaggia. Soprattutto in alcuni lidi dove (8) _____ ombrelloni sono attaccati gli uni agli altri. Fortunatamente in Italia ci sono (9) _____ alcune località che hanno iniziato a vietare il fumo in spiaggia già da qualche anno.

(10) _____ prima spiaggia italiana ad aver messo al bando il fumo è Bibione, sulla costa veneta, e non solo durante (11) _____ weekend, ma proprio (12) _____ ogni giorno. Più precisamente (13) _____ divieto è sulla battigia, ovvero sul tratto di spiaggia davanti alla riva, con una profondità dai 5 ai 15 metri, fino alla prima fila di ombrelloni, su un litorale lungo otto chilometri (14) _____ Comune di Bibione ha deciso di invitare esplicitamente (15) _____ bagnanti a non fumare nemmeno sotto (16) _____ ombrellone.

Proprio sulla spiaggia veneta è stato lanciato (17) _____ progetto "Respira il Mare" con l'obiettivo di proteggere (18) _____ mare, (19) _____ suolo e (20) _____ persone dal fumo passivo e dai mozziconi di sigaretta.

1.1. Articolo determinativo

obiettivo grammatica

FORME | USI E FUNZIONI

1.2. Articolo indeterminativo

L'articolo indeterminativo accompagna il nome e ha la funzione di specificare cose, persone, animali ed eventi non conosciuti. Si trova davanti al nome e concorda con questo nel genere (maschile o femminile). L'articolo indeterminativo ha solo il singolare.

	singolare		esempi
maschile	**un**		
	davanti a nomi che iniziano con - consonante (b, c, d…) - vocale (a, e, i…)		**un** progetto **un** organo
	uno		
	- z– - s– + consonante - gn–, pn–, ps– - j–, x–, y–		**uno** zero **uno** studio **uno** gnomo, **uno** pneumologo, **uno** psichiatra **uno** juventino, **uno** xenofobo, **uno** yen
femminile	**una**		
	davanti a nomi che iniziano con consonante		**una** zona
	un'		
	davanti a nomi che iniziano con vocale		**un'**ambulanza

LINGUA IN USO

Uso dell'articolo indeterminativo con *pneumatico*

Nella lingua parlata di uso colloquiale è frequente l'uso dell'articolo *un* con la parola *pneumatico* al posto dell'articolo *uno*.

- **L'articolo indeterminativo con le parole straniere**

Esempi	Con le parole straniere usiamo
– **un** chador [tʃa'dɔr], **uno** champagne [ʃam'paɲ].	– lo stesso articolo cha ha la parola italiana con lo stesso suono
– **un** harem ['arem]	– l'articolo un davanti a nomi che iniziano con la lettera *h*
– **un** whisky ['wiski] – **un** wafer ['vafer]	– l'articolo un davanti a nomi che iniziano con *w* che corrisponde alla • lettera *u–* semiconsonante • lettera *v–*

1 Scrivi gli articoli indeterminativi davanti alle parole straniere.

1. ____ underwriter
2. ____ webmaster
3. ____ blog
4. ____ e-mail
5. ____ e-commerce
6. ____ tapis roulant
7. ____ boxer
8. ____ trend
9. ____ breifing
10. ____ brand
11. ____ keyword
12. ____ drink
13. ____ screening
14. ____ personal trainer
15. ____ startup
16. ____ monitor
17. ____ chalet
18. ____ bungalow
19. ____ mouse
20. ____ showroom

obiettivo grammatica

FORME | **USI E FUNZIONI**

USI E FUNZIONI

- **Significati particolari dell'articolo indeterminativo**

Esempi	Usiamo l'articolo indeterminativo
– *Quel signore **non** aveva **un** (= "nemmeno un") centesimo.*	– con il significato di "nemmeno uno/un..." nelle frasi negative
– *Ha **una** fame!* (= "tantissima fame").	– per intensificare il significato
– ***Un** centinaio di persone* (= "circa cento persone").	– davanti a un numerale per indicare un numero approssimativo (con il significato di "circa")
– ***Un** uomo* (= "ogni/ciascun uomo") *deve pensare con la propria testa.*	– con il significato di "ogni", "ciascuno"

> **Uso di gli *uni/le une... gli altri/le altre...***
> Esistono le forme plurali *uni* e *une* come pronomi indefiniti e in espressioni correlative (***Gli uni** parlano, **gli altri** ascoltano; **Le une** guardavano, **le altre** lavoravano*).

2 Completa le frasi con gli articoli indeterminativi. Abbina gli articoli alle funzioni.

1. Alla lezione di storia di ieri c'era _____ quarantina di studenti. ☐
2. Scomparso _____ cane dalla sua casa: ricca ricompensa per chi lo ritrova. ☐
3. A causa dell'incendio, per strada non c'era _____ persona. ☐
4. Gli amici del ragazzo andranno a fargli visita _____ lunedì del prossimo mese. ☐
5. Il paziente accusa _____ mal di testa terribile. ☐
6. Durante la notte _____ vecchietta ha visto del fumo uscire dalla casa e ha dato l'allarme. ☐
7. _____ decina di gatti randagi si aggira per le strade del quartiere. ☐
8. _____ ragazza del mio corso, che non conosco, ha perso il portafoglio. ☐
9. Non _____ dei miei amici mi ha fatto gli auguri di compleanno. ☐

> **a.** cifra approssimativa **b.** nemmeno uno/una
> **c.** uno/una qualsiasi **d.** persona nominata per la prima volta **e.** intensificatore

1.2. Articolo indeterminativo

3 Completa il testo con gli articoli indeterminativi.

Il primo giorno di scuola

Il primo giorno di scuola può essere (1) _____ trauma per molti, bambini delle elementari e ragazzi delle superiori. È difficile infatti alzarsi presto la mattina e avere (2) _____ sonno terribile, essere a scuola già alle otto meno cinque, restare seduti per così tante ore ad ascoltare i professori e magari senza poter dire nemmeno (3) _____ parola. Tutto questo per (4) _____ intera mattinata e qualche volta anche nel pomeriggio. Non è sempre facile ritornare a casa con (5) _____ mal di testa fortissimo e avere (6) _____ decina di esercizi di matematica, (7) _____ ventina di frasi di latino da tradurre e nessuna possibilità di uscire con gli amici.

Luca ricorda il suo primo giorno di scuola alle elementari come (8) _____ vero e proprio incubo. Aveva solo cinque anni perché i genitori lo avevano iscritto a scuola (9) _____ anno prima. Da molti giorni Luca non dormiva per l'idea di lasciare la sua casa e dover andare in (10) _____ posto sconosciuto, seduto ore e ore in una classe magari vicino a (11) _____ compagno antipatico.

4 Completa il testo con gli articoli indeterminativi.

Nuove aziende e *Web*

(1) _____ *Web agency* è composta da (2) _____ *team* di professionisti con (3) _____ conoscenza approfondita su tutto ciò che riguarda il *Web*: dal *design* alla programmazione e promozione dei siti, alla progettazione e realizzazione di applicazioni per il *Web*.
(4) _____ qualificata *Web agency* è in grado di condurre i clienti verso (5) _____ scelta efficace del dominio di (6) _____ *server* ed è capace di realizzare per loro (7) _____ specifico sito *Web* e fornire inoltre (8) _____ aggiornamento e (9) _____ assitenza continui.
Una *Web agency* qualificata deve essere in grado di offrire anche (10) _____ promozione mirata delle attività del cliente su Internet e fornire (11) _____ ottimale posizionamento del sito *Web* sui principali motori di ricerca.
Una *Web agency* dispone di risorse interne adatte a risolvere (12) _____ qualsiasi problema di *business* dei propri clienti: problemi legati alla necessità di (13) _____ maggiore visibilità, (14) _____ miglioramento del *brand* aziendale o (15) _____ incremento delle vendite.

obiettivo grammatica

FORME | **USI E FUNZIONI**

1.3. Articolo determinativo e indeterminativo

Usiamo l'articolo determinativo per riferirci a	Usiamo l'articolo indeterminativo per riferirci a
– esseri animati/inanimati definiti e noti a chi parla/ascolta **Il** mio vicino (= "l'unico vicino che ho") *si è appena trasferito.*	– esseri animati/inanimati indefiniti e non noti e a chi parla/ascolta **Un** mio vicino (= "uno dei tanti") *si è appena trasferito.*
– elementi già presenti nel testo *C'era una volta* **un** *re… * **Il** *re viveva in un castello lontano dalla città.*	– elementi non presenti nel testo *C'era una volta* **un** *re…*
– intere classi di esseri animati/inanimati **Il** cane (= "la classe dei cani") *è un amico fedele.*	– elementi qualsiasi di classi di esseri animati/inanimati **Un** cane (= "un cane qualsiasi") *randagio è passato di qui.*
– esseri animati/inanimati specificati (p. es. seguiti da una frase relativa) *Ho visto* **l'***amico di Andrea* **che mi hai presentato ieri** *(= "dei tanti amici quello che mi ha presentato")*	– esseri animati/inanimati non specificati *Ho visto* **un** *amico di Andrea (= "uno dei tanti amici").*
– elementi unici (esseri animati, inanimati) e noti a tutti **Il** *Papa oggi ha salutato i fedeli da San Pietro.* **Il** *sole risplende nel cielo.*	– elementi unici (esseri animati, inanimati) usati in contesti diversi o particolari **Un** *papa del passato non avrebbe agito così.* **Un** *sole così non si era mai visto prima.*
– parti singole del corpo umano *Mi fa male* **la** *testa.*	– una delle parti del corpo umano *Mi fa male* **una** *gamba.*
– nomi astratti (*pace, bontà*) **La** *pace è un bene di tutta l'umanità.*	– nomi astratti (*pace, bontà*) accompagnati da un aggettivo o da una frase relativa *Vogliamo* **una** *pace* **giusta.** *Vogliamo* **una** *pace* **che sia giusta.**

1 Completa con gli articoli determinativi e indeterminativi adatti. Abbina la funzione all'articolo.

a. intere classi di esseri animati/inanimati **b.** nomi astratti accompagnati da un aggettivo **c.** parti singole del corpo umano **d.** esseri animati/inanimati definiti e noti **e.** esseri animati/inanimati indefiniti e non noti **f.** elementi unici usati in contesti diversi o particolari **g.** elementi qualsiasi di classi di esseri animati

1. Nel cortile ho visto ☐ il ☐ un /___/ gatto che stava inseguendo ☐ il ☐ un /___/ topo.
2. ☐ La ☐ Una /___/ luna così grande e splendente non l'avevo mai vista.
3. Prendi ☐ il ☐ un /___/ maglione più pesante: ☐ il ☐ un /___/ maglione verde è di cotone.
4. Nel parco ho visto ☐ lo ☐ uno /___/ scoiattolo: ☐ lo ☐ uno /___/ scoiattolo era rosso.
5. ☐ Il ☐ Un /___/ bravo ragazzo si relaziona agli altri in modo educato.
6. È appena passato ☐ l' ☐ un /___/ autobus, forse era ☐ l' ☐ un /___/ autobus 10 per il centro.
7. Anche a te fa male ☐ la ☐ una /___/ testa? C'è ☐ una ☐ la /___/ confusione insopportabile.
8. ☐ L' ☐ Un /___/ elefante è il più grande dei mammiferi viventi terrestri.

FORME | USI E FUNZIONI

1.3. Articolo determinativo e indeterminativo

2 Completa con l'articolo determinativo e indeterminativo.

1. All'ufficio postale c'è _____ impiegata molto efficiente. _____ impiegata è molto precisa.
2. _____ cane è _____ mammifero domestico della famiglia dei canidi.
3. Luca ha _____ fratello. _____ fratello si chiama Luigi e studia economia.
4. Per _____ esame di fisica comprerò alcuni libri. _____ libro *Fondamenti di fisica* è costoso.
5. Nel corso ci sono studenti di diverse nazionalità. _____ spagnoli sono i più numerosi.
6. _____ coinquilino di José si chiama Fernandez ed è _____ studente di medicina.
7. A Maria fa male _____ pancia perché ha bevuto una bibita troppo fredda.
8. Secondo gli scienziati dell'Agenzia Spaziale Europea _____ Sole comincia a spegnersi.

3 Completa il testo con con l'articolo determinativo o indeterminativo, quando è necessario.

Le mie vacanze estive in Toscana

(1) _____ estate scorsa ho fatto (2) _____ viaggio in Toscana con (3) _____ mie amiche romane. Abbiamo organizzato (4) _____ vacanza in completo relax. Abbiamo trovato (5) _____ alloggio (6) in _____ agriturismo vicino a Siena, a Monteriggioni. (7) _____ agriturismo era (8) _____ antico casale ristrutturato e con molti servizi: (9) _____ piscina coperta e una scoperta, (10) _____ campo da tennis e (11) _____ parco giochi per bambini.
(12) _____ mattina ci alzavamo presto e dopo (13) _____ colazione io andavo a prendere il sole nel parco poi facevo il bagno in piscina, mentre (14) _____ Marta e (15) _____ Francesca andavano a fare (16) _____ passeggiata lungo (17) _____ sentieri e rientravano all'ora di pranzo. (18) _____ mattina abbiamo deciso di andare a Siena a trovare (19) _____ nostro caro amico Francesco, che da alcuni mesi vive lì e lavora in (20) _____ nota industria dolciaria.

* 4 Completa il testo con con l'articolo determinativo o indeterminativo, quando è necessario.

9 dicembre

Nicolò Ammaniti, *Ti prendo e ti porto via*

(1) _____ 9 dicembre, alle sei e venti di mattina, mentre (2) _____ bufera d'acqua e vento infieriva sulla campagna, (3) _____ Uno turbo nera [...] imboccò (4) _____ svincolo che portava dall'Aurelia a Ischiano Scalo e proseguì su (5) _____ strada a due corsie che tagliava (6) _____ campi di fango. Superò (7) _____ Polisportiva e (8) _____ Capannone del Consorzio agrario ed entrò in paese.
(9) _____ breve corso Italia era ricoperto di terra trascinata dall'acqua. (10) _____ cartellone pubblicitario del Centro estetico Ivana Zampetti era stato strappato dal vento e buttato in mezzo alla strada.
In giro non c'era (11) _____ anima viva, tranne (12) _____ cagnaccio sciancato che aveva più razze nel sangue che denti in bocca e rovistava tra (13) _____ immondizia di (14) _____ cassonetto rovesciato.
(15) _____ Uno gli passò accanto, sfilò davanti alle serrande abbassate della macelleria Marconi, della tabaccheria-profumeria e della Casa dell'Agricoltura e proseguì fino a Piazza XXV aprile, (16) _____ nucleo dell'abitato.

(Testo adattato, N. Ammaniti, *Ti prendo e ti porto via*, Milano, Mondadori: 19)

obiettivo grammatica

FORME | **USI E FUNZIONI**

2. NOME

Il nome è una parte variabile del discorso e indica un essere animato, un essere inanimato, un concetto, un'emozione, un'azione o un evento. È possibile classificare i nomi in base al significato (nomi propri, nomi comuni) e alla forma (maschile e femminile, singolare e plurale).

2.1. Maschile e femminile, singolare e plurale

	singolare	plurale	esempi	
femminile	–a	–e	la cartell*a*	le cartell*e*
maschile	–a	–i	il problem*a*	i problem*i*
maschile	–o		il telefon*o*	i telefon*i*
femminile			la man*o*	le man*i*
maschile	–e		il pont*e*	i pont*i*
femminile			la situazion*e*	le situazion*i*

	singolare	plurale	esempi	
maschile	–a	invariabile	il mantr*a*	i mantr*a*
femminile	–o	invariabile	la bir*o*	le bir*o*
maschile femminile	–i	invariabile	il brindis*i* / la cris*i*	i brindis*i* / le cris*i*
maschile femminile	–à/–è/–ì/–ò/–ù nomi con l'accento sull'ultima sillaba	invariabile	il pap*à* / la citt*à*	i pap*à* / le citt*à*
maschile femminile	–consonante nomi terminanti con consonante	invariabile	il monito*r* / la mai*l*	i monito*r* / le mai*l*
maschile femminile	nomi monosillabici	invariabile	il **re** / la **gru**	i **re** / le **gru**

Nomi maschili
Alcuni nomi maschili in –o al plurale diventano femminili in –a (il bracci*o*, le bracci*a*; il dit*o*, le dit*a*; il pai*o*, le pai*a*; l'uov*o*, le uov*a*), ma orecchio ha il plurale in –e (l'orecchi*o*, le orecchi*e*).
Alcuni nomi maschili formano il plurale in modo particolare (il bue, i buoi; l'euro, gli euro; l'uomo, gli uomini).

Nomi femminili
Alcuni nomi femminili in –a formano il plurale in modo particolare (l'al*a*, le al*i*; l'arm*a*, le arm*i*).
Il nome femminile eco al plurale diventa maschile (la eco, gli echi).

Nomi maschili e femminili
I nomi maschili e femminili abbreviati sono invariabili (l'auto, le auto; la bici, le bici; la foto, le foto; il frigo, i frigo; il cinema, i cinema), ma hanno plurale variabile quando non sono abbreviati (l'automobile, le automobili; la bicicletta, le biciclette; la fotografia, le fotografie; il frigorifero, i frigoriferi; il cinematografo, i cinematografi).

2.1. Maschile e femminile, singolare e plurale

FORME | USI E FUNZIONI

- **Singolare e plurale: particolarità dei nomi maschili**

singolare	plurale	singolare	plurale
–co/–go	–chi/–ghi	il cuoco / il fungo	i cuochi / i funghi
nomi con l'accento sulla penultima sillaba			
nomi che non seguono la regola	–ci/–gi	l'amico, il greco, il porco	gli amici, i greci, i porci
–co/–go	–ci/–gi	il sindaco / l'asparago	i sindaci / gli asparagi
nomi con l'accento sulla terzultima sillaba			
nomi che non seguono la regola	–chi/–ghi	il valico, l'incarico / l'obbligo, il profugo	i valichi, gli incarichi / gli obblighi, i profughi
–ca/–ga	–chi/–ghi	il monarca / lo stratega	i monarchi / gli strateghi
–io	–i	il bacio	i baci
nomi senza l'accento sulla i			
–ìo	–ii	lo zio	gli zii
nomi con l'accento sulla i			

> **Nomi maschili**
>
> I nomi maschili in –logo che indicano
> - esseri animati hanno in genere il plurale in –gi (lo psicologo, gli psicologi)
> - esser esseri inanimati con l'accento sulla terzultima sillaba hanno in genere il plurale in –ghi (il dialogo, i dialoghi; il catalogo, i cataloghi).
>
> Alcuni nomi maschili in
> - –a hanno il plurale uguale al singolare (il delta, i delta; il sosia, i sosia; il vaglia, i vaglia)
> - –o al plurale diventano femminili in –a (il centinaio, le centinaia; il migliaio, le migliaia; l'osso, le ossa)
> - –co e –go hanno due forme di plurale (gli stomaci/gli stomachi (raro); i chirurgi (raro)/i chirurghi).

- **Singolare e plurale: particolarità dei nomi femminili**

singolare	plurale	singolare	plurale
–ca/–ga	–che/–ghe	la barca / l'alga	le barche / le alghe
–cia/–gia	–cie/–gie	la camicia / la valigia	le camicie / le valigie
	quando una vocale precede queste sillabe		
nomi senza l'accento sulla i	–ce/–ge	la provincia / la pioggia	le province / le piogge
	quando una consonante precede queste sillabe		
–cìa/–gìa	–cìe/–gìe	la farmacia / l'allergia	le farmacie / le allergie
nomi con l'accento sulla i			
–ie	invariabile	la serie	le serie
–cie/–gie/–glie	–i	la superficie, l'effigie, la moglie	le superfici, le effigi, le mogli

129

obiettivo grammatica

FORME | **USI E FUNZIONI**

 OG1 → p. 70, per altre particolarità dei nomi maschili e femminili

1 Scrivi i nomi della lista al plurale nel riquadro corretto, come nell'esempio.

il cuoco – l'albergo – il nemico – il biologo – il buco – il luogo – l'asparago – il tecnico – il parco – il fungo – l'archeologo – il farmaco – l'arco – il sindaco – il catalogo – il banco – il filologo – il dialogo – l'amico – il ginecologo

nomi in –ci
1. *i nemici*
2. _____
3. _____
4. _____
5. _____

nomi in –chi
1. _____
2. _____
3. _____
4. _____
5. _____

nomi in –gi
1. _____
2. _____
3. _____
4. _____
5. _____

nomi in –ghi
1. _____
2. _____
3. _____
4. _____
5. _____

2 Scrivi i nomi della lista al plurale nel riquadro corretto, come nell'esempio.

la farmacia – la strategia – la doccia – la basilica – la pioggia – la piega – la socia – la barca la faccia – la frangia – l'amica – la valigia – la camicia – la ruga – la spiaggia – la coscia la bottega – la fabbrica – la scia – la ciliegia – la goccia – la collega – la reggia – l'allergia

nomi in –che
1. *le basiliche*
2. _____
3. _____
4. _____

nomi in –ghe
1. _____
2. _____
3. _____
4. _____

nomi in –ce
1. _____
2. _____
3. _____
4. _____

nomi in –ge
1. _____
2. _____
3. _____
4. _____

nomi in –cie/–cìe
1. _____
2. _____
3. _____
4. _____

nomi in –gie/–gìe
1. _____
2. _____
3. _____
4. _____

2.1. Maschile e femminile, singolare e plurale

obiettivo grammatica

FORME | USI E FUNZIONI

2.2. Formazione del femminile

- **Nomi con un'unica forma per maschile e femminile (nomi di genere comune)**

maschile	–e	il nipot**e**
femminile		la nipot**e**
maschile	–**a**nte	il cant**ante**
femminile		la cant**ante**
maschile	–**e**nte	il dirig**ente**
femminile		la dirig**ente**
maschile	–**a**	il colleg**a**
femminile		la colleg**a**
maschile	–**i**sta	il music**ista**
femminile		la music**ista**
maschile	–**i**atra	lo psich**iatra**
femminile		la psich**iatra**
maschile	–**n**auta	l'astro**nauta**
femminile		l'astro**nauta**
maschile	–**c**ida	l'omi**cida**
femminile		l'omi**cida**

> I nomi in –e, –ante, –ente hanno una unica forma anche al plurale maschile e femminile (*i nipot**i***, *le nipot**i***; *i cant**anti***, *le cant**anti***; *i dirig**enti***, *le dirig**enti***).
> I nomi in –a, –ista, –iatra, –nauta, –cida hanno una forma diversa al plurale maschile e femminile (*gli atlet**i***, *le atlet**e***; *i giornal**isti***, *le giornal**iste***; *i ped**iatri***, *le ped**iatre***; *gli astro**nauti***, *le astro**naute***; *gli omi**cidi***, *le omi**cide***)

- **Nomi di professione**

maschile	femminile	maschile	femminile
–o	–a	il cuoc**o**	la cuoc**a**
	–a (–**essa**)	il soldat**o**	la soldat**a** (soldat**essa**)
–e	–a	l'infermier**e**	l'infermier**a**
–**tore**	–**trice**	l'ambascia**tore**	l'ambascia**trice**
–**sore**	–**itrice** (–**sora**)	il difen**sore**	la difend**itrice** (difen**sora**)

maschile	femminile	maschile	femminile
	–e	il giudic**e**	la giudic**e**
	–e (–**essa**)	il vig**ile**	la vig**ile** (vigil**essa**)
	–a (–**essa**)	il poet**a**	la poet**a** (poet**essa**)
	–**ante**	il cant**ante**	la cant**ante**
	–**ente**	l'ag**ente**	l'ag**ente**
	–**ista**	il reg**ista**	la reg**ista**
	–**iatra**	il ger**iatra**	la ger**iatra**
	–**nauta**	astro**nauta**	l'astro**nauta**

obiettivo grammatica

FORME | **USI E FUNZIONI**

LINGUA IN USO

Uso del femminile con i nomi di professione

I nomi di professione hanno molte oscillazioni nell'uso, che riflettono il cambiamento del ruolo della donna nella società.

In genere con i titoli professionali e i ruoli istituzionali riferiti a donne l'uso della forma femminile non è ancora stabile. In alcuni casi, usiamo infatti ancora il maschile per il femminile (*l'avvocato* per *l'avvocata*; *il capitano* per *la capitana*; *il chirurgo* per *la chirurga*; *il medico* per *la medica*; *il ministro* per *la ministra*, *il sindaco* per *la sindaca*), o aggiungiamo al maschile "donna" (*la donna poliziotto* per *la poliziotta*; *la donna magistrato* per *la magistrata*). Tuttavia l'uso del femminile si sta affermando sempre di più in una ottica di un linguaggio inclusivo e rispettoso della varietà di genere, per esempio, per riferirsi a professioni svolte in passato principalmente da uomini (*capitana della Polizia di Stato*).

In alcuni casi coesistono più forme femminili (*l'avvocata/l'avvocatessa*, *la medica/la medichessa*, *la presidente/la presidentessa*, *la vigile/la vigilessa*), ma la forma in –*essa* è preferibile solo per quei nomi consolidati nell'uso (*dottoressa*, *professoressa*, *studentessa*). Qualche volta la forma femminile in –*essa* può essere usata in modo ironico o dispregiativo (*la filosofessa*, *la generalessa*). Si segnala che l'uso di *la studente/le studenti* è frequente e accettabile (**Le studenti** *si sono iscritte al corso di livello successivo*).

 OG1 ➜ p. 72, per i nomi di genere mobile (*il bambino/la bambina; il cameriere/la cameriera*)

1 Trasforma la parte sottolineata dal maschile al femminile o dal femminile al maschile.

1. La pianista sul palco è celebre. _____
2. Parlo con il custode della scuola. _____
3. L'attore è sul palco. _____
4. L'insegnante di mia figlia è in gamba. _____
5. Il collega di mio marito è piemontese. _____
6. La decoratrice lavora con colori naturali. _____
7. La dirigente discute con l'impiegato. _____
8. Il giornalista scrive il suo articolo. _____
9. La pediatra di mio figlio è disponibile. _____
10. Il cantante alla televisione è statunitense. _____
11. Il poliziotto arresta il ladro. _____
12. Saluto la responsabile del progetto. _____
13. L'agente immobiliare siede sul divano. _____
14. Incontro il sindaco della città. _____

2.2. Formazione del femminile

2.2. Formazione del femminile

- **Nomi con la stessa forma per maschile e femminile (nomi di genere promiscuo)**

maschile e femminile	maschile e femminile	maschile e femminile
l'aquila	la giraffa	la scimmia
la balena	il leopardo	lo squalo
il corvo	l'oca	la tigre
il falco	la pantera	il topo
il ghepardo	la rondine	la volpe

Per distinguere il sesso dell'animale è necessario specificare "maschio" o "femmina" (*I volontari della associazione animalista hanno liberato una **tigre femmina** nella giungla*).

- **Casi particolari**

maschile	femminile	maschile	femminile
il caprone	la capra	il gallo	la gallina
il cane	la cagna	il re	la regina
il dio	la dea	Il toro	la vacca
l'eroe	l'eroina	lo zar	la zarina

 OG1 ➔ p. 72, per i nomi maschili e femminili con radici differenti (*il bue/la mucca; il montone/la pecora*)

- **Formazione del femminile di nomi di esseri inanimati**
- Nomi con significato differente per maschile e femminile con forma simile/uguale

maschile	femminile	maschile	femminile
il banco ("tavolo")	la banca ("istituto di credito")	il manico ("impugnatura")	la manica ("parte di vestito)
il busto ("tronco umano")	la busta ("da lettera")	il panno ("tessuto")	la panna ("parte grassa del latte")
il capitale ("somma di denaro")	la capitale ("di uno Stato")	il porto ("insenatura")	la porta ("ingresso di edificio")
il fine ("scopo")	la fine ("conclusione")	il torto ("ingiustizia")	la torta ("dolce")

obiettivo grammatica

FORME | **USI E FUNZIONI**

2 Forma il plurale dei nomi e il femminile, come nell'esempio.

maschile singolare	maschile plurale	femminile singolare	femminile plurale
1. il violinista	*i violinisti*	*la violinista*	*le violiniste*
2. il capitale			
3. il giardiniere			
4. l'avvocato			
5. il cane			
6. il docente			
7. il porto			
8. il senatore			
9. il presidente			
10. il dio			
11. il barista			
12. l'autore			
13. il re			
14. il medico			
15. il poeta			

3 Forma il femminile dei nomi, come nell'esempio.

maschile singolare	femminile singolare	maschile singolare	femminile singolare
1. l'uomo	*la donna*	9. il cuoco	
2. il musicista		10. il dio	
3. il gatto		11. il ciclista	
4. il nipote		12. il re	
5. il presidente		13. il principe	
6. il pittore		14. il cane	
7. l'infermiere		15. il comandante	
8. il leone		16. il toro	

2.2. Formazione del femminile

| FORME | USI E FUNZIONI |

2.2. Formazione del femminile

- **Significato e genere del nome**

nomi maschili	esempi
– alberi	– *il cipresso, il melo, il pino*
– colori	– *il bianco, il blu, il verde*
– giorni, mesi	– *il lunedì, il gennaio scorso, il febbraio successivo*
– mari, oceani	– *il Tirreno, lo Ionio, il Pacifico*
– monti, fiumi, laghi	– *il Cervino, il Po, il Garda*
– punti cardinali	– *il Nord, il Meridione, il Sud*
– vini	– *il Barolo, il Chianti, il Vermentino*
– metalli, elementi chimici	– *l'argento, l'oro, l'ossigeno*

nomi femminili	esempi
– frutti	– *l'arancia, la banana, la pesca*
– città	– *la Ferrara estense, la Firenze medicea, la Verona romana*
– regioni	– *la Calabria, la Liguria, la Toscana*
– Stati	– *l'Italia, la Norvegia, la Spagna*
– continenti	– *l'Africa, l'Asia, l'Europa*
– isole	– *la Corsica, la Sardegna, la Sicilia,*
– scienze, discipline	– *l'economia, la fisica, la medicina*
– concetti astratti	– *la giustizia, l'onestà, la pace*

Alcuni nomi non seguono questo modello:
- sono femminili alcuni nomi di alberi (*la betulla, la palma, la quercia*), un giorno della settimana (*la domenica*), alcuni nomi di monti, fiumi (*le Alpi, le Dolomiti, la Senna*), alcuni nomi di vini (*la Malvasia, la Vernaccia*)
- sono maschili alcuni nomi di frutti (*il fico, il limone, il mango*), di regioni (*il Lazio, il Molise, il Veneto*), di Stati (*il Belgio, il Brasile, il Perù*), di isole (*il Giglio, il Madagascar*), di scienze e discipline (*il diritto*).

4 Completa con gli articoli determinativi e indica se i nomi sono maschili (M) o femminili (F), come nell'esempio.

	M	F			M	F
1. *il* gennaio scorso	☑	☐	9. ___ abete		☐	☐
2. ___ pesca	☐	☐	10. ___ Liguria		☐	☐
3. ___ rame	☐	☐	11. ___ arancione		☐	☐
4. ___ Argentina	☐	☐	12. ___ Sicilia		☐	☐
5. ___ est	☐	☐	13. ___ Mediterraneo		☐	☐
6. ___ matematica	☐	☐	14. ___ Vermentino		☐	☐
7. ___ Monte Bianco	☐	☐	15. ___ disponibilità		☐	☐
8. ___ quercia	☐	☐	16. ___ Piemonte		☐	☐

obiettivo grammatica

FORME | **USI E FUNZIONI**

5 Completa il testo con la parte finale dei nomi.

La biodiversità

Il concetto di "biodiversità" si riferisce alla (1) variet___ degli organismi viventi del nostro (2) Pianet___. L'unità di riferimento è la (3) speci___, intesa come insieme di individui in grado di accoppiarsi e scambiarsi (4) material___ genetico da trasmettere alle (5) generazion___ future. La maggiore biodiversità si concentra nella (6) zon___ compresa tra i due Tropici, in particolare nelle foreste pluviali e nelle (7) barrier___ coralline. Le aree a più alta concentrazione di specie sono definite "hot spots" della biodiversità. Attualmente sono 34, occupano meno del 3% della (8) superfici___ terrestre, ma contengono la metà delle specie viventi.

L'ultimo secolo ha registrato un (9) aument___ drammatico della velocità di estinzione delle specie. Questa (10) catastrof___ è causata dalla (11) distruzion___ o dalla modifica degli ambienti naturali. Un solo albero di (12) forest___ pluviale può ospitare fino a cento specie di piante e animali diversi, pertanto il (13) tagli___ di migliaia di ettari di foresta pluviale è una delle (14) caus___ principali di perdita di biodiversità. Per alcune specie di grandi dimensioni, uccelli e (15) mammifer___, la minaccia più grave proviene dalla (16) cacci___ a scopo di commercio, amatoriale o alimentare.

I (17) rappresentant___ di tutte le nazioni, riunitisi a Rio de Janeiro nel 1992, hanno cercato di trovare un (18) accord___ per la salvaguardia della biodiversità, dando vita alla Convenzione sulla biodiversità, che indica le (19) misur___ che ogni paese deve adottare per raggiungere questo (20) obiettiv___ primario. Il documento si basa sul principio dell'uso sostenibile delle (21) risors___ da parte dell'uomo. Le popolazioni umane devono proteggere la biodiversità che le circonda e che rappresenta l'unica (22) garanzi___ di vita sul Pianeta, in modo da mantenerla integra per il (23) futur___.

(Testo adattato, A. Loy, *Biodiversità*, «Teccani. Enciclopedia dei ragazzi», 2005. URL: https://bit.ly/2YkitOQ, ultimo accesso: 2.11.2022)

6 Completa il testo con i nomi della lista al singolare o al plurale.

operatore – fattore – spreco – soggetto – tecnologia – figura – materia – popolazione – anziano – mansione – società – cambiamento – specialista – impresa

Il lavoro del futuro

All'inizio degli anni Duemila la figura del social media manager, lo (1) _____ nella gestione delle pagine Facebook o Instagram, non esisteva nei CV. In base a recenti studi del Word Economic Forum, il 65% dei bambini che oggi va a scuola in futuro svolgerà lavori che oggi non esistono ancora. Il mercato del lavoro è in rapida trasformazione e la parola chiave è "flessibilità nelle (2) _____". Si prevede nei prossimi anni la perdita di posti di lavoro soprattutto nei ruoli amministrativi, ma ci sarà un incremento nelle professioni del settore delle (3) _____, della matematica e dell'ingegneria. Nell'evoluzione del mercato del lavoro, tre (4) _____ influiranno più di altri: la tecnologia e Internet, l'invecchiamento della (5) _____, il riscaldamento globale. Infatti, il commercio si sposterà verso l'e-commerce: diminuiranno i negozi di vicinato e ci saranno più store online. Il manager dell'e-commerce, il SEO manager sono (6) _____ professionali già oggi più che reali. Inoltre, viviamo in una (7) _____ informatizzata, dai telefoni cellulari ai computer degli uffici pubblici, e ogni ora vengono creati, immagazzinati e condivisi milioni di dati, spesso sensibili. Ci sarà bisogno dunque di data scientist, ovvero (8) _____ capaci di gestire queste informazioni. In Italia, circa un quarto della popolazione ha più di 65 anni. È dunque necessario disporre di (9) _____ in grado di occuparsi degli (10) _____. Infine, il riscaldamento globale ci impone un'economia a basse emissioni, capace di adattarsi agli effetti dei (11) _____ climatici. L'economia verde genererà nuovi posti di lavoro aggiuntivi in tutti i settori economici. I "lavori verdi" sono quelli che si impegnano a ridurre (12) _____ e inquinamento, per diminuire l'impatto sull'ambiente delle (13) _____, e che mirano a migliorarne l'efficienza energetica e all'uso efficace delle (14) _____ prime come l'acqua.

(Testo adattato, M. Gabanelli, *Il lavoro del futuro*, "Corriere della Sera", 7.02.2018, URL: https://bit.ly/2xglMZI, ultimo accesso: 30.11.2022)

2.2. Formazione del femminile

| | | FORME | USI E FUNZIONI |

3. AGGETTIVO

L'aggettivo è una parte variabile del discorso che si riferisce a un nome di cui esprime una qualità (aggettivo qualificativo) o una determinazione (aggettivo determinativo). L'aggettivo concorda nel genere e nel numero con il nome a cui si riferisce e può essere qualificativo o determinativo (possessivi, dimostrativi, indefiniti, interrogativi, esclamativi, numerali).

3.1. Aggettivo qualificativo

L'aggettivo qualificativo specifica una qualità del nome e concorda nel genere e nel numero con il nome a cui si riferisce.

3.1.1. Maschile e femminile, singolare e plurale

- **Aggettivi in –o/–a, –e**

	singolare	plurale	esempi	
maschile	–o	–i	uomo italiano	uomini italiani
femminile	–a	–e	donna italiana	donne italiane
maschile	–e	–i	uomo interessante	uomini interessanti
femminile			donna interessante	donne interessanti

- **Aggettivi in –asta, –ista, –cida, –ita, –ota**

	singolare	plurale	esempi	
maschile	–a	–i	uomo entusiasta	uomini entusiasti
femminile	–a	–e	donna entusiasta	donne entusiaste

➡ **Accordo nome-aggettivo** → Linguaggio di genere, p. 211

 OG1 ➡ p. 75, per le particolarità degli aggettivi qualificativi (aggettivi stranieri, aggettivi di colore)

1 Scrivi il plurale e indica se il gruppo nome + aggettivo è maschile (M) o femminile (F).

1. esame facile _____ (__)
2. scelta suicida _____ (__)
3. scrittore vietnamita _____ (__)
4. ragazza altruista _____ (__)
5. edificio alto _____ (__)
6. luce colorata _____ (__)
7. ipotesi pessimista _____ (__)
8. vecchio egoista _____ (__)
9. signora cortese _____ (__)
10. discorso idiota _____ (__)
11. bimba entusiasta _____ (__)
12. atto ipocrita _____ (__)

obiettivo grammatica

FORME | **USI E FUNZIONI**

- **Singolare e plurale: particolarità degli aggettivi maschili**

singolare	plurale	singolare	plurale
–co	–chi	piatto sporco	piatti sporchi
aggettivi con l'accento sulla penultima sillaba			
aggettivi che non seguono la regola	–ci	animale amico, esercito nemico, vaso greco	animali amici, eserciti nemici, vasi greci
–co	–ci	atto pubblico	atti pubblici
aggettivi con l'accento sulla terzultima sillaba			
aggettivi che non seguono la regola	–chi	vagone carico	vagoni carichi
–go	–ghi	pantalone largo	pantaloni larghi
aggettivi in –go hanno sempre il plurale in –ghi			
–io	–i	uomo serio	uomini seri
aggettivi senza l'accento sulla i			
–ìo	–ii	luogo pio	luoghi pii
aggettivi con l'accento sulla i			

- **Singolare e plurale: particolarità degli aggettivi femminili**

singolare	plurale	singolare	plurale
–ca/–ga	–che/–ghe	casa sporca/idea analoga	case sporche/idee analoghe
hanno sempre il plurale in –che, –ghe			
–cia/–gia	–cie/–gie (–ce/–ge) quando una vocale precede queste sillabe	maglia sudicia/ gonna grigia	maglie sudicie (sudice)/gonne grigie (grige)
aggettivi senza l'accento sulla i	–ce/–ge quando una consonante precede queste sillabe	persona conscia/ ragazza saggia	persone consce/ ragazze sagge
–ia/–ìa	–ie	donna seria/ ragazza restìa	donne serie/ ragazze restie
aggettivi senza e con l'accento sulla i			

2 Scrivi il plurale maschile o femminile dell'aggettivo e indica la terminazione, come nell'esempio.

singolare	–ci	–chi	–ghi	–i	–che	–ghe	–cie	–gie	–ce	–ge	plurale
1. largo	☐	☐	☑	☐	☐	☐	☐	☐	☐	☐	*larghi*
2. randagia	☐	☐	☐	☐	☐	☐	☐	☐	☐	☐	
3. fresco	☐	☐	☐	☐	☐	☐	☐	☐	☐	☐	
4. lunga	☐	☐	☐	☐	☐	☐	☐	☐	☐	☐	
5. fradicia	☐	☐	☐	☐	☐	☐	☐	☐	☐	☐	
6. serio	☐	☐	☐	☐	☐	☐	☐	☐	☐	☐	
7. selvaggia	☐	☐	☐	☐	☐	☐	☐	☐	☐	☐	
8. conscia	☐	☐	☐	☐	☐	☐	☐	☐	☐	☐	
9. polacca	☐	☐	☐	☐	☐	☐	☐	☐	☐	☐	
10. tipico	☐	☐	☐	☐	☐	☐	☐	☐	☐	☐	

3.1.1. Maschile e femminile, singolare e plurale

obiettivo grammatica

FORME | **USI E FUNZIONI**

3.1.2. Particolarità degli aggettivi qualificativi

- **Aggettivi qualificativi composti invariabili**

aggettivi qualificativi invariabili	maschile e femminile	
	singolare	plurale
– *pari* e composti (*dispari, impari*…)	numero pari forza pari	numeri pari forze pari
– preposizione + avverbio (*dabbene, dappoco*…)	signore perbene signora perbene	signori perbene signore perbene
– aggettivo di colore + aggettivo (*bianco avorio, biondo cenere*…)	giubbotto giallo pallido gonna giallo pallido	giubbotti giallo pallido gonne giallo pallido
– aggettivo di colore + nome (*bianco avorio, biondo cenere*…)	maglione rosso ciliegia maglietta rosso ciliegia	maglioni rosso ciliegia maglietta rosso ciliegia
– *anti–* + nome (*anticellulite, antifurto*…)	faro antinebbia luce antinebbia	fari antinebbia luci antinebbia

> **Altri aggettivi invariabili**
> Gli aggettivi *arrosto, avvenire* sono invariabili (*pollo **arrosto**, polli **arrosto**; generazione **avvenire**, generazioni **avvenire***).
>
> **Aggettivi *bilingue, entrambi***
> L'aggettivo *bilingue* e simili (*monolingue, multilingue, plurilingue*) al plurale possono avere la forma invariabile (*dizionari **bilingue***) e variabile (*dizionari **bilingui***).
>
> L'aggettivo *entrambi* è plurale e ha due forme: una per il maschile (***Entrambi i*** *ragazzi sono spagnoli*) e una per il femminile (***Entrambe le*** *ragazze sono spagnole*). *Entrambi* precede l'articolo + nome.
>
> **Aggettivi formati da *anti* + aggettivo**
> Gli aggettivi formati da anti + aggettivo sono variabili (*punto di vista **anticlericale**, punti di vista **anticlericali**; posizione **anticlericale**, posizioni **anticlericali***).
>
> **Aggettivi qualificativi composti**
> Gli aggettivi qualificativi formati da aggettivo + aggettivo, con o senza trattino, al plurale cambiano la parte finale del secondo aggettivo (*la situazione socio-economic**a**/socioeconomic**a**; i peperoni agrodolc**i***).

- **Aggettivi *bello* e *buono***

L'aggettivo *bello*, quando precede il nome, ha forme simili a quelle dell'articolo determinativo.
L'aggettivo *buono*, quando precede il nome, ha forme simili a quelle dell'articolo indeterminativo.

		singolare	plurale	singolare	plurale
		bello		buono	
maschile		**bel** libro (il libro)	**bei** libri (i libri)	**buon** libro (un libro)	**buoni** libri (dei libri)
		bello stadio (lo stadio)	**begli** stadi (gli stadi)	**buono** studente (uno studente)	**buoni** studenti (degli studenti)
		bell'amico (l'amico)	**begli** amici (gli amici)	**buon** amico (un amico)	**buoni** amici (degli amici)
femminile		**bella** casa (la casa)	**belle** case (le case)	**buona** scuola (una scuola)	**buone** scuole (delle scuole)
		bell'amica (l'amica)	**belle** amiche (le amiche)	**buon'**amica (un'amica)	**buone** amiche (delle amiche)

obiettivo grammatica

FORME | **USI E FUNZIONI**

Aggettivi *grande* e *santo*
L'aggettivo *grande*
- davanti a nomi maschili e femminili, singolari e plurali che iniziano con consonante può perdere la parte finale (*grande*/**gran** *pasto*, *grande*/**gran** *direttrice*; *grandi*/**gran** *pasti*, *grandi*/**gran** *direttrici*)
- davanti a nomi maschili e femminili, singolari e plurali che iniziano con vocale, perde la vocale finale e ha l'apostrofo (*grande*/**grand'***amico*, *grande*/**grand'***amica*; *grandi*/**grand'***amici*, *grandi*/**grand'***amiche*).

L'aggettivo *santo*
- davanti a nomi maschili e femminili singolari che iniziano con vocale perde la vocale finale e ha l'apostrofo (**Sant'***Antonio*, **Sant'***Anna*)
- davanti a nomi maschili che iniziano con consonante perde la parte finale (**San** *Francesco*).

Aggettivi qualificativi sostantivati
È possibile usare un aggettivo preceduto da articolo determinativo/indeterminativo con funzione di nome per indicare:
- un concetto (*l'utile* = "l'utilità")
- una categoria di persone (*gli sfortunati* = "le persone sfortunate")
- il nome di un popolo (*i francesi* = "il popolo francese")
- la lingua o il dialetto (*l'italiano* = "la lingua italiana", *il siciliano* = "il dialetto siciliano")
- l'area geografica (*il senese* = "i dintorni di Siena").

LINGUA IN USO

Uso dell'aggettivo qualificativo al posto dell'avverbio
Nella lingua parlata di uso comune usiamo l'aggettivo qualificativo al maschile singolare con valore di avverbio per modificare il significato del verbo (*lavorare* **duro** = "lavorare duramente").

1 Completa la tabella con gli aggettivi mancanti, come nell'esempio.

maschile singolare	maschile plurale	femminile singolare	femminile plurale
1. *conformista*	*conformisti*	conformista	*conformiste*
2. socioeconomico	_____	_____	_____
3. _____	dispari	_____	_____
4. _____	_____	idiota	_____
5. antifurto	_____	_____	_____
6. _____	_____	dappoco	_____
7. _____	_____	_____	larghe
8. _____	ipocriti	_____	_____
9. _____	_____	_____	entusiaste

2 Completa con la parte finale degli aggettivi e poi trasforma al plurale.

1. La ragazza che abbiamo conosciuto è ipocrit____ e fals____.

   _____

2. Quel bambino è egoist____ ed egocentric____.

| FORME | USI E FUNZIONI |

3.1.2. Particolarità degli aggettivi qualificativi

3. La crema a base di timo è battericid___ e disinfettant___.

4. Non dobbiamo fare uno scherzo così idiot___ e pueril___.

5. Alla riunione hanno proposto un tema non banal___ e neanche dappoc___.

6. Per il soggiorno ci piacerebbe una poltrona grigi___ o bianc___ avorio.

3 Completa con le forme adatte degli aggettivi.

1. Penso che Emma e Maria siano ragazze (perbene) _____ e (onesto) _____.
2. Luca e Leo sono (entrambi) _____ delle persone positive ed (entusiasta) _____.
3. I commessi di quella profumeria sono (gentile) _____ e (competente) _____.
4. Il vostro contributo ha favorito il (buono) _____ esito della riunione.
5. La pittura e la letteratura (futurista) _____ si affermano in Italia all'inizio del secolo scorso.
6. Pietro e Giacomo sono due giovani (pessimista) _____ e (diffidente) _____.
7. Ambiente familiare e istruzione dei genitori sono fattori (socioculturale) _____ importanti.
8. Complimenti! Ti sei comportato proprio da (grande) _____ signore.

4 Completa il testo con la parte finale degli aggettivi.

L'identità del gatto in un libro

Egoisti e (1) autosufficient___, ma anche eleganti, giocherelloni, affascinanti, (2) magic___: sono i gatti. Nel libro *L'identità del gatto* l'autore, Roberto Marchesini, ne traccia un ritratto veritiero, sfatando pregiudizi e idee (3) fals___ e restituendoci una visione diversa da quella prospettiva (4) idealist___ con cui a volte li guardiamo.
In effetti, molti si lamentano dell'atteggiamento (5) individualist___ e distaccato del proprio gatto. Si dice spesso, per esempio, che il gatto non si affezioni alle persone. In realtà il gatto costruisce legami molto intimi con gli esseri umani, ma non sopporta la morbosità (6) affettiv___ e non desidera fare le attività (7) collaborativ___. Per questo mostra un po' di libertà nella relazione e non ubbidisce ai nostri comandi. Spesso ci si dimentica che i gatti sono animali (8) indipendent___, cioè abituati a badare a se stessi in piena autonomia. D'altronde ciò non significa che il gatto sia un essere solitario. Al contrario il gatto si affeziona molto alle persone, crea legami profondi di vera e propria amicizia, ma chiede che il mondo intorno a lui lo rassicuri perché è un animale (9) sensibil___ e autonomo. Il gatto insomma non è (10) opportunist___, ma non potrà mai essere un servitore (11) fedel___, ma un compagno ideale per momenti di relax. Per questo motivo è indispensabile essere persone discrete, senza pretendere di tenerlo sempre con noi o di accarezzarlo in modo compulsivo. Il gatto, infatti, ama la moderazione, la coerenza, la serenità e desidera prendere l'iniziativa del contatto. Se sapremo attenerci a queste poche regole il gatto saprà ricambiarci con reazioni (12) incredibil___.

(Testo adattato, s. a., *L'identità del gatto*, s. d., URL: http://bit.ly/2PeOYJY, ultimo accesso: 2.11.2022).

obiettivo grammatica

FORME | **USI E FUNZIONI**

5 Completa il testo con le forme adatte degli aggettivi della lista, come nell'esempio.

Salviamo le api

professionista – pesticida – utile – straordinario – ambientalista
biologico – battericida – pericoloso – benefico – pari

Il ruolo delle api, insieme a quello di altri insetti come le farfalle, è fondamentale per la produzione alimentare e per l'ambiente.
L'ape tuttavia può essere definita un insetto (1) *professionista* dell'impollinazione rispetto agli altri, perché svolge un lavoro (2) _____, realizzato con costanza e pazienza da migliaia d'individui. In una colonia di medie dimensioni vivono circa 50/60 mila api, delle quali circa un terzo esce quotidianamente per raccogliere nettare e polline, con una frequenza giornaliera di 15/20 viaggi visitando 30/50 fiori. Insomma, per una sola colonia, in un giorno siamo già a un ordine di grandezza (3) _____ a milioni di fiori visitati al giorno.
Grazie a questa enorme laboriosità, è possibile la produzione del miele, un alimento energetico composto da zuccheri semplici (fruttosio, glucosio) e facilmente digeribile, che contiene molte sostanze (4) _____ per l'organismo. Inoltre, il miele è un alimento sicuro igienicamente, capace di distruggere germi di malattie (5) _____, perché possiede proprietà (6) _____.
L'ape non è (7) _____ solo per la produzione del miele o della cera, né per le scelte (8) _____ che riguardano l'impollinazione di orti e frutteti, ma svolge anche l'importante funzione di "sentinella dell'ambiente". Infatti, le api muoiono se entrano in contatto con un prodotto (9) _____ - e per questo durante la fioritura ne è vietato l'uso -, mentre sopravvivono ai "metalli pesanti" e ad altri inquinanti, che però vengono accumulati nel miele che producono.
Non è un caso, dunque, che le associazioni (10) _____ come Greenpeace chiedano più sostegno per l'agricoltura biologica e senza veleni per salvare le api.

(Testo adattato, s. a., *Il mondo nascosto delle api*, s. d., URL: http://bit.ly/30jDxlB, ultimo accesso: 30.11.2022).

3.1.2. Particolarità degli aggettivi qualificativi

obiettivo grammatica

FORME | **USI E FUNZIONI**

3.1.3. Gradi dell'aggettivo

L'aggettivo qualificativo può esprimere una qualità a differenti gradi di intensità tra uno o più elementi. I gradi dell'aggettivo qualificativo sono tre: grado positivo, quando si indica la qualità senza gradazioni di intensità, grado comparativo e grado superlativo (relativo e assoluto).

FORME

- **Comparativo**
- **Comparativo di maggioranza e di minoranza**

Mio fratello è	**più/meno**	estroverso (*aggettivo*)	**di**	Giovanni. (*nome*)
				me. (*pronome*)
				prima. (*avverbio*)
Gianni è		intelligente (*aggettivo*)	**che**	simpatico. (*aggettivo*)
Preferisco		parlare (*verbo*)		litigare. (*verbo*)
Lo amo		ora (*avverbio*)		prima. (*avverbio*)
Vivo		in città (*preposizione*)		in campagna. (*preposizione*)

primo termine di paragone — *secondo termine di paragone*

- **Comparativo di uguaglianza**

Mio fratello è	(**così**)	bravo	**come**	Giovanni.
La bicicletta è	(**tanto**)	conveniente	**quanto**	ecologica

primo termine di paragone — *aggettivo* — *secondo termine di paragone*

USI E FUNZIONI

Esempi	Il comparativo di maggioranza e di minoranza
– Roberto è **più/meno** simpatico **che** intelligente. – Mi piace **più/meno** mangiare **che** cucinare. – Mi piace la verdura **più/meno** ora **che** prima. – Lo zaino è **più/meno** utile **a** me **che a** te.	– indicano una qualità posseduta a un livello maggiore o minore rispetto a un altro elemento introdotto da: • aggettivi • verbi • avverbi • preposizioni

- **Superlativo**
- **Superlativo assoluto**

Mio fratello è	**molto preciso** e **molto capace** nel lavoro.
	preci**sissimo** e capac**issimo** nel lavoro.

molto + aggettivo di grado positivo

forma base aggettivo di grado positivo + *–issimo*

obiettivo grammatica

FORME | **USI E FUNZIONI**

Gli aggettivi che al grado positivo indicano già il livello massimo di una qualità (*colossale, divino, eccezionale, immenso, infinito*) non hanno il superlativo (*Il suo potere sulle persone è infinito*).

 OG1 ➡ p. 79, per altri usi del superlativo assoluto

- **Superlativo relativo**

Mio fratello è	il	**più/meno**	bravo.	
			bravo	**di** tutti.
				degli studenti

primo termine di paragone | articolo determinativo | | aggettivo | secondo termine di paragone

Nel superlativo relativo, il secondo termine di paragone è introdotto anche dalla preposizione *fra/tra* quando vogliamo evidenziare il valore partitivo.

Quando il secondo termine di paragone corrisponde a "tutti", può essere sottinteso (*Francesca è la più giovane (di tutti)*).

Esempi	Il superlativo relativo
– Il Po è **il più** lungo **dei** fiumi italiani.	– indica il livello massimo di una qualità rispetto a un gruppo di elementi superiori a due

LINGUA IN USO

Superlativo assoluto

Nella lingua parlata e scritta standard di uso formale, possiamo formare il superlativo assoluto con avverbi di qualità (*particolarmente, estremamente, decisamente…*) + aggettivo di grado positivo (*La discussione è stata **particolarmente** accesa*).

Nella lingua parlata di uso comune formiamo il superlativo assoluto con i prefissi: *arci–, extra–, iper–, sovra–, stra–, super–, ultra–* (**arci**contento, **extra**morbido, **iper**attivo, **sovra**ccarico, **stra**cotto, **super**simpatico, **ultra**rapido).

Nella lingua parlata di uso colloquiale possiamo formare il superlativo assoluto con l'aggettivo indefinito *tutto* + aggettivo di grado positivo (*Sono **tutti pazzi***).

- **Comparativi e superlativi: particolarità**

Alcuni aggettivi al comparativo di maggioranza e al superlativo assoluto hanno forma diversa da quella del grado positivo.

positivo	comparativo	superlativo assoluto
buono	migliore	ottimo
cattivo	peggiore	pessimo
grande	maggiore	massimo
piccolo	minore	minimo
-	superiore	supremo, sommo
-	inferiore	infimo

FORME | **USI E FUNZIONI**

3.1.3. Gradi dell'aggettivo

Alcuni aggettivi che derivano dal latino non hanno il grado positivo ma solo il grado comparativo (superiore) e superlativo (*supremo, sommo*) (*Dante Alighieri è detto "il **Sommo** poeta"*).

1 Scrivi gli aggettivi della lista nella colonna adatta.

migliore – enorme – la più alta – superveloce – meno turistico – simpaticissimo – più antico – bravo – pessimo – il più grande – stracarico – molto strano – magnifico – interessante quanto – il migliore

grado dell'aggettivo			
positivo	comparativo	superlativo relativo	superlativo assoluto

2 Completa le frasi con la preposizione *di*, se necessario con l'articolo, e *che*.

1. Preferiamo più una casa in una zona frequentata _____ tranquilla.
2. Ho vissuto più volentieri a Napoli _____ a Firenze.
3. Il libro che state leggendo è molto più interessante _____ nostro.
4. Preferirei venire da te più domani _____ oggi.
5. Le montagne trentine sono più alte _____ rilievi toscani.
6. Preferiscono più andare a fare la spesa _____ cucinare.
7. Il mascarpone è _____ ricotta.
8. Ballare per me è più divertente _____ fare escursioni.
9. Il tuo compito è peggiore _____ quello che hai fatto il mese scorso.
10. Da bambino preferivo passare le vacanze più in montagna _____ al mare.
11. In passato le sue scelte sono state più giuste _____ mie.
12. Mi piace guidare più lentamente _____ velocemente.

3 Scrivi le frasi con il superlativo relativo, come nell'esempio.

1. Lago di Garda / essere / (maggioranza) grande / laghi italiani.
   Il Lago di Garda è il più grande dei laghi italiani

2. la fiducia nel futuro / essere/ sentimento / (maggioranza) importante / tutti

3. Valle d'Aosta / essere / regione / (minoranza) popolato / Italia

4. in Italia / trovarsi / numero / (maggioranza) grande / siti UNESCO

145

obiettivo grammatica

FORME | **USI E FUNZIONI**

5. Sardegna e Sicilia / essere / isole italiane / (maggioranza) conosciuto.

___

6. la manifestazione / ospitare / stilisti / (maggioranza) famoso / mondo.

___

7. Laura / essere / (minoranza) studiosa / mie compagne di classe.

___

8. Mantova / essere / città italiana con la qualità di vita / (maggioranza) buona.

___

4 Completa il testo con le forme dei comparativi e dei superlativi adatti, come nell'*esempio*.

Mobilità, aria e trasporti: grandi città italiane a confronto

Una recente indagine sulla mobilità sostenibile ha preso in esame quattro città italiane: Milano, Torino, Roma e Palermo.
Riguardo al grado di mobilità attiva (uso della bicicletta e spostamenti pedonali), in generale le città italiane hanno mostrato livelli (1. *comparativo di maggioranza* – basso) _____ quelli di altre città europee e un livello di sicurezza stradale lontano dagli standard europei.
Secondo lo studio, è Milano (2. *superlativo relativo* – vivibile) _____ città _____ altre per la mobilità sostenibile, seguita da Torino, Roma e Palermo. Milano infatti ha livelli di trasporti pubblici (3. *comparativo di uguaglianza* – efficiente) _____ quelli di altre città europee e un cittadino viaggia sui mezzi pubblici in media 469 volte in un anno. L'uso prevalente di mezzi pubblici nelle altre città, invece, non è incentivato con iniziative adeguate (*bike* e *carsharing*) come quelle organizzate a Milano, dove il traffico e i tempi di spostamento sono (4. *comparativo di minoranza* – piccolo) _____ quelli delle altre tre città.
Riguardo alla sicurezza stradale, Torino, è risultata la città con le strade (5. *comparativo di minoranza* – sicuro) _____ altre per pedoni e ciclisti in rapporto alla popolazione.
Tuttavia, rispetto alla qualità dell'aria, tutte e quattro le città del campione hanno livelli (6. *superlativo assoluto* – alto) _____ di concentrazione di biossido di azoto. Questo significa che, per abbandonare l'uso dei mezzi privati, i cittadini dovrebbero avere a disposizione percorsi pedonali e ciclabili in misura (7. *comparativo di maggioranza* – grande) _____ in passato.
È dunque (8. *comparativo di maggioranza* – importante) _____ mai allinearci sugli standard europei di mobilità sostenibile, una priorità assoluta per le nostre città.

(Testo adattato, s.a., *Mobilità, aria, trasporti*, URL: http://bit.ly/33C2wBg, ultimo accesso: 2.11.2022).

3.1.3. Gradi dell'aggettivo

3.2. Aggettivi e pronomi

3.2.1. Indefiniti

Gli indefiniti danno informazioni in modo approssimato e generico sulla quantità o sulla qualità dell'elemento a cui si riferiscono. Gli indefiniti hanno la funzione solamente di aggettivi o solamente di pronomi, oppure di aggettivi e di pronomi.

	singolare		plurale	
	maschile	femminile	maschile	femminile
aggettivi	qualsiasi	qualsiasi	–	–
	qualunque	qualunque	–	–
pronomi	chiunque	chiunque	–	–
	ognuno	ognuna	–	–
	qualcuno	qualcuna	–	–
	uno	una	–	–
aggettivi e pronomi	alcuno	alcuna	alcuni	alcune
	altro	altra	altri	altre
	certo	certa	certi	certe
	ciascuno	ciascuna	–	–
	diverso	diversa	diversi	diverse
	parecchio	parecchia	parecchi	parecchie
	tale	tale	tali	tali
	vario	varia	vari	varie

 OG1 ➔ p. 88, per gli indefiniti *ogni, qualche, niente, nulla, qualcosa, alcuno, molto, nessuno, poco, tanto, troppo, tutto*

Esempi	Indefiniti	
	qualsiasi (invariabile, solo singolare)	
– **Qualsiasi persona** si comporterebbe in modo migliore; Chiama a **qualsiasi ora**; Un **dizionario qualsiasi** va bene.	aggettivo	– significa "tutte le persone, non importa chi", "tutte le cose, non importa che cosa", "qualunque" – prima del nome significa "l'uno o l'altro in modo indifferente" – dopo il nome significa "comunque sia, senza particolari caratteristiche"

obiettivo grammatica

FORME | **USI E FUNZIONI**

Esempi	Indefiniti		
	qualunque (invariabile, solo singolare)		
– **Qualunque compagno** ti potrebbe aiutare; Viene da te a **qualunque ora**; Una **penna qualunque** va bene.	aggettivo	– significa "tutte le persone, non importa chi", "tutte le cose, non importa che cosa", "qualsiasi" – prima del nome significa "l'uno o l'altro in modo indifferente" – dopo il nome significa "comunque sia, senza particolari caratteristiche"	
	chiunque (invariabile, solo singolare)		
– **Chiunque** può intervenire nell'assemblea.	pronome	– significa "qualsiasi/qualunque persona"	
	ognuno (variabile, solo singolare)		
– **Ognuno** è libero di accettare la proposta.	pronome	– significa "ogni persona", "ciascuno"	
	qualcuno (variabile, solo singolare)		
– Abito con cinque amiche, **qualcuna** di loro è straniera; Ho comprato dei **limoni**, ma **qualcuno** è acerbo; **Qualcuno** ti vuole al telefono.	pronome	– significa "un piccolo numero di persone", "un piccolo numero di cose" – indica una singola persona	
	uno (variabile, solo singolare)		
– È arrivata **una** che dice di essere tua cugina; Ti presto **uno** dei miei maglioni.	pronome	– indica una persona in modo generico e indeterminato – quando è seguito da un partitivo può riferirsi a persone e a cose	
	alcuno (variabile, solo singolare)		
– **Non** ho **alcun amico** fidato; **Non** abbiamo **alcuna obiezione**.	aggettivo	– al singolare significa "nessuno" e lo usiamo solo in frasi negative – quando segue il verbo è presente la negazione *non*	
– Non c'è alcun **problema**, proprio **alcuno**.	pronome		
	altro (variabile, singolare/plurale)		
– Oggi vedo un'**altra collega** (= diversa); Vorrei avere un **altro cappotto** (= nuovo); Luca e Gianni sono qui, dove sono gli **altri compagni** (= rimanenti)?; L'**altra settimana** (= scorsa) ho conosciuto tuo zio.	aggettivo	– indica diversità rispetto a una persona o a una cosa conosciuta – può significare "diverso", "nuovo", "rimanente", "scorso/precedente/anteriore"	
– Due o tre **amici** non verranno, ma **altri** sì; Bella **notizia** e **altre** arriveranno presto; Le bastano tre **francobolli**? No, un **altro**, per favore.	pronome		
	certo (variabile, singolare/plurale)		
– Le notizie di **certe agenzie** (= qualche agenzia) non sono attendibili; Ha chiamato **un certo** (= tale) Livi.	aggettivo	– significa "qualche", in alcuni casi "tale" – si trova prima del nome – può essere preceduto dall'articolo indeterminativo	
– **Certi** pensano che tu abbia ragione.	pronome		
	ciascuno (variabile, solo singolare)		

3.2.1. Indefiniti

3.2.1. Indefiniti

Esempi		Indefiniti
– *Ciascun paziente* ha la propria cartella; *Ciascuna foto* riporta la data.	aggettivo	– significa "ogni persona", "ciascuno", "ogni cosa"
– *Ciascuno* di noi deve sostenere l'esame.	pronome	
		diverso (variabile, singolare/plurale)
– *Alla festa ci sono **diversi** invitati in abito da sera; Conosco quelle ragazze da **diversi** anni.*	aggettivo	– significa "parecchio" e indica una grande quantità, inferiore a *molto* – si trova prima del nome
– *Diversi non vanno alla mensa; Quante **magliette** hai comprato? **Diverse**.*	pronome	
		parecchio (variabile, singolare/plurale)
– *Conosco già **parecchi** compagni di classe; Esco con Laura da **parecchie** settimane.*	aggettivo	– indica una grande quantità, inferiore a *molto*
– *A quante **socie** telefonerai? A **parecchie**; Quanti esami devi ancora fare? **Parecchi**!*	pronome	
		tale (variabile, singolare/plurale)
– *Dove hai visto **tale** cosa?; Un uomo, **tale** Roberto Rossi* (= un certo), *ha chiesto di te; Conosco **quel tale** amico* (= persona conosciuta) *di cui mi hai parlato.*	aggettivo	– indica una persona o una cosa in modo indeterminato – può significare "certo" – quando è preceduto da *quello* indica una persona o una cosa conosciuta
– *C'è un **tale** che vuole parlare con te; C'è **quella tale*** (= persona conosciuta) *che è venuta anche prima.*	pronome	
		vario (variabile, singolare/plurale)
– ***Vari** dimostranti sono rimasti feriti negli scontri; Ho **varie** domande da farvi.*	aggettivo	– significa "numerose persone", "numerose cose" – si trova prima del nome

Aggettivi *alcuno, ciascuno, nessuno*
Gli aggettivi *alcuno, ciascuno* e *nessuno* davanti a nomi maschili singolari che iniziano con consonante o con vocale perdono la vocale finale (**alcun** *libro,* **ciascun** *libro,* **nessun** *libro;* **alcun** *albergo,* **ciascun** *albergo,* **nessun** *albergo*); quando *alcuno, ciascuno* e *nessuno* sono davanti a nomi femminili singolari che iniziano con vocale possono perdere la vocale finale e avere l'apostrofo (**alcun'***idea,* **ciascun'***idea,* **nessun'***idea*).

Pronome *uno* e composti
Il pronome *uno* e i suoi composti (*ciascuno, nessuno, qualcuno…*) perdono la vocale finale con l'avverbio *altro* (*Carlo e Aldo possono uscire, ma **ciascun altro** studente rimarrà in classe*).

Posizione di *certo, diverso, vario*
Gli aggettivi *certo, diverso, vario* precedono il nome (**certe** *situazioni,* **diversi** *figli,* **vari** *anni*), quando lo seguono hanno funzione di aggettivi qualificativi e hanno un significato differente: "sicuro" (*certo*), "differente" (*diverso*), "differenziato" (*vario*). Per esempio, **certe** *notizie,* significa "alcune notizie" ed è un aggettivo indefinito, ma *notizie* **certe** significa "notizie sicure" ed è un aggettivo qualificativo.

Aggettivi *qualsiasi, qualunque*
Gli aggettivi qualificativi *qualunque* e *qualsiasi,* quando seguono il nome, possono essere preceduti dall'articolo indeterminativo *un* (*Puoi venire **un giorno qualunque/qualsiasi***); possono inoltre avere un significato negativo (*È gente **qualsiasi/qualunque*** (= "ordinaria", "comune"), *non fare caso al loro comportamento*).

obiettivo grammatica

FORME | **USI E FUNZIONI**

Aggettivi e pronomi *altro, tale*
Gli indefiniti *altro* e *tale* con funzione di
- aggettivi possono essere preceduti da un articolo determinativo o indeterminativo (*Prendo **un altro** caffè*; ***L'altro** giorno ho visto Paolo*; *Non ho mai incontrato **una tale** persona*)
- pronomi possono essere preceduti da un articolo o da un dimostrativo (*Quanti quaderni vuole ancora?* ***Un altro** è sufficiente*; ***Quel tale** ha chiamato anche stamani*).

Pronomi *l'uno/l'una... l'altro/l'altra...*
Gli indefiniti *uno* e *altro* si trovano di frequente nelle correlazioni come (*l'*)*uno… l'altro, gli uni… gli altri* (***L'uno** suonava il piano, **l'altro** danzava*; ***Una** parlava, **l'altra** scriveva*; ***Gli uni** dormivano, **gli altri** lavoravano*).

---

1 Completa le frasi con gli indefiniti della lista e indicane la funzione: aggettivo (A), pronome (B), come nell'esempio.

certe – ognuno – qualunque – tale – alcuna – ciascun – qualcuno – chiunque – una – parecchie

	A	B
1. Signora, ha telefonato forse *qualcuno* per me nel pomeriggio?	☐	☑
2. Il direttore non ha preso _____ decisione definitiva.	☐	☐
3. Non ti preoccupare per ieri: _____ ha le proprie debolezze.	☐	☐
4. Ieri sono passato da casa tua _____ volte senza mai trovarti.	☐	☐
5. _____ dica che Isabella è una persona superficiale si sbaglia totalmente.	☐	☐
6. L'insegnante ha affidato un compito a _____ allievo.	☐	☐
7. Mi hanno consigliato di praticare _____ sport purché aerobico.	☐	☐
8. Una _____ di nome Cecilia ha lasciato un pacco per te.	☐	☐
9. In quel negozio _____ stoffe sono davvero belle.	☐	☐
10. _____ come lei, sicura del fatto suo, non si fa mettere i piedi in testa.	☐	☐

2 Completa le frasi con gli indefiniti *chiunque, ciascuno/ognuno, qualunque/qualsiasi*.

1. È un compito molto semplice, lo può fare _____.
2. _____ persona saprebbe risponderti.
3. Mi dispiace, ma non sono d'accordo: _____ ha le proprie idee.
4. Da lunedì a sabato, puoi venire a trovarmi in un momento _____.
5. _____ giovane strumentista eseguirà un brano di musica da camera.
6. Maria vuole ottenere la borsa di studio a _____ costo.
7. Sono disponibile a parlare con _____.
8. Colleghe, _____ di voi mi dovrebbe aiutare di più in questo lavoro.

| FORME | **USI E FUNZIONI** |

3.2.1. Indefiniti

3 Completa le frasi con gli aggettivi indefiniti *diverso, vario, certo* nella posizione corretta per dare il significato indicato.

1. La stampa ha comunicato (= sicuro) una _____ notizia _____ sul terremoto nel Lazio.
2. Ho risolto (= parecchio) _____ problemi _____ con l'aiuto di un esperto.
3. Posso comprare il biglietto perché il concerto ha già (= sicuro) una _____ data _____.
4. I miei genitori si sono trasferiti ad Ancona (= numeroso) _____ anni _____ fa.
5. Anna e Luca hanno (= differente) _____ idee _____ e non vanno d'accordo.
6. In classe (= qualche) _____ comportamenti _____ poco collaborativi sono inaccettabili.
7. L'Italia ha (= differenziato) un _____ paesaggio _____: montano, collinare, di pianura.

4 Trasforma le frasi dalla forma affermativa alla forma negativa e usa *non... alcuno/alcuna*, come nell'esempio.

1. Luca ha qualche difficoltà da affrontare.
2. Lo studente ha corretto tutti gli errori.
3. Laura compra qualche cartolina della città.
4. Ho lavorato in alcuni studi di architetti.
5. Giovanni ci ha spiegato tutti i suoi bisogni.
6. Il bambino ha mangiato qualche caramella.
7. La donna nutre alcuni cani randagi.
8. Ho ripassato tutti i capitoli del manuale.

1. *Luca non ha alcuna difficoltà da affrontare.*
2. _____
3. _____
4. _____
5. _____
6. _____
7. _____
8. _____

* 5 Completa il testo con gli indefiniti della lista.

tutte – parecchia – tanti – qualcuno – ciascuno – uno – altre – ogni – pochi – ogni – qualche – qualsiasi – chiunque – qualunque – alcune – alcune – qualunque

Persone "tossiche" e stress

Le persone "tossiche" sfidano (1) _____ logica. (2) _____ di loro sono inconsapevoli della negatività che trasmettono, mentre (3) _____ sembrano trarre davvero (4) _____ soddisfazione dal caos che generano e dalla capacità di pungerti sul vivo. Tuttavia, in (5) _____ caso, creano difficoltà inutili, conflitti e soprattutto stress. In (6) _____ di noi lo stress ha effetti negativi sul cervello. (7) _____ sia esposto allo stress, anche per (8) _____ giorni, vede peggiorare l'efficacia dei neuroni nell'ippocampo, un'area cerebrale importante per il ragionamento e la memoria. (9) _____ settimana di stress può causare danni reversibili ai dendriti, le piccole "braccia" con cui le cellule cerebrali comunicano fra loro, mentre (10) _____ mesi di stress possono distruggere i neuroni in modo definitivo. Quasi (11) _____ le fonti di stress sul lavoro sono facilmente identificabili e quasi sempre gestibili, mentre le fonti di stress inaspettate, quelle che ti colgono in un (12) _____ momento, causano i danni più seri. (13) _____ recenti ricerche, condotte in ambito psicologico, rivelano che l'esposizione a stimoli che causano forti emozioni negative – per esempio quando (14) _____ ha a che fare con persone difficili – innesca potenti reazioni allo stress nel cervello. (15) _____ sia la negatività (crudeltà, disonestà, vittimismo), le persone difficili portano il cervello a vivere uno stato di agitazione che dovrebbe essere evitato a (16) _____ costo. La capacità di gestire le proprie emozioni, di restare calmi sotto pressione e di neutralizzare le persone negative, è fra le doti più grandi che (17) _____ possa avere.

obiettivo grammatica

| FORME | USI E FUNZIONI |

3.3. Posizione dell'aggettivo

3.3.1. Posizione dell'aggettivo qualificativo

Gli aggettivi qualificativi si trovano in genere dopo il nome a cui si riferiscono, ma possono trovarsi anche prima del nome con sfumature di significato diverse.

Esempi	Mettiamo l'aggettivo qualificativo
– Quando devi svolgere un compito **difficile**, affrontalo con impegno.	– dopo il nome per aggiungere al nome una qualità che lo distingue rispetto ad altri: "compito difficile" si distingue da quello "facile" (funzione restrittiva)
– Il **difficile** compito dei genitori consiste nel valorizzare l'autonomia dei figli.	– prima del nome per dare informazioni aggiuntive che intensificano la qualità del nome con enfasi: con l'espressione "difficile compito" diamo un'informazione accessoria e soggettiva sulla qualità del compito (funzione descrittiva)

Alcuni aggettivi qualificativi assumono significati diversi in base alla loro posizione: quando l'aggettivo è dopo il nome ha un significato letterale, quando l'aggettivo è prima del nome ha un significato metaforico.

aggettivo	nome + aggettivo (funzione restrittiva)	significato	aggettivo + nome (funzione descrittiva)	significato
alto	giudice alto	"di statura"	alto giudice	"importante"
bravo	donna brava	"capace"	brava donna	"onesta"
buono	insegnante buono	"buono di carattere"	buon insegnante	"bravo nel lavoro"
certo	notizie certe	"sicure"	certe notizie	"non precisate"
curioso	persona curiosa	"desiderosa di imparare"	curiosa persona	"strana"
diverso	amici diversi	"di vario tipo"	diversi amici	"parecchi"
grande	affresco grande	"di grandi dimensioni"	grande affresco	"notevole per l'arte"
nuovo	cappotto nuovo	"non usato"	nuovo cappotto	"un altro"
povero	ragazzo povero	"non ricco"	povero ragazzo	"sfortunato"
semplice	richiesta semplice	"non complicata"	semplice richiesta	"solo una"
unico	piacere unico	"piacere ineguagliabile"	unico piacere	"solo un piacere"
vecchio	amico vecchio	"anziano"	vecchio amico	"conosciuto da tempo"

- **Espressioni fisse**

In alcune espressioni fisse usiamo l'aggettivo qualificativo dopo o prima del nome con un significato diverso, in parte, da quello originario.

nome + aggettivo	aggettivo + nome
– *acqua dolce* ("acqua non marina")	– *bella vita* ("vita comoda")

nome + aggettivo	aggettivo + nome
– *settimana santa* ("settimana di Pasqua")	– *brutta piega* ("cattiva direzione")
– *Casa Bianca* ("sede del Presidente degli Stati Uniti")	– *buona volontà* ("desiderio di impegnarsi")
– *settimana bianca* ("settimana di vacanza sulla neve")	– *buone maniere* ("modi educati e gentili")
– *martedì grasso* ("ultimo giorno di Carnevale")	– *cattiva sorte* ("sfortuna")
– *sangue freddo* ("calma in situazioni di pericolo")	– *dolce vita* ("stile di vita italiano") – *gentil sesso* ("donne")
– *vecchia gloria* ("campione sportivo del passato")	– *Nuovo Mondo* ("continente americano") – *pari opportunità* ("uguaglianza di condizioni giuridiche")

3.3.2. Posizione obbligatoria dell'aggettivo

La posizione di alcuni aggettivi è obbligatoria e possono trovarsi dopo il nome o prima del nome.

- **Aggettivo dopo il nome**

Esempi	Si trovano dopo il nome gli aggettivi
– Non vedo l'ora di dormire nel mio **letto calduccio**.	– alterati (*caruccio, furbastro, simpaticone*…)
– La tua amica è una **persona sorridente** e simpatica; Ho acquistato dei **mobili restaurati** su Internet.	– che derivano da un participio presente o passato (*pesante, temuto*…) (in alcuni casi possono precedere il nome)
– L'**abbonamento settimanale** dell'autobus è conveniente.	– di relazione, che derivano da nomi con cui hanno una relazione di significato; si formano spesso con i suffissi –*ale*, –*ano*, –*ico*, –*ista*, –*istico*, –*oso* (in alcuni casi possono precedere il nome)
– Per una cerimonia un paio di **pantaloni neri** sono sempre adatti.	– che indicano un colore (*giallo, verde chiaro, rosso ciliegia*…)

- **Aggettivo prima del nome**

Esempi	Si trovano prima del nome gli **aggettivi**
– La **mia** scuola si trova in centro.	– possessivi (*mio, suo, tuo*…)
– **Questo** libro è interessante.	– dimostrativi (*quello, questo*…)
– La sera **qualche** volta mi sento stanco.	– indefiniti (*alcuni, ogni, qualche*…)
– **Quanti** anni hai?	– interrogativi (*che cosa?, quale?*…)
– Ho comprato **due** libri al prezzo di uno; Neil Armstrong è stato il **primo** uomo a sbarcare sulla Luna.	– numerali cardinali e ordinali (*uno, due*…; *primo, secondo*…)

1 Indica la posizione corretta dell'aggettivo.

1. Leonardo è un ❏ **curioso ragazzo** ❏ **ragazzo curioso** e si comporta spesso in modo strano ed eccentrico.
2. Formulare le domande di comprensione in ❏ **modo semplice** ❏ **semplice modo** aiuta gli studenti a capire meglio il testo da leggere.
3. Filippo è uscito di corsa dall'appartamento e ha lasciato per distrazione la ❏ **aperta porta** ❏ **porta aperta**.
4. Il ❏ **convegno nazionale** ❏ **nazionale convegno** degli psicologi transazionali si terrà a Padova nel prossimo mese di aprile.

obiettivo grammatica

FORME | **USI E FUNZIONI**

5. A quei due ragazzi piace fare la ☐ **bella vita** ☐ **vita bella**: non si impegnano seriamente né nello studio né nel lavoro.
6. Stare seduti al bar e prendere un aperitivo con gli amici in una bella piazza italiana è un ☐ **piacere unico** ☐ **unico piacere** per molte persone.
7. Il ☐ **primo momento** ☐ **momento primo** in cui l'ho visto l'ho trovato insopportabile, ma poi è diventato mio marito.
8. Ti consiglio caldamente di leggere questo libro perché ha una ☐ **trama avvincente** ☐ **avvincente trama**.

2 Completa le frasi con gli aggettivi nella posizione corretta, come nell'esempio.

1. Mia figlia è una ___X___ bambina _furbetta_ (furbetto) e vivace, ma non mi ha mai dato grandi problemi.
2. È bello avere amici fidati perché i _____ amici _____ (vecchio) sanno sempre come aiutarti.
3. Il _____ sistema _____ (solare) è un sistema planetario costituito da corpi celesti mantenuti in orbita dalla forza gravitazionale del Sole.
4. La _____ piazza _____ (gremito) di persone per la manifestazione testimonia il grande interesse per i temi ambientali.
5. Leonardo da Vinci e Michelangelo non sono stati semplicemente dei _____ pittori _____ (grande), ma anche degli uomini di scienza.
6. Sul Web ormai è sempre più difficile consultare siti affidabili che danno _____ notizie _____ (certo) su fatti politici.
7. Devo trovare un _____ medico _____ (bravo) per un problema di salute che ancora nessuno è riuscito a risolvere.
8. Vorrei comprare un _____ divano _____ (giallo-chiaro) che si abbini con il colore delle pareti.

* 3 Completa il testo con gli aggettivi nella posizione corretta, come nell'esempio.

Salviamo il Pianeta con la fotografia

Da luglio a settembre torna a Cortona il Festival internazionale di fotografia Cortona On the Move, il cui obiettivo è promuovere la fotografia alla ricerca di _nuove_ forme ___X___ (1. nuovo) di comunicazione visiva e di differenti modi di comunicare la contemporaneità. L'idea di fondo della _____ edizione _____ (2. nono) del Festival è quella di approfondire la relazione complessa tra persone, paesaggio e territorio, attraverso progetti recenti, lavori di _____ maestri _____ (3. grande) e documenti di archivio.
Come afferma Arianna Rinaldo, _____ direttrice _____ (4. artistico), "il paesaggio, la natura, il territorio parlano di noi, di chi siamo, di cosa vogliamo. Nel bene e nel male, l'ambiente che ci circonda riflette il nostro pensiero e le nostre azioni". Si tratta quindi di un tema centrale nell'ambito di _____ problematiche _____ (5. urgente) che devono essere affrontate per salvare il Pianeta anche attraverso l'impatto visivo delle immagini e dei video. Attraverso _____ linguaggi _____ (6. ricco) di contaminazioni. _____ mostre _____ (7. diverso) del Festival testimoniano così la relazione dell'essere umano con paesaggi e _____ ambienti _____ (8. circostante) e le trasformazioni irreversibili dovute alle azioni dell'uomo sul paesaggio naturale.
Tra i _____ lavori _____ (9. vario) quello senz'altro più significativo è *Crime Scenes*, la mostra fotografica di Simon Norfolk, fotografo affascinato dalla stratificazione del tempo sul paesaggio e dall'influenza che l'essere umano ha sulla Terra e di conseguenza sulla propria esistenza. Norfolk, uno dei _____ fotografi _____ (10. documentaristico) più importanti del _____ tempo _____ (11. nostro), si è dedicato a immortalare le tracce che le guerre, i genocidi e, più recentemente, i cambiamenti climatici hanno impresso sull'ambiente. In questo modo, secondo Norfolk, una _____ narrazione _____ (12. pieno) di bugie e di bugiardi può essere riportata a una dimensione più vera e onesta e restituire una visione senza segreti.

3.3. Posizione dell'aggettivo

obiettivo grammatica

FORME | **USI E FUNZIONI**

4. PRONOME

4.1. Pronomi personali

I pronomi personali indicano i partecipanti alla comunicazione e sostituiscono l'elemento grammaticale (soggetto, complemento) a cui fanno riferimento. La forma dei pronomi personali cambia in relazione alla funzione grammaticale che svolgono (pronomi personali con funzione di soggetto, oggetto diretto, oggetto indiretto). I pronomi personali con funzione di oggetto diretto (pronomi diretti) e i pronomi personali con funzione di oggetto indiretto (pronomi indiretti) possono essere atoni o tonici, i pronomi personali soggetto sono solo tonici.

4.1.1. Pronomi soggetto

I pronomi personali soggetto servono per sostituire un nome o anche una intera frase e concordano con il verbo. In genere non usiamo il pronome personale soggetto perché le desinenze del verbo contengono le informazioni sulla persona.

Carlo e Laura sono intelligenti. **Lui** si impegna molto nello studio.

	persona	pronome	esempi
singolare	I	io	*Io ho solo un anno più di te.*
	II	tu	*Tu resti a casa oggi.*
	III	**lui**, **egli**, **esso** (maschile)	*Egli entrò all'improvviso.*
		lei, **ella**, **essa** (femminile)	*Ella soffriva di gelosia.*
plurale	I	noi	*Noi siamo pronti.*
	II	voi	*Voi uscite dalla classe.*
	III	**loro**, **essi**	*Loro ci capiscono.*

Pronomi di III persona singolare e plurale
In situazioni molto formali, per sostituire un elemento già presentato, usiamo il pronome personale soggetto anche quando non sarebbe necessario per metterlo in rilievo.
- *egli* al posto di *lui* (*L'uomo uscì dalla casa.* **Egli** *indossava un cappotto grigio…*), *egli* in genere si trova a inizio di frase; usiamo *lui* nella lingua parlata di uso comune
- *ella* al posto di *lei* (*La ragazza vide l'uomo avvicinarsi verso di lei.* **Ella** *ne rimase colpita*); usiamo *lei* nella lingua parlata di uso comune
- *esso* (*Ho visto il parco.* **Esso** *si estende per chilometri*; *Il gatto appartiene alla famiglia dei felini.* **Esso** *è detto anche "gatto domestico"*); *esso* si riferisce in genere a esseri inanimati o ad animali
- *essa* al posto di *lei* (*Elena non si unì a noi.* **Essa** *preferì rimanere a casa*); *essa* si riferisce in genere a persone, esseri inanimati o ad animali; usiamo *lei* nella lingua parlata di uso comune
- *essi/esse* al posto di *loro* (*I bambini entrarono in classe.* **Essi** *si sedettero subito ai loro banchi*); *essi/esse* si riferiscono a persone, esseri inanimati o ad animali.

Per umanizzare esseri inanimati o animali usiamo *lui/lei* (*Adoro il mio cane, con* **lui** *vado dappertutto*).

obiettivo grammatica

FORME | **USI E FUNZIONI**

USI E FUNZIONI

- **Uso obbligatorio del pronome personale soggetto**

Esempi	Usiamo i pronomi personali soggetto
	io, tu, lui, lei…
– *Io sono italiana, ma **lui** è spagnolo.*	– per esprimere un contrasto
– ***Francesca** e **io** non veniamo al cinema.*	– quando è coordinato con un altro soggetto
– *Ha comprato **lui** il pane; **Io** sono contrario.*	– per mettere in rilievo il soggetto
– *Chi ha telefonato al professore?* ***Lui** (ha telefonato al professore).*	– per rispondere a una domanda (il pronome ha funzione di frase)
– ***Anch'io** bevo un caffè; **Neanche lui** è arrivato tardi; Me lo hai detto **proprio tu**.*	– con gli avverbi rafforzativi *anche, neanche, nemmeno, neppure, pure, proprio*
– ***Voi due** siete arrivati per primi.*	– con i numerali
– *È bene che **tu** parta in anticipo; Sembrava che **tu** fossi scontento di tornare.*	– per evitare ambiguità di soggetto con il congiuntivo (prime tre persone singolari del congiuntivo presente, le prime due persone singolari del congiuntivo imperfetto).
	me, te
– *Beato **te**!*	– come soggetto nelle esclamazioni senza verbo
– *Lui è felice quanto **me**.*	– dopo *come* e *quanto*
	io e te anche al posto di ***tu e io***
– ***Io** e **te** (= tu e io) dobbiamo andare via subito.*	– quando il pronome *tu* è in seconda posizione

Uso del pronome personale soggetto con il congiuntivo
Con le prime tre persone del congiuntivo presente (o passato) e con le prime due persone del congiuntivo imperfetto (o trapassato) è consigliabile esprimere il soggetto per evitare ambiguità (*Sembra che **tu** finalmente mi capisca; Era chiaro che **io** non fossi d'accordo*).

Uso del pronome personale soggetto nelle interrogative dirette
Nelle interrogative dirette, l'elemento interrogativo iniziale (*chi?, dove?, quando?* ecc.) determina la posizione del soggetto, che può essere prima dell'elemento interrogativo (***Tu**, dove abiti?*) o dopo il verbo (*Dove abiti **tu**?*), ma non può essere fra l'elemento interrogativo e il verbo (*Dove tu abiti?*).

1 Completa le frasi con i pronomi pronomi personali soggetto e indica la funzione.

1. Carlo ha diritto quanto _____ di dire la sua opinione. ☐
2. Beata _____, ha vinto alla lotteria! ☐
3. Mi sono iscritto anch'_____ in palestra. ☐
4. Ragazzi, chi di _____ due sa parlare il finlandese? ☐
5. Oggi andiamo _____ a prendere i ragazzi alla stazione, tu ci vai domani. ☐
6. Chi ha completato gli esercizi? Li hanno completati solo _____. ☐

4.1.1. Pronomi soggetto

7. Penso che _____ sia andato via già da un'ora.

8. Per quanto mi riguarda, _____ ho finito il mio lavoro.

> **a.** esprimere un contrasto **b.** soggetto nelle esclamazioni **c.** mettere in rilievo il soggetto **d.** con i numerali **e.** dopo *come e quanto* **f.** rispondere a una domanda **g.** con avverbi rafforzativi **h.** evitare ambiguità di soggetto

2 Completa le frasi con il pronome personale soggetto.

1. A: Chi è la ragazza laggiù?
   B: Non ti ricordi? _____ è la fidanzata di Sandro.

2. A: Pronto Diana, dove siete finite tu e Lara? Qui non c'è nessuno.
   B: _____ sono in banca invece _____ è in palestra.

3. A: Quale gruppo ha completato il compito?
   B: Noi abbiamo finito, ma _____ stanno ancora lavorando.

4. A: Buonasera signori, avete un appuntamento con il dottor Rossi?
   B: _____ no, ma lui sì.

5. A: Chi paga oggi?
   B: Oggi è il mio turno: offro _____ il caffè.

6. A: Signore, mi dispiace, ma l'ufficio è chiuso.
   B: Ma _____ abbiamo un incontro con il direttore.

7. A: Questi sono Luca e Sofia. _____ è di Mantova e _____ di Milano.
   B: Anch'io sono di Mantova.

obiettivo grammatica

FORME | **USI E FUNZIONI**

3 Completa con l'alternativa corretta dei pronomi personali soggetto.

1. Beata ☐ **lei** ☐ **ella**! Bella la sua nuova casa!
2. Mi dispiace, ma tu non sei preciso quanto **egli** ☐ **lui**.
3. I vicini sono usciti con il cane senza guinzaglio; ☐ **egli** ☐ **esso** è scappato via.
4. Sono molto stanco e devo ancora finire la relazione. Povero ☐ **io** ☐ **me**!
5. La collega ha concluso la relazione. Ora parlo io o parli ☐ **tu** ☐ **te**?
6. I miei amici escono stasera. Anch' ☐ **io** ☐ **egli** vorrei andare al cinema.
7. Nemmeno ☐ **lei** ☐ **essa** ha visto arrivare la macchina.
8. ☐ **Voi** ☐ **Noi** due abbiamo sentito la notizia al telegiornale.
9. Chi ha visto l'ultimo film di Mazzacurati? ☐ **Lei** ☐ **Ella.**

4 Completa con il pronome personale soggetto *egli, ella, esso, essa, essi, esse*.

1. Gli operai, come altre categorie, vogliono anch'_____ gli ammortizzatori sociali.
2. Bisogna assicurare la casa perché se _____ andasse a fuoco sarebbe un disastro.
3. Hanno appena costruito un nuovo stabilimento; _____ è stato progettato in modo accurato.
4. _____ disse al compagno che l'avrebbe amato per sempre.
5. Il rapporto del ragazzo con la madre era difficile. _____ però non se ne lamentò mai.
6. Il termine in corsivo è straniero e deve essere tradotto anch'_____.
7. L'uomo criticò i metodi di lavoro. _____ incitò pure i colleghi a protestare.
8. La porta del teatro si aprì e da _____ uscì fuori una musica melodiosa.

5 Completa il testo con i pronomi personali soggetto *egli, ella, essa, essi*.

Pensando a Luisa

Dov'era in quel momento Luisa? Lorenzo non aveva più chiesto della fidanzata di un tempo. Sapeva che (1) _____ ora viveva a Firenze. (2) _____ non voleva pensare a lei, e ne scacciava ogni immagine che gli appariva davanti agli occhi, ma quella visione di lei e dei suoi animali non scompariva. Sì, (3) _____ amava i suoi gatti: Filù, Rosita e Musci, più di ogni essere umano e anch' (4) _____ la adoravano. Così, per far scomparire l'immagine di Luisa e delle sue bestiole, (5) _____ tentava invano di chiudere gli occhi, proprio come il fanciullo fa con i lampi in una notte tempestosa, ma nonostante tutto la luce penetra attraverso le palpebre, e così anch' (6) _____ continuava a vedere Luisa e i suoi gatti e sapeva in cuor suo che (7) _____ avrebbe rinunciato a lui ma non a loro. Più di tutti Luisa adorava Rosita la più piccina. (8) _____ era adorabile, aveva una macchia nera sull'occhio sinistro ed era molto affettuosa con tutti. Il pensiero di Rosita, Filù e Musci gli causò un dolore improvviso: era la presa di coscienza della verità. Sì, era oramai certo che Luisa lo aveva lasciato per sempre per i suoi animali.

obiettivo grammatica

FORME | **USI E FUNZIONI**

4.1.2. Pronomi riflessivi

I pronomi personali riflessivi sono riferiti al soggetto della frase e possono essere sia complemento oggetto (*mi lavo*) che complemento indiretto (*mi lavo le mani*).

	persona	pronomi riflessivi atoni	esempi	pronomi riflessivi tonici	esempi
singolare	I	mi	*mi vesto*	me (stesso/a)	*vesto me stesso/a*
	II	ti	*ti vesti*	te (stesso/a)	*vesti te stesso/a*
	III	si	*si veste*	se (stesso/a)	*veste se stesso/a*
plurale	I	ci	*ci vestiamo*	noi (stessi/e)	*vestiamo noi stessi/e*
	II	vi	*vi vestite*	voi (stessi/e)	*vestite voi stessi/e*
	III	si	*si vestono*	loro (stessi/e)	*vestono loro stessi/e*

Funzione dei pronomi riflessivi

I pronomi riflessivi possono sostituire
- un complemento oggetto (*Luca si lava* = "lava se stesso")
- un complemento indiretto (con preposizione) (*Luca si mette la giacca* = "mette la giacca a se stesso").

Posizione dei pronomi riflessivi atoni

Usiamo i pronomi riflessivi atoni dopo
- i pronomi indiretti (*Mi **si** è rotta la penna*)
- il verbo con i modi non finiti (infinito, gerundio, participio) e sono uniti a esso (*lavar**si**, lavando**si**, lavato**si**/lavata**si***).

Usiamo i pronomi riflessivi atoni prima
- dei pronomi diretti *lo, la, li, le* e cambiano forma (*Mi lavo la faccia* = **Me la** *lavo*)
- di *ne* e cambiano forma (*Mi prendo due caramelle* = **Me** *ne prendo due*; *Mi dimentico di prendere le chiavi* = **Me** *ne dimentico*)
- di *si* impersonale e cambiano forma (**Ci** *si vergogna di quanto si è detto*).

Usiamo i pronomi riflessivi atoni prima o dopo il verbo
- modale + infinito (**Mi** *devo vestire* = *Devo vestir**mi***); nei tempi composti hanno l'ausiliare *essere* quando sono prima del verbo (**Ti** *sei dovuto vestire*) e l'ausiliare *avere* quando sono dopo il verbo (*Hai dovuto vestir**ti***)
- *stare* + gerundio (**Mi** *sto vestendo* = *Sto vestendo**mi***)
- imperativo in forma negativa alla II persona singolare (tu) e plurale (voi), e alla I persona plurale (noi) (congiuntivo esortativo) (*Non **ti** alzare!* = *Non alzar**ti**!*; *Non **vi** alzate* = *Non alzate**vi***; *Non **ci** alziamo* = *Non alziamo**ci**!*).

Posizione dei pronomi riflessivi tonici

Usiamo i pronomi riflessivi tonici dopo il verbo (*Ha lavato **se stesso***).

obiettivo grammatica

FORME | **USI E FUNZIONI**

USI E FUNZIONI

Esempi	Usiamo i pronomi riflessivi
– Luca **si veste** in fretta.	– atoni per focalizzare l'attenzione sull'evento
– Luca **rimprovera se stesso** (= non suo figlio).	– tonici per focalizzare l'attenzione sul soggetto dell'evento

1 Trasforma le frasi con i pronomi tonici riflessivi e indicane la funzione: oggetto (A), complemento indiretto (B), come nell'esempio.

                                                                      A B

1. Alessandro, perché non ti descrivi?
   Alessandro, perché non descrivi te stesso? ☑ ☐

2. Luca si ripromette di non arrivare in ritardo al lavoro.
   _____ ☐ ☐

3. Anna e Laura si curano con la medicina alternativa.
   _____ ☐ ☐

4. Ragazzi aspettate, ora ci facciamo una bella foto.
   _____ ☐ ☐

5. Quando mi guardo allo specchio, noto molti cambiamenti.
   _____ ☐ ☐

6. Quelle ragazze si giudicano troppo severamente.
   _____ ☐ ☐

7. Adesso ci mettiamo il cappotto e usciamo.
   _____ ☐ ☐

2 Trasforma le frasi e usa il pronome riflessivo atono.

1. Carlo espone se stesso a gravi rischi.
   _____

2. Maria e io sforziamo noi stesse a non intervenire.
   _____

3. Gli apprendenti impegnano se stessi al massimo.
   _____

4. L'uomo ha ridotto se stesso in miseria.
   _____

5. Ragazze, perché avete incolpato voi stesse?
   _____

6. Hai messo te stessa in una posizione ambigua.
   _____

4.1.2. Pronomi riflessivi

3 Trasforma le frasi con i verbi al modo e al tempo adatti, come nell'esempio.

1. (indicativo presente stare + gerundio) Luca / lavarsi / le mani
   Luca si sta lavando le mani / Luca sta lavandosi le mani

2. (imperativo) ragazzi, / vestirsi / elegantemente
   _____

3. (imperativo) signora, / non preoccuparsi
   _____

4. (indicativo presente) (tu) / dovere prendersi / le ferie
   _____

5. (imperativo) Scusi, / fermarsi / qui / per fare una sosta
   _____

6. (passato prossimo) chi / dovere alzarsi / presto / ieri?
   _____

7. (indicativo presente) gli alunni / dovere sedersi / in cerchio
   _____

4 Completa il testo con i verbi ai tempi adatti all'indicativo e con i pronomi riflessivi, quando è necessario, come nell'esempio.

Disturbi dei meccanismi di difesa

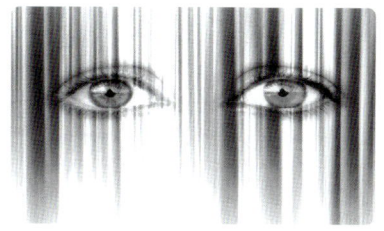

Per adattarsi all'ambiente, l'uomo ha meccanismi di percezione del rischio, ovvero la paura, e di potenziamento delle risorse, l'ansia. Sono strumenti utilissimi per garantire la sopravvivenza. Eppure anche questi meccanismi (1. potere danneggiare/potere danneggiarsi) *possono danneggiarsi*: la patologia che li investe non ne annulla solo la funzione adattiva, ma li rende fonte di disagio. (2. noi-esprimere/esprimersi) _____ ansia e paura anche con manifestazioni somatiche. (3. noi-parlare/parlarsi) _____ di paura paralizzante. In questi casi la mente non (4. esprimere/esprimersi) _____ più in modo diretto, attraverso il linguaggio, ma (5. manifestare/manifestarsi) _____ in maniera mediata, attraverso i sintomi del corpo. L'ansia (6. legare/legarsi) _____ a situazioni attuali, ma spesso a eventi che non (7. verificare/verificarsi) _____ ancora. Il disturbo d'ansia generalizzato (8. distinguere/distinguersi) _____ nettamente dal semplice attacco d'ansia, che (9. caratterizzare/caratterizzarsi) _____ per la sua intensità molto elevata. Il disturbo d'ansia somatizzato (10. differenziare/differenziasi) _____ per anomalie somatiche, come dolori gastrici, cefalea, perdita d'appetito che non (11. giustificare/giustificarsi) _____ con alcuna causa di natura organica. Questi fenomeni possono (12. associare/associarsi) _____ alle manifestazioni primarie dell'ansia. Il disturbo di affaticamento prolungato è la condizione in cui (13. noi-sentire/sentirsi) _____ stanchi per tutta la giornata, indipendentemente da quello che (14. noi-fare/farsi) _____ prima. La stanchezza (15. potere presentare/potere presentarsi) _____ anche senza che (16. noi-svolgere/svolgersi) _____ alcuna attività.

(Testo adattato, V. Andreoli, *I segreti della mente*, Best Bur, Milano, 2013, p.132)

obiettivo grammatica

FORME | **USI E FUNZIONI**

4.1.3. Pronomi allocutivi e forma di cortesia

I pronomi allocutivi sono pronomi personali che usiamo quando parliamo direttamente con una persona. Usiamo i pronomi confidenziali *tu*, *voi* quando c'è un certo grado di confidenza con le persone con cui parliamo. Usiamo invece i pronomi di cortesia *Lei*, *Voi*, *Loro* quando non conosciamo le persone e la situazione è formale.

- **Situazione informale**

pronome singolare	pronome plurale	esempi singolare	esempi plurale
tu soggetto	**voi** soggetto	Ciao, **tu** sei Peter, vero?	Ciao, **voi** siete Peter e Ann, vero?
ti (**te**) diretto	**vi** diretto	Luisa, **ti** chiamo dopo.	Ragazzi, **vi** chiamo dopo.
ti (**te**) indiretto	**vi** indiretto	Sandro, **ti** telefono dopo.	Ragazzi, **vi** telefono dopo.

- **Situazione di media formalità**

pronome singolare	pronome plurale	esempi singolare	esempi plurale
Lei (m., f.) soggetto	**Voi** soggetto	Scusi, **Lei** è il direttore?	Scusate, **Voi** siete i responsabili?
La (m., f.) diretto	**Vi** diretto	Signore, **La** chiamo dopo.	Signori, **Vi** chiamo dopo.
Le (m., f.) indiretto	**Vi** indiretto	Signore, **Le** telefono dopo.	Signori, **Vi** telefono dopo.

- **Situazione di alta formalità**

pronome singolare	pronome plurale	esempi singolare	esempi plurale
Ella (m./f.) soggetto	**Loro** (m./f.) soggetto	Signor giudice, come **Ella** ha già evidenziato, la situazione è grave.	Signori, **Loro** sono i nuovi addetti?
La (m./f.) diretto	**Li** (m.) diretto **Le** (f.) diretto	Signor giudice, **La** chiameremo subito.	Signori, **Li** chiameremo subito. Signore, **Le** chiameremo subito.
Le (m./f.) indiretto	**Loro** (m./f.) indiretto	Signor sindaco, **Le** daremo subito una risposta.	Signori, daremo **Loro** subito una risposta.

Uso degli allocutivi con i pronomi diretti e indiretti
Con i pronomi allocutivi *Lei* (e *Ella*, raro) usiamo per il maschile e per il femminile i pronomi diretti e indiretti al femminile (*Dottore,* **La** *prego di rispondermi*; *Signor Rossi,* **Le** *ho spedito una e-mail*).

Pronomi allocutivi e accordo con il participio passato
Il pronome allocutivo diretto *La* resta al femminile anche se è riferito a persona di sesso maschile e si accorda al femminile con il participio passato (*Signor giudice,* **L**'*ho fatt***a** *chiamare ieri*).

Nella lingua scritta standard di uso formale (e-mail, lettera formale) scriviamo in maiuscolo i pronomi allocutivi e tutti gli aggettivi e pronomi che si riferiscono alla stessa persona (*Resto in attesa di una* **Sua** *cortese risposta e* **Le** *porgo distinti saluti*; *Desidero ringraziar***Vi** *per la* **Vostra** *disponibilità*).

FORME — USI E FUNZIONI

4.1.3. Pronomi allocutivi e forma di cortesia

LINGUA IN USO

Uso dei pronomi allocutivi

L'uso dei pronomi allocutivi varia in base alla formalità della situazione e in base al rapporto tra gli interlocutori. In genere
- diamo "del tu" in contesti informali: amici, famiglia, colleghi di lavoro che conosciamo bene
- diamo "del Lei" in contesti formali: persone che non conosciamo, persone con un'età maggiore della nostra, persone con ruoli superiori al nostro.

In alcuni casi il livello informale e quello formale coesistono (comunicazione asimmetrica), come nel caso, per esempio, della comunicazione fra giovane-anziano, studente-professore, soprattutto nella scuola (*Professore, quando posso venire da **Lei**? **Vieni** domani alle 15:00*).

- L'uso "del tu" al posto "del Lei" si sta diffondendo sempre di più, soprattutto fra i giovani.
- L'uso "del Voi" al posto "del Lei", in passato più diffuso, è oggi caratteristico di alcune regioni dell'Italia del Sud
- L'uso "del Loro" al posto "del Voi" è sempre più raro.

1 Completa l'e-mail informale con gli aggettivi e i pronomi adatti.

Cara Lucia...

Nuovo messaggio

A: lucia@gmail.com
Oggetto: Ciao da Sara!

Cara Lucia,
come stai? È da parecchi anni che non (1) _____ vedo, così ho deciso di (2) scriver_____ questa mail per (3) raccontar_____ cosa sto facendo di bello.
Come (4) _____ ben sai, mi sono trasferita qui a Pisa per lavoro e ormai sono diventata una vera pisana! Ho seguito il (5) _____ consiglio: mi sono sposata e adesso ho una famiglia numerosa quanto la tua: due figli, un marito e un cane! Il cane l'ho chiamato come il (6) _____, Luky.
Spero che (7) _____ venga a trovarmi. (8) _____ mostrerei la mia casa e la mia famiglia.
Mi auguro che (9) _____ decida di accettare il mio invito! Sì, (10) _____ sto invitando a Pisa.
(11) _____ aspetto. A presto.
Un abbraccio
Sara

---

2 Completa la lettera formale con gli aggettivi e i pronomi adatti.

Verona, 14 luglio 20…

Oggetto: Offerta speciale vini.

Egregio Dottor Andrea Belli,
la presente per (1) segnalar_____ che, in occasione del Vinitaly, (2) _____ abbiamo riservato un'offerta speciale sull'acquisto dei nostri prodotti.
Dal 15 settembre al 31 ottobre (3) _____ potrà ricevere uno sconto del 30% su tutti i vini esposti alla manifestazione internazionale che si terrà a Verona.
Confidando nel (4) _____ interesse per la nostra offerta, (5) _____ inviamo il Listino prezzi aggiornato dei nostri prodotti.
Restando in attesa di un (6) _____ cortese riscontro, (7) _____ porgiamo distinti saluti.

Riccardo Finellini
Rossi Vini & Co

163

obiettivo grammatica

FORME | **USI E FUNZIONI**

3 Completa la lettera formale con gli aggettivi e i pronomi adatti.

Roma, 3 novembre 20…

Oggetto: Quartiere Marelli – Ordinanza 24.20…

Egregio Signor Sindaco,
con la presente desidero metter (1) _____ a conoscenza di una problematica relativa all'area di sosta nel quartiere Marelli del nostro Comune.
Tale area, infatti, nonostante il divieto da (2) _____ posto con l'ordinanza n. 186 del 24 aprile 2022, che impedisce l'accesso dalle 23:00 alle 05:00, è puntualmente esposta a un transito selvaggio di automezzi nelle ore notturne, che, come (3) _____ può immaginare, infastidisce i residenti del circondario.
A tal fine, in qualità di Rappresentante del Quartiere Marelli, (4) _____ chiedo una gentile verifica delle condizioni d'uso dell'area, al fine di garantire la convivenza tra automobilisti e residenti.
(5) Ringraziando _____ in anticipo dell'attenzione, e, auspicando un (6) _____ immediato interessamento per risolvere questa situazione, (7) _____ saluto distintamente.

Dott. Luca Ricciardelli

4.1.3. Pronomi allocutivi e forma di cortesia

obiettivo grammatica

FORME | USI E FUNZIONI

4.1.4. Pronomi combinati

I pronomi combinati sono una combinazione di due pronomi atoni: un pronome indiretto o riflessivo e un pronome diretto, oppure la particella pronominale *ne*. I pronomi *mi, ti, ci, vi, si* diventano *me, te, ce, se* e *si* scrivono separati. I pronomi *gli, le, loro* diventano *glie–* e si scrivono uniti al pronome che segue.

Ti do **un libro**. ⟷ **Te lo** do

complemento indiretto + complemento diretto

pronome indiretto atono + pronome diretto atono

	persona	pronome atono indiretto	pronome atono riflessivo	lo	la	li	le	ne
singolare	I	mi		me lo	me la	me li	me le	me ne
	II	ti		te lo	te la	te li	te le	te ne
	III	gli/le	si	glielo se lo	gliela se la	glieli se li	gliele se le	gliene se ne
plurale	I	ci		ce lo	ce la	ce li	ce le	ce ne
	II	vi		ve lo	ve la	ve li	ve le	ve ne
	III	gli	si	glielo se lo	gliela se la	glieli se li	gliele se le	gliene se ne

Posizione dei pronomi combinati
Usiamo i pronomi combinati prima del verbo coniugato (**Me lo** presta) e sono eventualmente preceduti dalla negazione (**Non** me lo presta).

Usiamo i pronomi combinati dopo
- verbi di modo non finito (gerundio, infinito, participio) (Vado da Luca per portar**glielo**)
- verbi di modo imperativo alla II persona singolare (tu) e plurale (voi), e alla I persona plurale (Presta**glielo**!; Prestate**glielo**!; Prestiamo**glielo**!).

Usiamo i pronomi combinati prima o dopo il verbo
- modale + infinito (**Te lo** devo spiegare = Devo spiegar**telo**)
- stare + gerundio (**Te lo** sto spiegando = Sto spiegando**telo**)
- imperativo in forma negativa alla II persona singolare (tu) e plurale (voi), e alla I persona plurale (noi) (congiuntivo esortativo) (Non **glielo** dare!/Non dar**glielo**!; Non **glielo** date!/Non date**glielo**!; Non **glielo** diamo!/Non diamo**glielo**!).

Pronomi combinati con la particella *ci*
La particella *ci*
- precede i pronomi atoni (*lo, la, li, le* e *ne*) e diventa *ce* (Posso mettere il cappotto nel guardaroba? **Ce lo** metta pure; Quanto zucchero ci vuole per la torta? **Ce ne** vuole poco)
- segue i pronomi *mi, ti, gli, le* e *vi* (Mi metto a studiare, **mi ci** metto subito; Gli lascio le chiavi dell'auto nel cassetto, **gli ci** lascio anche il telecomando del garage)
- non si usa in combinazione con *ci* (Ci lascia sempre a casa e non ~~Ci ci lascia sempre~~).

obiettivo grammatica

FORME | USI E FUNZIONI

Pronomi combinati con la particella *ne*
La particella *ne*
- segue il *si* riflessivo (*Me **ne** (= "di questo") dimentico spesso*)
- segue i pronomi *mi, ti, gli, le, ci, vi, loro/gli* (*Quanti libri mi presti? **Te ne** presto due; Le porti dei fiori? Sì, **gliene** (= "di fiori") porto un bel mazzo*).

---

1 Scegli la forma corretta dei pronomi combinati.

1. A: Chi mi dà una mano a fare l'esercizio?
   B: ❏ **Te la** ❏ **Me la** ❏ **Ve lo** do io!

2. A: Mi hai comprato gli ingredienti per la cena di stasera?
   B: Sì, ❏ **te la** ❏ **te li** ❏ **me li** ho comprati.

3. A: Vi siete ricordati di telefonare al dottore?
   B: Sì, ❏ **me ne** ❏ **ve lo** ❏ **ce ne** siamo ricordati.

4. A: Luca ti ha dato la sua e-mail per scrivergli?
   B: No, non ❏ **me l'** ❏ **gliel'** ❏ **te l'** ha ancora data.

5. A: Quando vi ha comunicato il voto il professore?
   B: ❏ **Ve lo** ❏ **Ce la** ❏ **Ce lo** ha comunicato ieri sera.

6. A: Bell'orologio! Chi ❏ **te l'** ❏ **me li** ❏ **te ne** ha regalato?
   B: Luigi, il mio ragazzo.

7. A: Quando hai comprato le scarpe nuove ai bambini?
   B: ❏ **Glieli** ❏ **Gliele** ❏ **Gliene** ho comprate ieri.

8. A: Mi puoi prestare un attimo il tuo cellulare?
   B: Mi dispiace, non ❏ **te lo** ❏ **ce lo** ❏ **ce la** posso prestare.

2 Completa le frasi con i pronomi combinati.

1. A: Gli hai dato tu il giornale?
   B: No, non _____ ho dato io!

2. A: Ti ho prestato il libro di Elena Ferrante?
   B: Sì, _____ hai prestato il mese scorso.

3. A: La segreteria ti ha spedito i moduli per l'iscrizione al convegno?
   B: No, non _____ ha ancora spediti.

4. A: Chi vi ha detto che potevate entrare nel laboratorio?
   B: _____ ha detto il professore.

5. A: Volevate regalare a Marta una collana d'argento per la laurea?
   B: Sì, _____ volevamo regalare una.

6. A: Professore, preferisce parlarmi della tesi adesso o dopo?
   B: Preferisco parlar _____ adesso.

4.1.4. Pronomi combinati

4.1.4. Pronomi combinati

3 Sostituisci le espressioni sottolineate con i pronomi della lista.

gliele – ve ne – ce ne – me le – ve li – gliela – –mela – te la – te le – glieli

1. Ti comprerò <u>delle maglie nuove</u>.   _____ comprerò.
2. Darò <u>le lettere a tua sorella</u>.   _____ darò.
3. Dobbiamo dire <u>la verità al giudice</u>.   _____ dobbiamo dire.
4. Portami <u>la fotocopia</u>.   Porta_____.
5. <u>Ci</u> prenderemo ancora <u>due gelati</u>.   _____ prederemo ancora due.
6. <u>Vi</u> siete messi <u>i calzini pesanti</u>?   _____ siete messi?
7. Chi <u>ti</u> porta <u>la frutta</u>?   Chi _____ porta?
8. Vado io a portare <u>ai ragazzi i biglietti</u>.   Vado io a portar_____.
9. Ora <u>vi</u> offro <u>un tè caldo</u>.   Ora _____ offro uno caldo.
10. Spesso <u>mi dimentico le chiavi</u>.   Spesso _____ dimentico.

4 Trasforma le frasi come nell'*esempio*.

1. Parla <u>agli studenti del suo libro</u>.   *Gliene parla*   *Gliene ha parlato*
2. Scrive <u>una e-mail al professore</u>.   _____   _____
3. <u>Ti</u> portiamo <u>le fotografie</u>.   _____   _____
4. Accompagnate <u>gli amici a casa</u>.   _____   _____
5. <u>Vi</u> dicono <u>la verità</u>.   _____   _____
6. Cantiamo <u>una canzone alle ragazze</u>.   _____   _____

5 Trasforma le frasi con i pronomi combinati.

1. La signora Amelia mostra <u>a te le sue belle camelie</u>.

2. Dovete inviare <u>a loro la documentazione</u> completa.

3. I compagni di corso vogliono restituire <u>a me il manuale di diritto</u>.

4. Lo studente può consegnare <u>a lei il modulo firmato</u>.

5. Devi dare <u>a me le cose vecchie che non usi più</u>.

6. Puoi fare vedere <u>a noi la tua nuova scultura, per favore</u>.

obiettivo grammatica

FORME | **USI E FUNZIONI**

6 Trasforma le frasi con i pronomi personali combinati, come nell'esempio.

1. Puoi darmi le maglie di lana?
   Me le puoi dare?/Puoi darmele?

2. Carlo ci può prestare i suoi appunti.
   ___

3. Vuoi fare vedere loro le tue sculture?
   ___

4. Vi devo chiedere di rientrare a casa per le otto.
   ___

5. Ti voglio consigliare di comprare dei fiori per Laura.
   ___

6. Le puoi scrivere una e-mail domani?
   ___

* 7 Completa il testo con i pronomi combinati.

Il ragazzo che parlava con il suo cane

"Chi mi ha preso le ciabatte?", ripeteva ogni giorno Rodolfo, il ragazzo dai capelli rossi che abitava vicino a casa nostra, alla sua amica fedele. "(1) _____ hai prese proprio tu. (2) _____ detto un migliaio di volte che non lo devi fare, se non vuoi che mi arrabbi e che (3) _____ suoni di santa ragione. La devi smettere con i tuoi giochetti da cucciola, (4) _____ devi fare una ragione: sei cresciuta e certi scherzi devi lasciarli fare ai più piccoli. Lo sai cosa è successo ai cani dei vicini? Vuoi proprio che (5) _____ dica?".

E ogni giorno la madre ripeteva a Rodolfo con voce paziente: "Smettila Rodolfo con quei discorsi! Non (6) _____ fare, tanto i cani non ti possono capire". "Non è vero mamma! Rikka è il cane più intelligente del mondo", rispondeva Rodolfo arrabbiato. "E se (7) _____ dico io, mi devi credere". E poi ha aggiunto: "Infatti, se le dico di portarmi le ciabatte, lei (8) _____ porta e quindi se le dico di non toccarle, lei non le deve toccare!". Rodolfo aveva infatti una fiducia sconfinata nell'intelligenza del suo cane…

4.1.4. Pronomi combinati

obiettivo grammatica

FORME | USI E FUNZIONI

4.1.5. Pronomi personali sintesi

- **Riepilogo pronomi personali**

	persona	soggetto	complemento atoni			complemento tonici		
			diretto	indiretto	riflessivo	diretto	indiretto	riflessivo
singolare	I	io	mi	mi	mi	me	me	me stesso/a
singolare	II	tu	ti	ti	ti	te	te	te stesso/a
singolare	III	lui, egli, esso	lo	gli	si	lui, esso	lui, esso	sé / se stesso
singolare	III	lei, ella, essa	la	le	si	lei, essa	lei, essa	sé / se stessa
plurale	I	noi	ci	ci	ci	noi	noi	noi stessi/e
plurale	II	voi	vi	vi	vi	voi	voi	voi stessi/e
plurale	III	loro, essi	li	loro/gli	si	loro, essi	loro, essi	sé / se stessi
plurale	III	loro, esse	le	loro/gli	si	loro, esse	loro, esse	sé / se stesse

 OG1 ➔ p. 112, per gli esercizi sulle forme dei pronomi personali

- **Riepilogo pronomi combinati**

	persona	soggetto	indiretto atono	riflessivo atono	lo	la	li	le	ne
singolare	I	io	mi		me lo	me la	me li	me le	me ne
singolare	II	tu	ti		te lo	te la	te li	te le	te ne
singolare	III	lui/lei	gli/le	si	glielo / se lo	gliela / se la	glieli / se li	gliele / se le	gliene / se ne
plurale	I	noi	ci		ce lo	ce la	ce li	ce le	ce ne
plurale	II	voi	vi		ve lo	ve la	ve li	ve le	ve ne
plurale	III	loro	gli	si	glielo / se lo	gliela / se la	glieli / se li	gliele / se le	gliene / se ne

obiettivo grammatica

FORME | **USI E FUNZIONI**

1 Completa con i pronomi combinati.

1. A: Mi puoi prestare la macchina nel pomeriggio?
   B: Mi dispiace, ma non _____ posso prestare, è dal meccanico.
2. A: Quanti esercizi vi ha assegnato il professore per domani?
   B: _____ ha assegnat____ solo tre.
3. A: Carlo ti accompagna al supermercato?
   B: No, _____ accompagna Rossella.
4. A: Signora, si è dimenticata di portare la marca da bollo?
   B: Ha ragione, _____ sono completamente dimenticat____.
5. A: Hai raccontato a tuo marito quanto è successo?
   B: Sì, _____ ho già raccontat____.
6. A: Chi vi ha dato queste informazioni?
   B: _____ ha dat____ il professore di italiano.
7. A: Mi può mostrare i suoi documenti?
   B: Certo, agente, _____ mostro subito.
8. A: È freddo: quante maglie si è messo Gianni per uscire?
   B: _____ è mess____ due.

2 Completa il testo con i pronomi personali soggetto, diretti, indiretti, riflessivi, combinati adatti.

mi / si / -la / le / se ne / mi / -ne / mi / glieli / -le / me l' / si / le / ce n' / me lo / me ne / -lo / -si

La mia vita senza la mia gatta Filli

Filli, così avevo chiamato la mia gatta siamese. Lei accompagnava ogni attimo della mia giornata, (1) _____ seguiva ovunque. Faceva le fusa quando voleva (2) far____ coccolare; miagolva in modo compiaciuto quando (3) _____ parlavo o (4) _____ dicevo di uscire fuori. Soffiava quando era arrabbiata con me. Era una gatta permalosa e non (5) _____ perdonava una. (6) _____ metteva in posa come una statua egizia, quando voleva essere presa in braccio e se non lo facevo (7) _____ aveva a male per l'intera giornata. Quando incrociava il gatto del vicino, i due (8) _____ guardavano sempre di traverso, urlava da fare paura, tanto che anch'io a quel suono a volte (9) _____ spaventavo. La mia vita con lei era dunque piena di suoni, (10) _____ erano di ogni tipo: miagolii, urli, sibili... (11) _____ avevano detto che il giorno in cui lei non ci sarebbe più stata avrei sentito la sua mancanza, ma non (12) _____ sarei mai immaginato senza (13) provar____ per davvero. Mi piacerebbe (14) poter _____ ancora coccolare e (15) raccontar____ i miei pensieri. (16) _____ racconterei tutti senza (17) dimenticar____ nessuno. Filli, (18) _____ manchi proprio tanto!

- **Posizione dei pronomi personali atoni prima del verbo**

Esempi	I pronomi personali (diretti e indiretti) atoni sono
– Luca **ti** guarda; Il nostro coinquilino **ci** telefonerà dopo.	– in genere prima del verbo
– Signora, chiami Anna, **la** chiami domattina; Signora, all'avvocata, **le** scriva entro oggi.	– prima del verbo con il congiuntivo esortativo (imperativo formale) (Lei, Loro)

4.1.5. Pronomi personali: sintesi

4.1.5. Pronomi personali: sintesi

FORME

- **Posizione dei pronomi personali atoni dopo il verbo**

Esempi	I pronomi personali atoni sono
– *Guardami negli occhi!*; *Parlatemi!* – *Sono qui per vederti*; *Sono qui per parlarti*. – *Guardandolo, ho capito tutto*; *Parlandoci, ho risolto il problema*. – *Un volta ripassatolo, memorizzerai meglio l'argomento*; *Una volta telefonatole, fammi sapere se Anna viene*.	– dopo i verbi • all'imperativo (tu, voi; noi) • all'infinito • al gerundio • al participio
– *Eccomi! / EccoLe i suoi soldi*.	– dopo l'avverbio *ecco*

- **Posizione dei pronomi personali atoni prima e dopo il verbo**

Esempi	I pronomi personali atoni sono
– *Mi puoi guardare la valigia?/Puoi guardarmi la valigia?*; *Mi puoi parlare ora/Puoi parlarmi ora*. – *Lo sa ascoltare/Sa ascoltarlo*; *Gli sa parlare nel modo giusto/Sa parlargli nel modo giusto*. – *Non lo dire/Non dirlo*; *Non gli telefonare ora/Non parlargli ora*. – *Non lo riesco a vedere/Non riesco a vederlo*; *Non gli riesco a parlare/Non riesco a parlargli*.	– prima e dopo i verbi • modali (*dovere, potere, volere*) + infinito • *sapere* + infinito • all'imperativo negativo (tu, voi; noi) • *andare, cercare, cominciare, riuscire, venire, stare,* + infinito preceduto da preposizione

USI E FUNZIONI

Funzione pragmatica e posizione dei pronomi personali soggetto
I pronomi personali soggetto, quando sono espressi, si trovano in genere

- prima del verbo
  - per esprimere un contrasto fra soggetti (**Lui** *è Luca e* **lei** *è Francesca*)
  - per indicare soggetti diversi in un elenco di verbi (**Io** *preparo gli inviti,* **tu** *cucini e* **lui** *fa la spesa*)

Pronomi personali soggetto → Uso obbligatorio del pronome personale soggetto, p. 156

- dopo il verbo
  - per mettere in rilievo il soggetto (*Oggi pago io e non voi*).

Funzione pragmatica e posizione dei pronomi personali diretti e indiretti tonici
I pronomi personali diretti e indiretti (tonici) si usano in genere dopo il verbo per mettere in rilievo il pronome (*Luca guarda* **te** *e non* **me**, diretto tonico; *La donna parla* **a te** *e non* **a me**, indiretto tonico).

3 Completa le frasi con i pronomi nella posizione adatta, come nell'esempio.

1. (a me) Ti ho chiesto di ____ prender(e) *mi* il pane. 2. (noi) Arriviamo subito! ____ Ecco ____ . 3. (loro) ____ dovete accompagnar(e) ____ a casa alle dieci. 4. (voi) ____ prendete ____ del tempo prima di rispondere! 5. (lei) La badante ____ sta preparando ____ . 6. (a me) Ti prego, ____ di ____ qualcosa! 7. (noi) La mattina ____ alziamo ____ alle sette. 8. (me) ____ scusi ____ Signora, non l'avevo vista! 9. (a lui) ____ non ____ parlar(e) ____ sta dormendo! 10. (loro) I genitori non ____ sanno ____ ascoltar(e) ____ ! 11. (te) Giovanni ____ vuole ____ veder(e) ____ subito. 12. (voi) Ho bisogno di ____ incontrar(e) ____ oggi. 13. (essa)

obiettivo grammatica

FORME | **USI E FUNZIONI**

Domani _____ cominciamo _____ a scriver(e) _____. 14. (te) _____ puoi svegliar(e) _____ prima la mattina? 15. (esso) Sei riuscito a _____ trovar(e) _____? 16. (a me) Giovanna _____ sta per _____ dir(e) _____ che cosa fare. 17. (loro) _____ sono usciti _____ senza di me.

4 Scrivi una frase con il pronome nella posizione adatta, come nell'esempio.

1. consegnare / vuole / lunedì prossimo / la
   La vuole consegnare lunedì prossimo/Vuole consegnarla lunedì prossimo.

2. a / prendere / va' / alla stazione / tu / lo

3. chiamare / ce / a / subito / le / va'

4. comprare / per favore / le / non

5. ci / alla festa / ieri / è conosciuti / si

6. ci / al rientro delle vacanze / sono fermata / mi

7. te / parlare / domani / devo / ne

8. ne / alcuni / abbiamo restituiti / ve

9. stai / per perdere / lo / attenzione

10. siamo dimenticate / le / in classe / ce

5 Completa il testo con i pronomi personali soggetto, diretti, indiretti, riflessivi, combinati e *ne* adatti.

L'amica geniale
di Elena Ferrante

A un certo punto (1) _____ lanciò uno sguardo dei suoi, fermo, con gli occhi stretti, e (2) _____ diresse verso la palazzina dove abitava don* Achille. (3) _____ gelai di paura. Don Achille era l'orco delle favole, avevo il divieto assoluto di (4) avvicinar_____, (5) parlar_____, (6) guardar_____, (7) spiar_____, bisognava fare come se non esistessero né (8) _____ né la sua famiglia. C'erano nei suoi confronti, in casa mia, ma non solo, un timore e un odio che non sapevo da dove nascessero. Mio padre (9) _____ parlava in un modo che io (10) _____ ero immaginato grosso e furioso malgrado il "don", che (11) _____ suggeriva un'idea di un'autorità calma. Era un essere fatto di non so quale materiale, ferro, vetro, ortica, ma vivo e con il respiro caldissimo che (12) _____ usciva dal naso e dalla bocca. Credevo che, se solo (13) _____ avessi visto da lontano, (14) _____ avrebbe fatto del male.

* Nell'Italia meriodale, l'appellativo "don" significa anche "signore" oltre che essere l'appellativo per i sacerdoti.

(Testo adattato, E. Ferrante, *L'amica geniale*, e/o Edizioni, 2011, p. 24)

4.1.5. Pronomi personali: sintesi

obiettivo grammatica

FORME | **USI E FUNZIONI**

4. PRONOME

4.2. Particelle pronominali *ci (vi), ne*

Le particelle *ci* e *ne* sono atone e hanno funzione di avverbi, di pronomi personali e di dimostrativi.

- **Particella *ci***

Esempi	Usiamo la particella pronominale *ci*
– *Dottore, c'è un signore che desidera parlare con Lei.*	– nel verbo *esserci* (avverbio) per evidenziare il soggetto della frase (*c'è* presentativo), seguito da una frase relativa
– *Parla più forte, non **ci** sento bene.*	– per rafforzare i verbi di percezione come *sentire*, *vedere* (avverbio)
– *Compro il pane? Non ti preoccupare, **ci** (= "a questo, al pane", "a comprare il pane") penso io.* – *Mi aiuti? **Ci** (= "su questo", "sul tuo aiuto") posso contare davvero?* – *Sembra un buon affare, ma quanto **ci** (= "da questo, dall'affare") potrò guadagnare?* – *Il testo è difficile, non **ci** (= "in questo, nell'articolo") capisco niente.*	– per riferirsi a una cosa e significa (pronome dimostrativo) • "a questo", "a ciò" • "su questo", "su ciò" • "da questo", "da ciò" • "in questo", "in ciò"
– *Conosco bene Sofia. **Ci** (= "con lei", "con Sofia") lavoro da sei anni.*	– per riferirsi a una persona e significa "con lui", "con lei", "con loro" (pronome dimostrativo)
– *Dopo i due punti non **ci va** la maiuscola.* – *Ciò che dici non **c'entra** proprio niente.* – *Faccio una sosta, se no non **ce la faccio**.* – ***Ci metto** tanto per finire questo lavoro.* – *Per stare con te **ci vuole** tanta pazienza!*	– unita ad alcuni verbi per dare loro un significato particolare: • *andarci* ("essere opportuno") • *entrarci* ("essere pertinente") • *farcela* ("riuscire") • *metterci* ("impiegare tempo") • *volerci* ("essere necessario")…

 OG1 ➔ p. 114, per altri usi della particella *ci* (con significato di "essere presente", "qui, in questo luogo", "per questo luogo", con funzione rafforzativa del verbo *avere*)

> **Posizione della particella *ci***
>
> La particella *ci* è sempre atona e si trova in genere prima del verbo (*Sono a casa e **ci** resto tutto il pomeriggio*).
>
> La particella *ci* si trova dopo il verbo con i verbi
> - di modo non finito (gerundio, infinito, participio) (*Non vedendo**ci** bene, cambiò posto*)
> - di modo imperativo alla II persona singolare (tu) e plurale (voi), e alla I persona plurale (*Rimani da*

obiettivo grammatica

FORME **USI E FUNZIONI**

*Claudio, resta**ci** qualche giorno; Rimanete da Claudio, restate**ci** qualche giorno; Rimaniamo da Claudio, restiamo**ci** qualche giorno).*

Pronomi combinati con la particella *ci*
La particella *ci*
- precede i pronomi atoni (*lo, la, li, le* e *ne*) e diventa *ce* (*Posso mettere il cappotto nel guardaroba?* **Ce lo** *metta pure; Quanto zucchero ci vuole per la torta?* **Ce ne** *vuole poco*)
- precede *si* (*Non si riesce a chiudere quella finestra, non **ci si** riesce mai*) e precede anche *se ne* (*Ci si mette la panna?* **Ci se ne** *mette poca*)
- segue i pronomi *mi, ti, gli, le* e *vi* (*Mi metto a studiare,* **mi ci** *metto subito; Gli lascio le chiavi dell'auto nel cassetto,* **gli ci** *lascio anche il telecomando del garage*)
- non si usa in combinazione con *ci* (*Ci lascia sempre a casa* e non ~~*Ci ci lascia sempre*~~)
- ha l'apostrofo con i verbi *essere* ed *entrare* (**C'**è *Marco; Che cosa* **c'**entra?).

LINGUA IN USO

Uso della particella avverbiale e pronominale *ci*
Nella lingua parlata di uso comune rafforziamo frequentemente con la particella avverbiale *ci* il verbo *avere* (*ci* attualizzante) (*Aspetta un attimo,* **c'ho** *un problema da risolvere; Luca,* **c'hai** *fame? No,* **c'ho** *sonno*). Questo uso non è adatto nella lingua parlata e scritta *standard*.

Nella lingua parlata di uso comune è diffuso l'uso del *c'è* presentativo (**C'è** *un signore* **che** *vuole parlare con te* = *Un signore vuole parlare con te; C'erano due ragazzini che giocavano a palla* = *Due ragazzini giocavano a palla*).

Nella lingua parlata e scritta *standard* di uso formale usiamo la particella pronominale *vi* al posto di *ci* (avverbio locativo) (*Sulla collina* **vi** (= *ci*) *sono i resti di un edificio che risale al periodo romano*).

- **Particella *ne***

Esempi	Usiamo la particella pronominale *ne*
– *Sono ancora in ufficio, ma* **ne** (= "dall'ufficio") *uscirò fra poco.*	– con il significato di "da qui/lì", "da questo/quel luogo", con verbi di movimento come *partire, uscire* (moto da luogo) (avverbio)
	– con il significato di (pronome personale)
– *Spero in una rapida soluzione:* **ne** (= "da questa soluzione") *deriverebbero conseguenze positive per tutti.*	• "da questo", "da quello", "da ciò", con verbi che indicano derivazione, conseguenza
– *Non sento da tanto Luca, tu* **ne** (= "di Luca") *sai qualcosa?*	• "di lui", "di lei", "di loro"
– *Ho risolto il problema e non* **ne** (= "del problema") *voglio più parlare; Anna mi ha detto che verrà alla mia festa, ma io* **ne** (= "che verrà alla festa") *dubito.*	• "di questo", "di quello", "di ciò"; si può riferire anche a un'intera frase
– *Anna,* **ne** (= "del caffè, dei biscotti") *vuoi?*	• "di questo", "di quello", "di ciò" per riferirsi a un oggetto presente nel luogo in cui avviene la comunicazione
	– per rafforzare o cambiare il significato di alcuni verbi
– *È tardi, me* **ne** (= "di/da qui") *vado.*	• *andarsene* "andare via da un luogo"
– **Ne ho abbastanza** *dei suoi attacchi isterici.*	• *averne abbastanza* "essere stufo"

4.2. Particelle pronominali *ci* (*vi*), *ne*

4.2. Particelle pronominali ci (vi), ne

Esempi	Usiamo la particella pronominale *ne*
– Ti offendi? Sì, **me ne ho** a male.	• aversene a male "offendersi"
– Se Luca non chiama, **non me ne importa**.	• (non) importarsene "(non) essere interessato"
– Sono stufo di te, **non ne posso più**!	• non poterne più "non sopportare più"
– Torno in quel luogo, **ne vale la pena**.	• valerne la pena "essere opportuno"

  P. 114, per altri usi della particella *ne* (per indicare una parte del tutto (valore partitivo))

Posizione della particella *ne*
La particella *ne* è sempre atona e si trova in genere prima del verbo (*Del nostro problema non **ne** parlare più*).

La particella *ci* si trova dopo il verbo con i verbi
- di modo non finito (gerundio, infinito, participio) (*Avendo**ne** abbastanza, se ne andò*)
- di modo imperativo alla II persona singolare (tu) e plurale (voi), e alla I persona plurale (*Compro il caffè? Sì, compra**ne** una confezione; Compriamo il caffè? Sì, comprate**ne** una confezione; Compriamo il caffè? Sì, compriamo**ne** una confezione*).

Pronomi combinati con la particella *ne*
La particella *ne*
- segue *si* (**Se ne** (= "da quel luogo") *uscì dopo poco*; **Me ne** (= "di questo") *dimentico spesso*)
- segue i pronomi *mi, ti, gli, le, ci, vi, loro/gli* (*Quanti DVD mi presti?* **Te ne** *presto una decina; Le porti dei fiori? Sì,* **gliene** (= "di fiori") *porto un bel mazzo*)
- ha in genere l'apostrofo con il verbo *essere* (*C'è lo zucchero? No, non* **ce n'è** *per niente; Carlo* **se n'è** *andato*).

Verbi pronominali *andarsene*, *starsene*, *tornarsene*, *venirsene*
In verbi pronominali come *andarsene, starsene, tornarsene, venirsene*… la particella *ne* non significa "da un luogo", ma indica un particolare modo di andare, stare, tornare, venire o un più grande coinvolgimento (**Se ne va** *tranquillo per la sua strada; Il bambino* **se ne stava** *seduto in disparte; La donna* **se ne torna** *a casa soddisfatta; Fra poco* **ce ne torniamo** *finalmente a casa*).

Accordo del participio passato con *ne*
Quando *ne* ha funzione di
- partitivo e la quantità è indicata da un nome (contenitore, unità di misura) il participio passato si può accordare con l'elemento a cui la particella pronominale si riferisce, oppure con il nome (*Quanta* **acqua** *hai bevuto?* **Ne** *ho bevut**a** tre bicchieri/**Ne** ho bevut**i** tre bicchieri*)
- avverbio o di pronome personale, il participio passato non si accorda con l'elemento a cui la particella pronominale si riferisce (*Sono entrato in sala operatoria alle 8:00 e* **ne** (= "da quel luogo") *sono uscit**o** dopo due ore; Non conosco questa artista e non* **ne** (= "di lei") *ho mai sentit**o** parlare*).

1 Completa le frasi con le particelle *ci* o *ne* e indicane la funzione: avverbio (A), pronome (B), come nell'esempio.

	A	B
1. I calcoli del commercialista sono troppo difficili, *ci* capisco molto poco.	☐	☑
2. Gli studenti hanno un'aria perplessa, _____ deduco che non hanno capito.	☐	☐
3. Ragazzi, è tardi, _____ mettete troppo tempo per terminare il compito.	☐	☐
4. Credo che il museo sia chiuso il lunedì, ma non _____ sono sicuro.	☐	☐

obiettivo grammatica

FORME | **USI E FUNZIONI**

5. Sono quasi le tre: vi saluto e _____ vado.
6. Il venerdì esco con Laura, _____ esco già da alcuni mesi.
7. Professore, _____ è uno studente che vuole parlare con lei.
8. La situazione è critica, ma Antonio _____ verrà fuori.

2 Completa le frasi con le particelle *ci* o *ne*.

1. Senza gli occhiali da vista non _____ vedo.
2. Se io ho ragione, _____ consegue che tu hai torto.
3. Anna si è sposata con Carlo? Non _____ credo.
4. Maria arriverà con il solito ritardo, _____ giurerei.
5. L'aereo non è decollato, _____ sono assolutamente sicuro.
6. È una brutta situazione, ma noi che cosa _____ entriamo?
7. Ricordi Paolo? _____ uscivo spesso in passato.
8. Non le conosco personalmente, ma _____ parlano bene tutti.

3 Trasforma le frasi e sostituisci la parte sottolineata con le particelle *ci* o *ne*.

1. Luisa esce spesso con quel ragazzo perché _____ è innamorata di quel ragazzo.
2. In questa situazione difficile conto sull'aiuto dei miei, _____ conto molto sul loro aiuto.
3. È entrato nell'ufficio del direttore e _____ è uscito da questo ufficio dopo due ore.
4. Il manuale di fisica è molto complesso, non _____ capisco niente in questo manuale.
5. Domani ci sarà lo sciopero dei treni, ma non _____ sono sicuro che ci sia questo sciopero.
6. La spesa al supermercato? Non ti preoccupare, _____ penso io a fare la spesa al supermercato.
7. Non sappiamo come affrontare questa crisi, _____ sappiamo troppo poco di questa crisi.
8. Mi piace giocare con i cani, infatti _____ gioco con i cani almeno un'ora al giorno.

4 Completa le frasi con le particelle *ci* o *ne* e spiegane il significato, come nell'esempio.

1. Sono stanco di stare in questo posto, perché non *ce ne* ("da questo posto") andiamo?
2. Marco mi ha regalato dei begli orecchini e io _____ (_____) tengo molto.
3. Non so che cosa sia successo, non _____ (_____) so proprio niente.
4. Non devi credere alle parole di quell'uomo, non _____ (_____) devi credere mai.
5. La madre non vede mai il figlio e non _____ (_____) riceve neppure una telefonata.
6. Marco non darà l'esame al prossimo appello, _____ (_____) puoi giurare.
7. Paolo è lontano dal suo paese da tanto e _____ (_____) ha molta nostalgia.
8. Voglio parlare con i colleghi, _____ (_____) voglio parlare al più presto.

5 Metti le frasi al passato prossimo.

1. Laura si dimentica di spegnere le luci, se ne dimentica.

2. Paolo compra dei libri, ne vuole comprare almeno tre.

4.2. Particelle pronominali *ci* (*vi*), *ne*

FORME | USI E FUNZIONI

4.2. Particelle pronominali ci (vi), ne

3. Rifiuti l'invito, le mie amiche se ne hanno a male.

4. Non so nulla di quelle ragazze, non ne so proprio niente.

5. Prendo le arance al mercato, ne prendo un chilo.

6. Ci vuole molta pazienza con Giovanni, ce ne vuole proprio tanta.

7. Carlo e io ci ricordiamo di fare i compiti, ce ne ricordiamo.

8. Anna non fa errori nel compito, non ce ne fa nessuno.

9. Butto la pasta nell'acqua, ce ne metto tre etti.

10. Dopo la lezione gli studenti se ne vanno a casa contenti.

* 6 Completa il testo con le parole della lista e spiega il significato delle particelle *ci* o *ne*.

8 gennaio '71
Caro Michele, di Natalia Ginzburg

andarci – ce ne sono – ne avrà – ne sapevo – arrivarci – farne – farci – ci si arriva – farsene

Caro Michele,
ieri è stato aperto il testamento di tuo padre. Questo testamento l'aveva Lillino. Tuo padre l'ha scritto appena ha cominciato a non stare bene. Io non (1) _____ (_____) niente. [...]
Tuo padre lascia a te un gruppo dei suoi quadri, quelli fatti fra il '45 e il '55, la casa di via San Sebastianello e la torre. Ho l'impressione che le tue sorelle vengano ad avere molto meno di te. Loro hanno quelle proprietà vicino a Spoleto, molte erano state vendute, ma ancora (2) _____ (_____). A Matilde e a Cecilia tuo padre ha lasciato un mobile, la sua credenza barocco piemontese, e Matilde ha subito osservato che la godrà Cecilia perché lei non sa cosa (3) _____ (_____). Figurati che grande godimento (4) _____ (_____) Cecilia che è mezza cieca e svanita. La casa di via San Sebastianello, tu dovrai farci sapere cosa vuoi (5) _____ (_____), se vuoi venderla, affittarla o (6) _____ (_____) a vivere. La torre, come sai quell'architetto aveva cominciato a (7) _____ (_____) dei lavori e adesso è tutto fermo. I progetti che tuo padre aveva firmato comportano spese fortissime. [...] Lillino questa torre non l'ha vista ma dice che non sarà mai un grande investimento perché bisognerebbe fare una strada nella roccia per (8) _____ (_____) con l'automobile. Adesso (9) _____ (_____) solo a piedi arrampicandosi per un sentiero sulle rocce. [...]
Vorrei che venissi tu a vedere e a decidere. Non posso decidere io per te. Cosa decido, che non ho capito dove e come desideri vivere.

(N. Ginzburg, *Caro Michele*, Milano, Arnoldo Mondadori, 1973, p. 91 s.)

| | | FORME | USI E FUNZIONI |

4.3. Pronomi relativi

I pronomi relativi (*che, cui, il quale*) si riferiscono a esseri animati e inanimati, e servono a sostituire un elemento (nome, pronome, infinito con funzione di nome) della frase principale, cioè l'antecedente, e a mettere in relazione fra loro due frasi. Il pronome relativo introduce una subordinata relativa.

Carlo è **un ragazzo**.   Studio **con questo ragazzo**.

Carlo è **il ragazzo** ⟵——— **con cui/il quale** studio.

frase principale   subordinata relativa

- **Pronome relativo invariabile *che* e variabile *il/la quale*, *i/le quali***

singolare	maschile	che	il quale
	femminile		la quale
plurale	maschile		i quali
	femminile		le quali

 P. 116, per gli esercizi sulle forme

- **Pronome relativo invariabile *cui* e variabile *il/la quale*, *i/le quali***

singolare	maschile	cui	il quale
	femminile		la quale
plurale	maschile		i quali
	femminile		le quali

- **Pronomi relativi variabili *il/la quale*, *i/le quali* (complementi indiretti)**

| preposizione | singolare | | plurale | |
	maschile	femminile	maschile	femminile
a	al	alla	ai	alle
di	del	della	dei	delle
da	dal	dalla	dai	dalle
in	nel quale	nella quale	nei quali	nelle quali
su	sul	sulla	sui	sulle
con	con il	con la	con i	con le
per	per il	per la	per i	per le
fra/tra	-	-	fra/tra i	fra/tra le

| FORME | **USI E FUNZIONI** |

4.3. Pronomi relativi

Pronome relativo invariabile *che*
Quando usiamo il pronome relativo invariabile *che* con funzione di soggetto, i verbi, gli aggettivi e i participi della subordinata relativa si accordano in genere e in numero con l'antecedente (*il cibo che è cotto, i cibi che sono cotti, la pietanza che è pronta, le pietanze che sono pronte*).

Pronome relativo invariabile *cui*
Il pronome relativo invariabile *cui* è in genere preceduto da una preposizione semplice (*Il tema di cui abbiamo discusso mi sta particolarmente a cuore*).

Pronomi relativi variabili *il/la quale, i/le quali*
Usiamo principalmente i pronomi relativi variabili *il/la quale, i/le quali* con funzione di complemento indiretto (*Il motivo per il quale* (= per cui) *non sono venuto alla cena è che non ero in città*). Possiamo usare i pronomi relativi variabili anche con funzione di soggetto al posto di *che* negli usi più formali della lingua (*Ci sono persone le quali* (= che) *preferirebbero non conoscere la verità su quel fatto*).

Esempi	Usiamo il pronome relativo
– Il cane **che** (= il cane/soggetto) abbaia si chiama Brenno. – Il piatto **che** (= il piatto/complemento oggetto) ho preparato è una specialità ligure.	**che** con funzione di – soggetto – complemento oggetto
– La donna **di cui** parlo non fa parte del nostro gruppo; Il signore **a cui** scrivo è mio zio; L'amica **da cui** dormo è molto gentile.	**cui** con funzione di – complemento indiretto, preceduto da una preposizione semplice
– Mi hanno presentato Giorgio, **il quale** (= che) lavorerà con me. – Il giovane **del quale** (= di cui) sto parlando è Francesco; Laura è la donna **con la quale** (= con cui) si sposerà Giulio; Luca è un ragazzo **nel quale** (= in cui) crediamo molto.	***il/la quale*, *i/le quali*** con funzione di – soggetto, al posto di *che* – complemento indiretto, al posto di *cui*

Altri usi dei pronomi relativi *che, cui, il quale*
Il pronome relativo *che*, quando è preceduto dall'articolo *il*, ha come antecedente un'intera frase e ha valore neutro, significa "e ciò/questo", "e di ciò/questo" (*Carlo ha telefonato per dire che è malato, il che* (= *e ciò/questo*) *ci mette in difficoltà*).

Il pronome relativo *cui*, quando
- ha valore di complemento indiretto (complemento di termine), può non avere la preposizione *a* (*L'uomo cui* (= *a cui*) *avete chiesto le informazioni è un carabiniere*)
- è preceduto dall'articolo determinativo (*il/la cui, i/le cui*), ha valore di complemento di specificazione e significa "del quale" "della quale", dei quali", "delle quali" (*Leonardo, la cui famiglia* (= *la famiglia del quale*) *è benestante, abita in un appartamento modesto; Francesca, il cui padre* (= *il padre della quale*) *è ortopedico, si specializza in ginecologia*).

I pronomi relativi *il/la quale, i/le quali* permettono di individuare con precisione l'antecedente e li usiamo per
- evitare ambiguità (*Ho incontrato il ragazzo di un'amica, il quale canta con me nel coro* al posto di ~~*Ho incontrato il ragazzo di un'amica, che canta con me nel coro*~~, in cui il pronome *che* può riferirsi a "ragazzo", ma anche ad "amica".

obiettivo grammatica

FORME | **USI E FUNZIONI**

- evitare una ripetizione (*Sapevo* **che** *Laura,* **la quale** *studia per un concorso, non esce mai* al posto di ~~*Sapevo che Laura, che studia per un concorso, non esce mai*~~)
- riferirsi a un antecedente lontano (*Il professore ha parlato della data in cui dovremo consegnare il progetto,* **la quale** (= *la data*) *è abbastanza vicina* al posto di ~~*Il professore ha parlato della data in cui dovremo consegnare il progetto, che è abbastanza vicina*~~); in alternativa è possibile ripetere l'antecedente (*Il professore ha parlato della data in cui dovremo consegnare il progetto,* **data che** (= *la quale data*) *è abbastanza vicina*).

LINGUA IN USO

Uso di *dove* al posto di *cui* e delle forme invariabili

Nella lingua parlata e scritta di uso comune
- il pronome relativo *cui*, quando ha valore di complemento di luogo, può essere sostituito da *dove* (*La casa* **dove** (= *in cui*) *abitiamo è spaziosa*)
- preferiamo usare le forme invariabili dei pronomi relativi (*che, cui*) alle forme variabili (*il quale, la quale, i quali, le quali*) (*La questione* **di cui** *mi ha parlato il collega è urgente*, al posto di *La questione* **della quale** *mi ha parlato il collega è urgente*).

Uso di *che* al posto di *in cui*

Nella lingua parlata di uso colloquiale sostituiamo *in cui*, con valore temporale, con *che* (*Il giorno* **che** (= *in cui*) *vieni a trovarmi ti faccio conoscere i miei figli*). Questo uso non è adatto nella lingua parlata e scritta *standard*.

1 Unisci le frasi con il pronome relativo *cui*, come nell'esempio.

1. Il divano è rotto. I bambini siedono <u>su</u> questo divano.
   Il divano su cui (sul quale) siedono i bambini è rotto.

2. Il motivo è molto serio. Lo studente è assente <u>per</u> questo motivo.
   _____

3. I valori sono giustizia e libertà. Crediamo fermamente <u>in</u> questi valori.
   _____

4. Le persone sono molto piacevoli. Mi trovo ogni giorno <u>fra</u> queste persone.
   _____

5. L'architetto si chiama Attilio Vitale. Mi sono rivolto <u>a</u> questo architetto.
   _____

6. Gli amici si chiamano Francesco e Beatrice. Esco per cena <u>con</u> questi amici.
   _____

7. La scrivania è in soggiorno. Hai posato le chiavi <u>su</u> questa scrivania.
   _____

8. Il tema è secondario. State parlando <u>di</u> questo tema.
   _____

9. La città si trova nella Sicilia occidentale. Provengo <u>da</u> questa città.
   _____

10. Le ferie sono lontane. Conto <u>su</u> queste ferie per riposarmi.
    _____

4.3. Pronomi relativi

4.3. Pronomi relativi

FORME | **USI E FUNZIONI**

2 Completa le frasi con i pronomi relativi *che* e *cui* (preceduto da una preposizione semplice) e indicane la funzione: soggetto (A), complemento oggetto (O), complemento indiretto (I).

		A	B	C
1.	La situazione economica _____ _____ si trova Marta è difficile.	☐	☐	☑
2.	La ragazza _____ _____ ho incontrato è una compagna di studi.	☐	☐	☐
3.	Gli amici _____ _____ alloggio sono di Napoli.	☐	☐	☐
4.	Il meccanico ha già riparato la moto _____ _____ gli ho portato ieri.	☐	☐	☐
5.	Il libro _____ _____ ti ho parlato è esaurito.	☐	☐	☐
6.	Le bambine _____ _____ siedono accanto a me sono le mie nipoti.	☐	☐	☐
7.	Carlo è il ragazzo _____ _____ ho dato le chiavi di casa.	☐	☐	☐
8.	Il cane _____ _____ sta abbaiando è del mio vicino di casa.	☐	☐	☐
9.	Lo studente _____ _____ studio anatomia è molto bravo.	☐	☐	☐
10.	Il signore _____ _____ agita la mano è mio padre.	☐	☐	☐

3 Sostituisci il pronome relativo *che* con *il quale, la quale, i quali, le quali,* quando è possibile.

1. Mi sono lamentato della sua scortesia con il direttore, *che*/_____ mi ha fatto le sue scuse.
2. Per l'evento mi sono messa delle scarpe molto eleganti, *che*/_____ di solito non porto mai.
3. Penso che domani i bambini, *che*/_____ sono già in piscina, preferiscano andare al mare.
4. Anna mi ha raccontato la situazione in cui si è trovata, *che*/_____ non era affatto piacevole.
5. Al mio ragazzo è piaciuta molto la sorpresa *che*/_____ gli abbiamo fatto per il compleanno.
6. Abbiamo appena finito di leggere alcune poesie di Montale, *che*/_____ sono bellissime.
7. So che Giovanna, *che*/_____ è arrivata oggi a Firenze, domani sarà molto impegnata.
8. Il giardiniere ha potato gli alberi *che*/_____ ormai toccavano la facciata della casa.
9. Domani ti riporterò il martello e le pinze *che*/_____ mi hai prestato ieri.
10. L'insegnante stabilisce delle regole, *che*/_____ gli consentono di gestire meglio la classe.

4 Unisci le frasi con il pronome relativo *cui*, preceduto dall'articolo determinativo, come nell'*esempio*.

1. Il mio ragazzo vive con il padre. I genitori del mio ragazzo sono divorziati.
   Il mio ragazzo, i cui genitori (i genitori del quale) sono divorziati, vive con suo padre.

2. Abito in una casa. Le finestre di questa casa sono troppo piccole.
   _____

3. Giovanni è un cantante lirico. La figlia di Giovanni è una mia compagna di scuola.
   _____

4. Questi alberi sono dei peri. I frutti di questi peri sono deliziosi.
   _____

obiettivo grammatica

FORME | **USI E FUNZIONI**

5. Ho preso in affitto una villetta. Il balcone di questa villetta si affaccia sul mare.

6. I miei risparmi sono modesti. Il rendimento dei miei risparmi è piuttosto basso.

5 Completa il testo con i pronomi relativi della lista.

che – la cui – in cui – alla quale – nella quale – il quale – dai quali
in cui – che – delle quali – le cui – i quali – la cui

Case-torri medioevali

Le città, nella prima metà dell'XI secolo, assumono un nuovo aspetto: nella fitta rete viaria compaiono le prime case-torri, costruzioni altissime (1) _____ si innalzavano anche fino a cinquanta metri sopra gli altri edifici. Le case-torri erano le dimore (2) _____ abitavano i nobili, oppure i mercanti più ricchi, (3) _____ potevano permettersi edifici così ampi e costosi.

Il piano terra ospitava in genere la bottega, (4) _____ un artigiano svolgeva la propria attività, oppure le cantine del padrone e avevano un grande ingresso. Ai piani superiori c'erano gli ambienti (5) _____ vivevano le diverse famiglie. Particolare era la "porta del morto", (6) _____ soglia era elevata di 40-45 centimetri rispetto al piano stradale. Era una piccola porta, (7) _____ si trovava in genere vicino a porte più grandi, (8) _____ si accedeva con una scaletta mobile di legno. Secondo alcuni storici le "porte del morto" erano usate esclusivamente per far uscire le salme dei familiari defunti, mentre secondo altri era la porta che consentiva l'accesso alle abitazioni e funzionava, soprattutto durante i frequenti tumulti nelle città, come entrata secondaria. Durante le rivolte era inoltre possibile collegare fra loro le case-torri vicine attraverso assi poste nei piani più alti, l'esistenza (9) _____ poteva facilitare la fuga degli abitanti di una casa-torre sotto attacco.

Figura 2. Spello, "porta del morto".

Le case-torri, (10) _____ struttura era molto pesante a causa dei materiali edilizi utilizzati e (11) _____ aperture verso l'esterno erano limitate, erano un ottimo luogo di difesa non solo dagli attacchi dei nemici, ma anche dal clima dell'inverno, (12) _____, soprattutto in alcune zone, era molto rigido. Dato che l'unico tipo di riscaldamento era il fuoco, se aumentavano le aperture verso l'esterno, diminuiva la temperatura interna. Di conseguenza le case-torri erano molto buie e le poche aperture si trovavano nei punti (13) _____ poteva entrare più luce.

Figura 1. Firenze, casa-torre.

(Testo adattato, s. a., Le Case-torri, URL: https://bit.ly/2MuxLZR, ultimo accesso: 2.11.2022).

obiettivo grammatica

FORME | **USI E FUNZIONI**

4.3.1. Pronomi relativi doppi *chi* e *quanto*

Il pronome relativo *chi* è invariabile e si riferisce a esseri animati di genere maschile e femminile. *Chi* vuole il verbo alla III persona singolare, quando ha la funzione di soggetto.

Il pronome relativo *quanto* è variabile, nella forma singolare si riferisce a cose, nella forma plurale si riferisce invece a cose e a esseri animati.

I pronomi relativi *chi* e *quanto* hanno insieme la funzione di dimostrativo ("ciò", "colui"…) e di relativo ("che", "il quale"…), perciò non hanno bisogno di un elemento a cui riferirsi (antecedente), come con i pronomi relativi *che* e *cui*.

Chi tace acconsente.

Tace **colui** ⟷ **che/il quale** acconsente.

frase principale | frase relativa

Mi piace **quanto** stai dicendo.

Mi piace **quello** ⟷ **che** stai dicendo.

frase principale | frase relativa

- **Pronome relativo doppio *chi***

singolare	maschile	chi
	femminile	
plurale	maschile	
	femminile	

Esempi	Usiamo il pronome relativo doppio *chi* con il significato di
– **Chi** (= "colui/colei che") *alza la mano, prende la parola*; **Chi** (= "coloro che partiranno oggi, torneranno lunedì") *partirà oggi, tornerà lunedì*.	– "colui che", "colei che", "coloro che"
– *Se volete, andiamo a piedi, ma c'è* **chi** (= "qualcuno che") *preferisce prendere l'autobus*.	– "qualcuno che"
– *C'è ancora* **chi** (= "Ci sono ancora alcuni/alcune che non hanno finito la prova") *non ha finito la prova*.	– "alcuni che", "alcune che"

> Il pronome *chi*
> - può avere valore ipotetico con il significato di "se qualcuno" (**Chi** (= "se qualcuno") *preferisce rimanere in classe durante la pausa, può farlo*)
> - si trova nelle frasi correlative con il significato di "gli uni… gli altri" (*Nel bar c'è una grande confusione:* **chi** *ride,* **chi** *parla ad alta voce* (= "gli uni ridono, gli altri parlano ad alta voce")).

obiettivo grammatica

| | FORME | USI E FUNZIONI |

- **Pronome relativo doppio *quanto***

singolare	maschile	quanto
	femminile	quanta
plurale	maschile	quanti
	femminile	quante

Esempi	Usiamo il pronome relativo doppio *quanto*, *quanti/quante* con il significato di
– Per **quanto** (= "quello che") *ne so, Paolo è ancora in città*	– "(tutto) quello che", "ciò che"
– *I biscotti sono pronti: prendine* **quanti** (= "tutti quelli che") *ne vuoi; Nell'immagine ci sono* **quante** (= "tutte quelle che") *hanno vinto il torneo di pallavolo.*	– "(tutti) quelli che"; "(tutte) quelle che"

1 Completa le frasi con i pronomi relativi doppi *chi* e *quanto*.

1. Per _____ ancora non lo sapesse, domani c'è lo sciopero dei trasporti.
2. Mi rivolgo solo a _____ non hanno superato la prova scritta.
3. _____ esce dalla stanza, si ricordi di chiudere sempre la porta.
4. Riflettete bene su _____ è possibile chiedere al nostro datore di lavoro.
5. Sofia, dimmi _____ ti ha insegnato a dipingere così bene.
6. Non tenete più conto di _____ ho detto durante la riunione di ieri.
7. Alla cena di Natale invitiamo solo _____ lavora nel nostro ufficio.
8. Luisa ha stretto amicizia con _____ giocano nella sua squadra di calcio.
9. _____ andrà alla riunione, ci riferirà le nuove disposizioni della direzione.
10. Gli insegnanti puniranno _____ hanno bullizzato quella ragazzina.

2 Sostituisci il pronome dimostrativo *coloro* con il pronome relativo doppio *chi*, come nell'esempio.

1. Questo lo dico solo per coloro che non appartengono alla associazione.
   Questo lo dico per chi non appartiene alla associazione.

2. Ringrazio di cuore coloro che sono intervenuti alla cerimonia di inaugurazione.
   _____

3. Per coloro che amano la natura il Parco Nazionale delle Foreste Casentinesi è magnifico.
   _____

4. Coloro che vogliono partecipare alla gita, devono iscriversi entro venerdì prossimo.
   _____

5. Gli oggetti personali di coloro che si imbarcano sul volo per Milano sono sul nastro scorrevole.
   _____

6. La segretaria ha scritto solo a coloro che le hanno lasciato il proprio indirizzo e-mail.
   _____

4.3.1. Pronomi relativi doppi *chi* e *quanto*

7. Coloro che negano i cambiamenti climatici, ignorano i più recenti rapporti ONU sul tema.

8. Sono molto orgoglioso di coloro che lottano per i diritti degli animali.

9. I servizi sociali hanno separato il bambino da coloro che lo maltrattavano.

10. Sosteniamo con forza coloro che si battono per un mondo più giusto.

3 Trasforma i pronomi relativi doppi *chi* e *quanto*, e metti il verbo al singolare o al plurale quando è sottolineato, come nell'esempio.
1. Se non avete capito, ripeto per chi non ha compreso/*coloro/quelli/quelle che non hanno compreso*.
2. Parlo di quanti/_____ non hanno ancora consegnato la tesina di fine corso.
3. Chi/_____ ha distrutto i cuscini del divano non è il gatto, ma il cane.
4. Quanto/_____ ha detto Paolo è assolutamente condivisibile.
5. Quel ragazzo fa soffrire chi gli vuole /_____ davvero bene.
6. Quante/_____ vogliono continuare il corso, si devono iscrivere entro oggi.
7. Se volete, usciamo, ma c'è anche chi preferisce/_____ restare qui.
8. Quanto/_____ mi hai scritto nella mail sul progetto è interessante.
9. Chi/_____ arriva prima a quell'albero vince un premio.
10. Belle queste ciliegie: prendine quante ne/_____ vuoi.

4 Completa il testo con i pronomi della lista.

chi – coloro – chi – quanti – quanti – chi – coloro – chi – quanti – chi

Manuale del tirocinante

Il tirocinio spesso rappresenta per (1) _____ che vi partecipano la prima esperienza di contatto diretto con il mondo del lavoro. (2) _____ ha conseguito da poco un titolo di studio o una qualifica professionale, può fare un tirocinio formativo e di orientamento in linea con i propri studi o con i propri interessi professionali, mentre (3) _____ è un disoccupato cercherà probabilmente un tirocinio di inserimento/reinserimento al lavoro. Entrambi i tipi di tirocinio prevedono il pagamento di un'indennità obbligatoria. (4) _____ desiderano verificare quale è l'indennità minima, possono consultare l'Appendice di questo Manuale. (5) _____ intende fare un tirocinio di orientamento o di reinserimento al lavoro, lo deve scegliere con cura. (6) _____ che hanno già esperienze di stage – ma non solo – avranno l'opportunità di arricchire il proprio CV, di crescere professionalmente, di confrontarsi con i meccanismi aziendali. Pertanto (7) _____ sceglierà l'ambito professionale giusto e firmerà un interessante progetto formativo avrà un'occasione d'oro! Spesso (8) _____ intendono candidarsi a un tirocinio, non sanno da dove cominciare. Quindi, (9) _____ vuole partire con il piede giusto, deve, come prima cosa, chiarirsi le idee su se stesso e sul proprio bagaglio di competenze, sulla propria storia formativa ed eventualmente professionale. Il curriculum vitae è dunque un ottimo punto di partenza per (10) _____ vogliono orientarsi meglio nelle proprie scelte e individuare i propri punti di forza.

(G. Iuzzolino, S. Lotito (a cura di), *Manuale del tirocinante*, Roma, ISFOL: 37-38).

obiettivo grammatica

FORME | **USI E FUNZIONI**

5. AVVERBIO

L'avverbio è una parte invariabile del discorso e specifica il significato di un'altra parola (nome, verbo, aggettivo, avverbio) o di una frase. È possibile classificare gli avverbi in base al loro significato (giudizio, tempo, luogo, quantità, modo) e in base alla loro formazione (semplici, complessi, locuzioni avverbiali).

5.1. Avverbi di giudizio, tempo, luogo, quantità, modo

Possiamo dividere gli avverbi in base alla loro forma in avverbi semplici (lessicali), con una forma propria, e avverbi complessi (avverbi composti, avverbi derivati), formati da più parole o derivati da altre parole.

- **Avverbi semplici (lessicali)**

Esempi	Gli avverbi semplici
– È **troppo** presto per uscire; Arrivo **subito** a casa; Sono **così** stanco.	*come* (modo), *così* (modo), *ora* (tempo), *presto* (tempo), *troppo* (quantità)… – hanno una forma autonoma

 OG1 ➔ p. 118, per gli esercizi sulle forme

> **LINGUA IN USO**
>
> **Uso dell'aggettivo qualificativo al posto dell'avverbio**
> Nella lingua parlata di uso comune usiamo in genere alcuni aggettivi qualificativi al maschile singolare (*chiaro, lento, piano, veloce*) con valore di avverbio di modo per modificare il significato del verbo (*Il tempo è passato* **veloce** (= velocemente) *quel giorno*).

- **Avverbi complessi (composti, derivati)**

Esempi	Gli avverbi composti
– Ho guardato **dappertutto** ma non l'ho trovato.	*almeno* (al + meno), *dappertutto* (da per tutto) *soprattutto* (sopra + t + tutto), *talvolta* (tal + volta)… – sono formati da due o più parole

Esempi	Gli avverbi derivati come
– Il ragazzo camminava lungo la strada **allegramente**.	– *chiaramente* (chiara + mente) si formano con l'aggettivo al femminile + –*mente*
– L'artista sorrideva **felicemente**.	– *felicemente* (felice + mente) si formano con l'aggettivo in –*e* + –*mente*
– Ho navigato **facilmente** nelle pagine Web del nostro istituto.	– *particolarmente* (particolar(e) + –mente) si formano con l'aggettivo in –*re*/–*le* + –*mente*
– Il bambino camminava **ginocchioni**.	– *bocconi, ginocchioni* (bocca > bocconi; ginocchi > ginocchioni) si formano con il nome + –*oni* (indicano una particolare posizione del corpo)

5.1. Avverbi di giudizio, tempo, luogo, quantità, modo

Esempi	Gli avverbi derivati come
– Le luci si spensero e dovettero trovare l'uscita **tastoni**.	– **tastoni**, **ciondoloni**, **ruzzoloni** (tastare > tastoni; ciondolare > ciondoloni; ruzzolare > ruzzoloni) si formano con il verbo + –oni (indicano una particolare posizione del corpo); si usano anche con la preposizione a (a tastoni, a ciondoloni, a ruzzoloni)

1 Scrivi gli avverbi derivati, come nell'esempio.

1. ginocchio — *ginocchioni*
2. gattonare — _____
3. bocca — _____
4. rotolare — _____
5. cavalcare — _____
6. tastare — _____
7. tentare — _____
8. penzolare — _____
9. balzellare — _____
10. barcollare — _____

2 Trova nella lista il sinonimo dell'avverbio sottolineato e indica quando l'avverbio sottolineato è semplice (A), composto (B), derivato (C), come nell'esempio.

esattamente – speditamente – eccessivamente – talvolta – inoltre – ovunque – addirittura – adagio – perloppiù – perlomeno – anche/addirittura – improvvisamente

	A	B	C
1. Avresti <u>almeno</u> (*perlomeno*) potuto avvisarmi prima di andartene.		✓	
2. Ho controllato <u>dappertutto</u> (_____) ma le chiavi non ci sono.			
3. Alla documentazione devi aggiungere <u>anche</u> (_____) la carta di identità.			
4. <u>Persino</u> (_____) il dirigente si è rifiutato di firmare il permesso.			
5. Tutto è accaduto <u>subito</u> (_____), senza che me ne accorgessi.			
6. La macchina andava troppo <u>veloce</u> (_____) sulla strada.			
7. <u>Occasionalmente</u> (_____) bisogna accettare dei compromessi.			
8. L'uomo è arrivato <u>perfino</u> (_____) a minacciare il vicino di casa.			
9. Se vuoi digerire bene, devi masticare bene e <u>lentamente</u> (_____).			
10. Volevo dire <u>appunto</u> (_____) questo.			
11. La popolazione è formata <u>prevalentemente</u> (_____) da giovani.			
12. I ragazzi si sono stancati <u>oltremodo</u> (_____) e ora dormono già.			

obiettivo grammatica

FORME | **USI E FUNZIONI**

3 Abbina gli avverbi alle espressioni corrispondenti.

avverbio	espressione
1. personalmente	a. a buon mercato
2. mediocremente	b. alla peggio
3. improvvisamente	c. alla svelta
4. velocemente	d. così così
5. economicamente	e. di buon grado
6. male	f. di colpo
7. volentieri	g. a precipizio
8. precipitosamente	h. faccia a faccia

1. _____ / 2. _____ / 3. _____ / 4. _____
5. _____ / 6. _____ / 7. _____ / 8. _____

4 Trasforma le parti sottolineate con gli avverbi della lista.

malino – velocemente – improvvisamente – male – volentieri – economicamente – personalmente

1. Oggi mi sento <u>così così</u>/_____ a causa di un leggero mal di testa.
2. Accetto <u>di buon grado</u>/_____ il tuo prezioso consiglio.
3. I ladri sono usciti <u>di corsa</u>/_____ dall'appartamento.
4. Non mi piace parlare al telefono, preferisco farlo <u>di persona</u>/_____.
5. Non mi aspettavo che se ne andasse così <u>di colpo</u>/_____ da casa.
6. In quel negozio di casalinghi si compra <u>a buon mercato</u>/_____ il caffè.
7. Mi sono vestita <u>alla peggio</u>/_____: non ho avuto tempo per prepararmi.

5 Completa il testo con gli avverbi della lista.

anche – sicuramente – solo – sempre – maggiormente – forse – mai – soprattutto
solitamente – brevemente – successivamente – a cavalcioni – mai – più

Intervista a Guido Sgardoli autore di *La settima pietra*

È laureato in medicina veterinaria e durante gli studi coltiva (1) _____ la passione per il disegno, l'animazione e la scrittura. Esordisce nel 2004 come scrittore, (2) _____ pubblica moltissimi romanzi di narrativa per ragazzi con i (3) _____ importanti editori italiani. Tra i molti riconoscimenti ottenuti, nel 2009 e nel 2015 vince il Premio Andersen.
Ti ricordi qual è stato il primo libro che hai letto?
Non lo ricordo, ma (4) _____ era un libro di avventura. Non ho (5) _____ letto fiabe o libri illustrati. Tra i primi titoli che mi hanno (6) _____ affascinato ricordo quelli di Verne: (7) _____ *Il giro del mondo in ottanta giorni* e *L'isola misteriosa*.
Perché e quando hai deciso di scrivere un libro per ragazzi?
Non credo di averlo deciso. Ho (8) _____ scritto storie, racconti fin da quando avevo dieci anni. Nel 2001 ho visto il primo film di Harry Potter e ho pensato che (9) _____ anch'io avrei potuto scrivere una storia per ragazzi. Ma (10) _____ dopo tre anni ho pubblicato il mio primo libro.
Raccontaci (11) _____ *una giornata tipo di quando scrivi.*
Scrivere richiede parecchio tempo per pensare alle storie e per documentarsi. Quindi le mie giornate sono formate da momenti di scrittura, momenti di ricerca e studio e da momenti di pensiero, per esempio una passeggiata, una corsa (12) _____ della mia bicicletta, la spesa, tagliare l'erba in giardino. (13) _____ alla scrittura non dedico (14) _____ più di metà giornata.

(Testo adattato, s. a., *Intervista*, s. d., URL: https://bit.ly/39Cu51D, ultimo accesso: 2.11.2022)

5.2. Posizione dell'avverbio

La posizione dell'avverbio è variabile in base all'elemento che specifica.

Esempi	Gli avverbi possono modificare
– *Francamente*, *sono stanco delle sue lamentele*. – *Sono stanco*, *francamente*, *delle sue lamentele*. – *Sono stanco delle sue lamentele*, *francamente*.	– una **frase** e si trovano • all'inizio • all'interno • alla fine
– *Giovanni* **parla** *velocemente*. – *Giovanni mi* **ha** *profondamente* **colpito**. (*Giovanni mi* **ha colpito** *profondamente*).	– un **verbo** e si trovano • dopo • tra l'ausiliare e il participio passato con i tempi composti
– *Sei stato* **troppo** *sincero con Gianni*.	– un **aggettivo** e si trovano • davanti
– *Sto* **molto** *bene*, *grazie*.	– un **avverbio** • davanti all'avverbio

Posizione di alcuni avverbi
Con gli avverbi come *solo*, *anche*, *proprio*, *perfino*, che hanno funzione di focalizzatori, modifichiamo un elemento della frase che desideriamo mettere in evidenza e si trovano davanti a questo elemento (**Solo Giovanna** (= "e non altri") *ha ripassato i verbi*) tra l'ausiliare e il participio passato quando modificano il verbo (*Giovanna* **ha solo ripassato** *i verbi* (= "e non ha studiato"), ma anche dopo il verbo (*Giovanna ha ripassato* **solo** *i verbi* (= "e non ha ripassato altro")).

1 Sottolinea l'avverbio e indica quando modifica una frase (A), un verbo (B), un aggettivo (C), un avverbio (D), come nell'esempio.

                                                              A B C D

1. La signora Rossi <u>raramente</u> è a casa a quest'ora.   ☐ ✓ ☐ ☐
2. Gli studenti di diritto non sono mai entrati nell'aula.   ☐ ☐ ☐ ☐
3. Mi siedo dietro per fare spazio a quella anziana donna.   ☐ ☐ ☐ ☐
4. Il mio appartamento è troppo disordinato per la mia compagna.   ☐ ☐ ☐ ☐
5. Quello studente si è impegnato molto poco nell'ultimo semestre.   ☐ ☐ ☐ ☐
6. Sicuramente gli invitati arriveranno in tempo per il rinfresco.   ☐ ☐ ☐ ☐
7. La scultura che ha realizzato Giovanni è davvero bella.   ☐ ☐ ☐ ☐
8. Probabilmente dobbiamo consegnare il modulo di adesione alla gita.   ☐ ☐ ☐ ☐

obiettivo grammatica

FORME | **USI E FUNZIONI**

9. I miei nipoti vengono a trovarmi assai spesso nel fine settimana. ☐ ☐ ☐ ☐
10. Non abbiamo mai sentito parlare di un simile fatto. ☐ ☐ ☐ ☐

2 Completa le frasi con gli avverbi della lista.

probabilmente – non – esattamente – sicuramente – più – giù – sempre – troppo

1. La nostra collega sa _____ cosa fare, supera ogni difficoltà.
2. Mi dispiace, ma _____ ho completato tutti gli esercizi di matematica.
3. Questo esame è _____ difficile, non riesco a finirlo nel tempo stabilito.
4. Sara parteciperà _____ alla conferenza, me lo ha detto ieri.
5. Il relatore non si è fermato a parlare con il pubblico, _____ aveva fretta.
6. Il mio medico è bravo e conosce _____ le procedure necessarie per il ricovero.
7. La grammatica dell'inglese è _____ facile di quella del tedesco.
8. Sono sotto casa: scendi _____, ti aspetto per andare a fare due passi.

3 Completa il testo con l'alternativa corretta.

Benedetta plastica

Ma chi l'ha detto che #zeroplastic e #plasticfree abbiano (1) ☐ **sempre** ☐ **mica** senso?
(2) ☐ **Solo** ☐ **Mica** perché noi pensiamo che in un determinano prodotto quel pezzo di plastica sia inutile non vuol (3) ☐ **mica** ☐ **abbastanza** dire che lo sia veramente. (4) ☐ **Magari** ☐ **Persino** sì, (5) **persino** ☐ **magari** no. Potrebbe (6) ☐ **abbastanza** ☐ **anche** voler dire che non ne sappiamo (7) ☐ **almeno** ☐ **abbastanza** e quindi dovremmo (8) ☐ **almeno** ☐ **più** avere l'umiltà di fermarci un secondo, (9) ☐ **solamente** ☐ **magari** uno, e pensare "io (10) ☐ **mai** ☐ **non** capisco perché c'è questo pezzo di plastica, ma (11) ☐ **abbastanza** ☐ **forse** qualcun altro ci ha pensato (12) ☐ **più** ☐ **almeno** a lungo e ha deciso che era meglio mettercelo".
Siamo nel pieno del movimento #plasticfree e ne capisco solo in parte il motivo. Lo so, la plastica è associata all'inquinamento: tartarughe e delfini soffocati dai sacchetti, isole enormi di bottiglie che galleggiano nell'oceano e (13) ☐ **così** ☐ **mica** via. Ma il problema non è (14) ☐ **forse** ☐ **abbastanza** solo chi l'abbandona, ma (15) ☐ **invece** ☐ **anche** chi non la ricicla.

(Testo adattato, D. Bressanini, *Scienza in cucina*, "le Scienze Blog", 10.07.2019, URL: https://bit.ly/2EpYHoT, ultimo accesso: 2.11.2022)

5.2. Posizione dell'avverbio

obiettivo grammatica

FORME | **USI E FUNZIONI**

5.3. Gradi dell'avverbio

Alcuni avverbi, come gli aggettivi, possono esprimere un grado di intensità a una proprietà dei verbi e avere forma comparativa e superlativa.

- **Gradi dell'avverbio**

Esempi	Gradi dell'avverbio
– Ada parla l'arabo **più** fluentemente **di** te.	– comparativo di maggioranza
– Leo capisce l'inglese **meno** bene **di** Marco.	– comparativo di minoranza
– Luca studia **tanto/altrettanto** volentieri **quanto** Pietro; Cammino **così** lentamente **come** te.	– comparativo di uguaglianza
– Federica sta **benissimo**.	– superlativo assoluto
– Cerca di arrivare **il più** presto possibile.	– superlativo relativo

> **Comparativo di maggioranza e di minoranza**
> Intensifichiamo il comparativo di maggioranza e di minoranza con l'avverbio *molto* e *assai* (*Giovanni studia* **molto** *più diligentemente di prima*).

> **LINGUA IN USO**
> **Uso del superlativo assoluto**
> Nella lingua parlata di uso colloquiale formiamo il superlativo assoluto con la ripetizione dell'avverbio di grado positivo (*È arrivato* **tardi tardi**).

- **Comparativi e superlativi: particolarità**

Alcuni avverbi al comparativo di maggioranza e al superlativo assoluto hanno forme diverse rispetto a quelle del grado positivo.

avverbio	comparativo	superlativo assoluto
bene	meglio	benissimo, ottimamente
male	peggio	malissimo, pessimamente
molto	più	moltissimo
poco	meno	pochissimo, minimamente
grandemente	maggiormente	massimamente

> **LINGUA IN USO**
> **Uso di *maggiormente* e di *leggermente***
> Nella lingua parlata di uso comune per elevare il livello del discorso, usiamo frequentemente l'avverbio
> - *maggiormente* al posto di *più/di più* comparativo (*La competenza* **maggiormente** (= *più*) *richiesta è la soluzione di problemi*)
> - *leggermente* al posto di *un po'/abbastanza* (*Sono* **leggermente** (= *più*) *affaticato per lo sforzo fatto*).

obiettivo grammatica

FORME | **USI E FUNZIONI**

1 Completa le frasi con i gradi dell'avverbio, come nell'esempio.

1. (superlativo assoluto) L'imputato non si era (poco) *minimamente* pentito del reato che aveva commesso.
2. (comparativo di maggioranza) L'e-mail dell'ufficio del personale è arrivata (tardi) _____ del previsto.
3. (superlativo assoluto) In questo mese ho tante spese impreviste, perciò devo spendere (poco) _____.
4. (comparativo di uguaglianza) Purtroppo questa notte ho dormito (male) _____ ieri e l'altro ieri notte.
5. (comparativo di maggioranza) Dopo le sedute di fisioterapia il paziente si è sentito un po' (bene) _____.
6. (comparativo di minoranza) Da quando è stato operato al ginocchio cammina (velocemente) _____ di prima.
7. (superlativo assoluto) Il lavoro di gruppo è stato svolto (bene) _____ da tutti gli studenti.
8. (comparativo di maggioranza) Il nostro spettacolo non poteva riuscire (male) _____ di così.

- **Avverbi alterati**

Alcuni avverbi possono avere forma alterata.

esempi	avverbio	alterato
– Ho mangiato **benone** (= proprio bene); Ho mangiato **benino** (= non molto bene).	bene	ben**ino**, ben**one**
– Ero stanco e ho dormito un **pochetto/pochino** (= in modo insufficiente)	poco	poch**ino**, poch**etto**
– Oggi sto **malino** (= non proprio bene)	male	mal**ino**, mal**uccio**, mal**accio**

Solo pochi avverbi hanno alcune forme alterate (*bene*: *benino, benone*; *male*: *maluccio, malaccio*; *poco*: *pochino, pochettino*) e si formano in genere con alcuni dei seguenti suffissi:
- **–ino**, **–etto** con valore diminutivo (poch**ino**)
- **–etto**, **–uccio** con valore vezzeggiativo o diminutivo (poch**etto**, mal**uccio**)
- **–one** con valore accrescitivo (ben**one**)
- **–accio** con valore dispregiativo (mal**accio**).

2 Sostituisci gli avverbi sottolineati con gli avverbi alterati, come nell'esempio.

1. (diminutivo) Questo vestito è costato poco *pochino/pochettino*.
2. (accrescitivo) Oggi sto proprio bene _____.
3. (dispregiativo) Da quassù vedo male _____.
4. (diminutivo) Preferisco andare piano _____ e non prendere una multa.
5. (diminutivo) I miei amici abitano un po' lontano _____.
6. (diminutivo) Per me è un po' tardi _____ per uscire stasera.
7. (vezzeggiativo) Oggi non mi sento bene, sto un po' male _____.

FORME USI E FUNZIONI

5.3. Gradi dell'avverbio

3 Completa il testo con gli avverbi della lista.

molto bene – lentissimamente – tardissimo – più lenta – subitissimo
pochino – molto peggio – velocissimamente – benone

Ciao Giovanna!
Come stai? Ti scrivo per raccontarti un (1) _____ com'è andato il nostro soggiorno in Sardegna. Cominciamo dal principio! Il primo giorno, quando sono arrivata all'aeroporto, era (2) _____ e tutti i servizi erano già chiusi, in più non stavo (3) _____, anzi stavo (4) _____ del giorno prima. Luca, al contrario, si sentiva proprio (5) _____: era sveglissimo e pieno di energia. Mi è stato davvero d'aiuto, senza di lui non so come avrei fatto. Ha trovato (6) _____ una App nel cellulare che ci dava le informazioni sui trasporti dall'aeroporto al centro città. Ha selezionato il punto d'arrivo e di destinazione, nonché l'orario desiderato e il taxi è arrivato (7) _____!
Dall'aeroporto siamo giunti nel centro di Porto Cervo a passo d'uomo, (8) _____, senza saperlo abbiamo preso infatti la vettura (9) _____ di tutte. Arrivati al centro della città tutto è stato più facile, io ho cominciato a stare meglio e così abbiamo potuto iniziare la nostra vacanza...

obiettivo grammatica

FORME | **USI E FUNZIONI**

6. PREPOSIZIONI

Le preposizioni sono parti invariabili del discorso che specificano le relazioni di significato tra elementi della frase in base al contesto. Sono proprie (semplici e articolate) e improprie (con valore di aggettivi, avverbi, verbi), e possono formare le locuzioni preposizionali.

6.1. Preposizioni semplici e articolate

Le preposizioni semplici sono *di, a, da, in, con, su, per, fra/tra* e possono esprimere significati diversi in base al contesto in cui si trovano.

Le preposizioni articolate sono formate dall'unione delle preposizioni semplici con l'articolo determinativo.

preposizione \ articolo	il	lo	l'	i	gli	la	l'	le
di	del	dello	dell'	dei	degli	della	dell'	delle
a	al	allo	all'	ai	agli	alla	all'	alle
da	dal	dallo	dall'	dai	dagli	dalla	dall'	dalle
in	nel	nello	nell'	nei	negli	nella	nell'	nelle
su	sul	sullo	sull'	sui	sugli	sulla	sull'	sulle

Esempi	Le preposizioni esprimono
– Il tema è pieno **di** errori; La pasta manca **di** sale.	– abbondanza, privazione: **di**
– La decisione è stata presa **dal** direttore; Il cielo è coperto **da** nuvole.	– agente, causa efficiente: **da**
– Liberati **da** questi strani pensieri!; Carlo si è separato **da** Francesca.	– allontanamento, separazione: **da**
– È un manuale **di** diritto civile; Il compito è **sugli** scrittori contemporanei.	– argomento: **di, su**
– **Alla** notizia ricevuta, si è sorpreso; **Con** questo freddo, resto a casa; Ha pianto **dal** dolore; Trema **di** paura; Sono arrossito **per la** vergogna.	– causa: **a, con, da, di, per**
– È stato condannato **a** tre anni di prigione; Hanno arrestato il colpevole **della** rapina; Lo hanno indagato **per** omicidio.	– colpa, pena: **a, di, per**
– Mi sono laureata **a** ventitré anni; La polizia ha arrestato un uomo **di** trentadue anni per furto; Il marito della nostra collega è un uomo **sui** quaranta anni	– età: **a, di** – età approssimativa: **su**
– Hanno parlato **a** sua difesa; Si mette sempre gli occhiali **da** sole; Il tuo consiglio mi sarà **di** aiuto; Organizza una festa **in** suo onore; Ci prepariamo **per** l'esame.	– fine: **a, da, di, in, per**
– Mi sono ferito **a** un braccio; Non ci sento **da** un orecchio; È esperto **di** storia medievale; Stefano eccelle **nel** nuoto.	– limitazione: **a, da, di, in**
– Compro un bracciale **d'**argento; È una colonna **in** marmo.	– materia: **di, in**

6.1. Preposizioni semplici e articolate

6.1. Preposizioni semplici e articolate

Esempi	Le preposizioni esprimono
– Scrivo ancora **a penna** le lettere agli amici; Vengo **con la/in** bici; Mi ha fatto **da tutor**; Vive **della beneficienza** altrui; Invio il pacco **per raccomandata**.	– mezzo (strumento): **a, con, da, di, in, per**
– Parla **a voce** alta; Si comporta **con onestà**; È sempre **di buon umore**; È uscito di casa **in tuta** da ginnastica; Ora vi chiamiamo **per cognome**; È una giacca fatta **su misura**.	– modo: **a, con, di, in, per, su**
– **La gran parte degli** alunni sono stranieri. – **Chi di** voi conosce Parma? – **Alcuni dei** ragazzi sono francesi. – **Due degli** impiegati sono in ferie. – Lisa è **la più simpatica di/fra tutti**.	– parte di un insieme: **di, fra/tra** • espressioni che indicano quantità • pronomi interrogativi • pronomi indefiniti • pronomi numerali • superlativo relativo
– Ti ho scambiato **con un altro**; Va bene se firmi tu **per lui**.	– sostituzione, scambio: **con, per**
– Indossa una camicia **a quadri**; È un uomo **dal cuore tenero**; È una persona **di grande cultura**; È una donna **con grande senso** del dovere.	– qualità: **a, da, di, con**
– Si trova **a cento metri** da qui; Troverà la stazione **fra cento metri**. – **A tremila metri** c'è un rifugio; Prendi la confezione **da un chilo**; È un locale **di cinquanta metri quadri**; Il lago si estende **per due chilometri**.	– quantità • distanza: **a, fra/tra** • misura: **a, da, di, per**
– Il pacco pesa **sui cinque chili**.	– quantità approssimativa: **su**
– Ha comprato il maglione **a cento Euro**; Ho venduto la casa **per 200 mila Euro**.	– prezzo, stima: **a, per**
– **Fra te** e **lui** ci sono dei problemi.	– relazione: **fra/tra**

 OG1 ▶ p. 122, per altri usi delle preposizioni (compagnia, luogo, paragone, specificazione, tempo, termine, vantaggio)

Preposizione *a*
La preposizione *a* davanti a nomi che iniziano con la stessa vocale diventa *ad* (*Sono andato **ad** Ancona per il fine settimana*).

Preposizioni *fra, tra*
Fra e *tra* sono sinonimi e possiamo scegliere una forma o l'altra solo per motivi eufonici, cioè quando le consonanti della preposizione e della parola che segue sono uguali (*tra tigri > fra tigri; fra fiori > tra fiori*).

Uso delle preposizioni semplici e articolate
Usiamo le preposizioni articolate quando il nome che segue è specifico e non generico (*Vado **a** scuola*, ma *Vado **alla** Scuola "Michelangelo"*; *Non lascio mai soldi **in** tasca*, ma *Non lascio mai i soldi **nella** tasca della giacca*).

Preposizioni e pronomi personali
Dopo le preposizioni semplici usiamo sempre i pronomi personali tonici (***di** te, **a** te, **da** te…*).

Articolo partitivo
Usiamo la preposizione *di* articolata per formare l'articolo partitivo (*Vorrei **delle** fragole*).

obiettivo grammatica

FORME | **USI E FUNZIONI**

LINGUA IN USO

Forma delle preposizioni articolate

La preposizione *con* può avere la forma articolata
- nella lingua parlata di uso comune perché più facile da pronunciare (*Mi vedo* **coi** (= *con i*) *miei colleghi di lavoro*)
- nella lingua scritta *standard* di uso formale, in genere letterario (**Coll'***arrivo* (= *con + l'arrivo*) *della primavera inizia il bel tempo*).

La preposizione *per* può avere raramente la forma articolata nella lingua scritta di uso letterario (*Correva* **pei** (= *per + i*) *campi*).

1 Abbina le parti di frasi.

1. Ho mangiato degli ottimi spaghetti
2. È stato organizzato un evento
3. Alla conferenza si è discusso
4. Prendo due bottiglie di acqua
5. Nei giorni scorsi le piante
6. È consigliabile cuocere la pizza
7. È soddisfatta del prodotto
8. È sempre meglio giudicare le persone

a. perché sto morendo dalla sete.
b. la maggior parte dei clienti.
c. in onore del famoso linguista.
d. nel forno a legna.
e. dalle loro azioni.
f. sono state abbattute dal vento.
g. alle vongole.
h. della riforma della scuola.

1. ____ / 2. ____
3. ____ / 4. ____
5. ____ / 6. ____
7. ____ / 8. ____

2 Completa le frasi con le preposizioni articolate.

1. La pasta _____ carbonara è fatta con uova e pancetta.
2. Ho riconosciuto Gianni _____ suo impermeabile verde.
3. Non è giusto che tu accusi noi _____ tuoi difetti.
4. È un'azienda di eccellenza _____ produzione casearia.
5. Questa miscela è ideale per un caffè _____ aroma intenso.
6. _____ notizia che ci hai dato ci siamo preoccupati.
7. L'assemblea è organizzata _____ insegnanti della scuola primaria.
8. Gli gnocchi _____ pesto sono tipici della Liguria.
9. In certe situazioni è difficile distinguere i buoni _____ cattivi.
10. L'uomo aveva un cappello _____ forma stranissima.

3 Completa il testo con le preposizioni semplici e articolate.

Progetto Erasmus: la voce dei protagonisti

Cresce il successo del Progetto Erasmus. Dal 1987 a oggi, infatti, tantissimi studenti provenienti da vari paesi hanno viaggiato (1) _____ l'Europa grazie alle borse di studio del programma europeo (2) _____ mobilità! Universita.it ha da sempre seguito i progressi del Progetto Erasmus e ha cercato di coinvolgere tutti gli studenti ed ex-studenti in perfetto stile 2.0; sono così stati raccolti i racconti (3) _____ viaggio che sono stati scritti (4) _____ protagonisti di questa esperienza (5) _____ grande valore, per valorizzarli sul sito e (6) _____ *social network*.
Da oggi, tutti i partecipanti al programma di studio Erasmus, a prescindere dall'anno in cui esso è stato svolto, sono chiamati a scriverci pensieri e/o riflessioni che trattano (7) _____ loro esperienza all'estero (racconti veri e propri, aneddoti divertenti (8) _____ vena ironica, ricordi da condividere e quant'altro sia significativo (9) _____ chi lo ha vissuto).
Partecipare è semplice: basta inviare un testo di 400 parole circa, (10) _____ formato Word, all'indirizzo social@universita.it, raccontando la propria indimenticabile esperienza Erasmus.
Entro il 10 giugno selezioneremo dodici (11) _____ tutti i testi ricevuti (12) _____ mail; i testi saranno votati direttamente (13) _____ lettori sulla nostra pagina *Facebook* ufficiale. Le esperienze più divertenti, evocative, brillanti o semplicemente curiose, verranno pubblicate (14) _____ una apposita rubrica sulle pagine *Web* di Universita.it.

(Testo adattato, G. Pistola., *Esperienze in Erasmus*, URL: http://bit.ly/2QLwGxw, ultimo accesso: 2.11.2022).

6.1. Preposizioni semplici e articolate

6.2. Verbi e aggettivi con preposizioni

I verbi e gli aggettivi possono selezionare una specifica preposizione, in genere *a*, *da*, *di*, per introdurre un altro elemento della frase (p. es. verbo all'infinito, nome).

- **Preposizioni e verbi**

Esempi	Verbi e preposizioni
– È **abituato a parlare** in pubblico. – Mi **ha insegnato a fidarmi** delle persone.	– **verbi** + *a* + infinito *abituare/abituarsi, adattarsi, adeguarsi, affidare/affidarsi, aiutare, cominciare, continuare, contribuire, convincere, costringere, imparare, incoraggiare, iniziare, insegnare, invitare, mirare, provare, rassegnarsi, rinunciare, riuscire, spingere, tendere…*
– **Ha accettato di collaborare** con noi. – **Finisco di lavorare** alle cinque.	– **verbi** + *di* + infinito *accettare, accontentarsi, accorgersi, accusare, augurare, avere bisogno, avere intenzione, avere paura, avere piacere, avere voglia, avvertire, cercare, cessare, chiedere, comandare, concedere, consigliare, dimenticare/dimenticarsi, dubitare, fingere, finire, impedire, incaricare, lamentarsi, ordinare, pentirsi, permettere/permettersi, preoccuparsi, proporre, ricordare/ricordarsi, smettere…*
– L'insegnante mi **ha dato da tradurre** in italiano un testo di Seneca. – Laura mi **ha offerto da bere**.	– **verbi** + *da* + infinito *dare, offrire, pagare, trovare…*

Verbi con infinito e preposizioni
- *Stare* + *per* + infinito esprime l'idea di futuro imminente (*Stiamo **per** arrivare*) (perifrasi verbale).
- *Avere* + *da* + infinito indica dovere, necessità (*Abbiamo molto **da fare*** = *dobbiamo fare molto*) (subordinata relativa implicita).
- *Essere* + *da* + infinito corrisponde a una forma impersonale ed esprime in genere l'idea di dovere, necessità (*È un libro **da leggere*** = *che si deve leggere*) (subordinata relativa implicita).

Verbi con l'infinito senza preposizione
Alcuni verbi non hanno la preposizione prima dell'infinito come
- i verbi modali (*dovere, potere, volere*) (***Voglio*** *partire*)
- il verbo *sapere* (***So*** *pattinare bene*)
- il verbo *essere* + aggettivo/avverbio (***È possibile*** *entrare*)
- alcuni verbi impersonali (*bisognare, occorrere, sembrare*) (***Occorre*** *pagare*)
- verbi come *amare, desiderare, odiare, piacere, preferire…* (*A tutti **piace** ascoltare la musica*; ***Preferisco*** *andare a piedi*).

obiettivo grammatica

FORME | **USI E FUNZIONI**

1 Inserisci i verbi della lista nella colonna adatta.

permettere – avere voglia – abituarsi – preferire – incaricare – smettere
cominciare – costringere – cercare – rinunciare – riuscire – amare

verbo + *a* + infinito	verbo + *di* + infinito	verbo + infinito

2 Completa le frasi con le preposizioni *a* e *di*, quando è necessario.

1. Luisa avrebbe voglia _____ andare in vacanza.
2. Mio fratello ama _____ dipingere con i colori a olio.
3. Ho smesso _____ fumare un mese fa.
4. Cominceremo _____ fare un po' di ordine in casa.
5. Non mi costringere _____ dire quello che non vorrei.
6. Luca non si è preoccupato _____ avvertirci del suo ritardo.
7. Non Le permetto _____ parlarmi in questo modo.
8. Siamo abituati _____ lavorare con impegno.
9. Cercano sempre _____ migliorare la qualità dei prodotti.
10. Non riesco _____ credere che si sia comportato male.
11. Preferiamo _____ restare a casa questa sera.
12. Ormai ho rinunciato _____ capire chi non ascolta.

- **Preposizioni e aggettivi**

Esempi	Aggettivi e preposizioni
– Il lavoro è **adeguato alle** sue competenze. – È un'attività **utile agli** studenti.	– **aggettivi** + *a* + nome (o verbo) adatto, adeguato, affine, attento, caro, conforme, contrario, dannoso, disponibile, estraneo, favorevole, fedele, gradito, idoneo, indifferente, inerente, inferiore, interessato, necessario, noto, pari, preferibile, pronto, propenso, relativo, sensibile, simile, superiore, uguale, utile, vicino…
– Ha uno stile **differente dagli** altri pittori. – È **dipendente dai** farmaci che prende.	– **aggettivi** + *da* + nome (o verbo) affetto, alieno, assente, differente, distante, dipendente, diverso, esente, immune, libero, lontano…
– Siamo **orgogliosi dei** nostri figli. – È un docente **esperto di** letteratura italiana.	– **aggettivi** + *di* + nome (o verbo) abbondante, avido, bisognoso, capace, carico, certo, colmo, colpevole, completo, contento, degno, desideroso, esperto, felice, fiero, geloso, goloso, invidioso, lieto, malato, orgoglioso, pieno, povero, privo, responsabile, ricco, sicuro, soddisfatto, stanco, tipico, vuoto…

6.2. Verbi, aggettivi con preposizioni

6.2. Verbi, aggettivi con preposizioni

> **Indefiniti + *di* + aggettivo**
> Con un pronome indefinito e un aggettivo si usa sempre la preposizione *di* (*Non ho fatto **niente di speciale***, *C'è **qualcosa di strano***).

3 Inserisci gli aggettivi della lista nella colonna adatta.

distante – idoneo – tipico – adeguato – privo – diverso – utile – invidioso
favorevole – libero – soddisfatto – relativo

aggettivi + *a*	aggettivi + *da*	aggettivi + *di*

4 Completa le frasi con le preposizioni *a* e *di* semplici e articolate.

1. Siamo favorevoli _____ interventi di restauro dell'edificio.
2. Il documento non è valido, perché è privo _____ firma.
3. L'*e-commerce* è utile _____ aziende che vogliono espandersi.
4. I candidati sono risultati idonei _____ prova scritta del concorso.
5. La casa non era molto distante _____ ufficio dove lavorava.
6. Il vino e l'olio sono tra i prodotti tipici _____ Toscana.
7. L'album di questo cantautore è diverso _____ suoi lavori precedenti.
8. La scuola propone corsi adeguati _____ esigenze specifiche di ognuno.
9. Tutti vorremmo sentirci liberi _____ convenzioni sociali.
10. Il direttore non era soddisfatto _____ sviluppi della situazione.
11. Occorre aggiornare i dati relativi _____ pagamento del canone d'affitto.
12. A volte le persone sono invidiose _____ successi altrui.

5 Completa le frasi con le preposizioni semplici e articolate.

1. Sono contento _____ lavoro che faccio.
2. Con piccoli gesti contribuiamo _____ proteggere l'ambiente.
3. Secondo la recensione è un film sicuramente _____ vedere.
4. Mi aiuta sempre _____ reagire in situazioni di stress.
5. Mi piacciono le persone disponibili _____ dialogo.
6. Non mi pento _____ aver fatto questa domanda.
7. Il cane è sensibile _____ odori e ha un olfatto molto sviluppato.
8. I bambini possono diventare dipendenti _____ giochi elettronici.

obiettivo grammatica

FORME | **USI E FUNZIONI**

6 Completa il testo con le preposizioni semplici e articolate adatte, quando è necessario.

Impara ad ascoltare

Ascoltare comporta un processo mentale complesso e il possesso di competenze (1) _____ apprendere e sviluppare con impegno. Ecco qualche suggerimento per migliorare le proprie capacità di ascolto.
- Anzitutto, devi reprimere il più possibile l'impulso a parlare: questo rappresenta un buon inizio di un processo di reale ascolto.
- In secondo luogo, è necessario non interrompere l'interlocutore, permettendogli (2) _____ proseguire il suo ragionamento.
- Occorre (3) _____ evitare di interrompere l'altro, perché corriamo il rischio di smettere (4) _____ ascoltarlo e metterlo sulla difensiva.
- È importante mantenere il contatto visivo, guardando l'altro negli occhi, per rimanere concentrati su ciò che stiamo ascoltando, oltre a dare all'interlocutore la reale sensazione che siamo interessati (5) _____ suo discorso.

Per ultimo, bisogna essere attenti (6) _____ comunicazione non verbale, che può fornirci maggiori indizi sul senso profondo delle sue parole.

Secondo gli studiosi esperti (7) _____ ascolto attivo, quando veniamo ascoltati con sensibilità, tendiamo (8) _____ ascoltare noi stessi con maggior attenzione, riuscendo (9) _____ esprimere con più chiarezza ciò che proviamo. I membri di un gruppo sono più propensi (10) _____ ascolto reciproco e più pronti ad accogliere altre opinioni. Un buon ascolto può davvero contribuire (11) _____ creare un contesto favorevole (12) _____ collaborazione reciproca.

Se hai letto questo articolo significa che sei pronto (13) _____ cambiamento e che puoi mettere in pratica questi consigli, perché pochi sanno (14) _____ ascoltare.

(Testo adattato, s.a., *La gente sgomita per parlare: tu impara ad ascoltare*, URL: http://bit.ly/36DdZ62, ultimo accesso: 2.11.2022).

6.2. Verbi, aggettivi con preposizioni

obiettivo grammatica

FORME | **USI E FUNZIONI**

7. CONNETTIVI

I connettivi sono elementi invariabili del discorso e servono a collegare parti di frasi, frasi, parti di testo a livello logico-sintattico e pragmatico. I connettivi sono principalmente di tipo coordinante e subordinante.

7.1. Connettivi/Congiunzioni coordinanti

I connettivi coordinanti uniscono parti di frasi o frasi che sono messe sullo stesso piano logico-sintattico.

(parti di frase)	Laura **e** Paolo restano a casa. Agnese va alla posta **e** al supermercato.
(frasi)	Luca studia matematica **e** va all'università tutti i giorni. Penso che Marco stia lavorando **e** che torni a casa più tardi.

Esempi	Usiamo i connettivi coordinanti
– All'incontro ci saranno Lorenzo Russo e Anna Chiari, **nonché** Franco Sabatini.	– **nonché**… per sommare due elementi (funzione copulativa) + *e, né, anche (pure), neanche (nemmeno, neppure)*…
– Le reazioni incontrollate, **ovvero** le reazioni violente, non sono da accettare; Spegni la luce, **altrimenti** non riesco a dormire.	– **altrimenti, ovvero**… per segnalare un'alternativa (funzione disgiuntiva) + *o (oppure)*…
– Questa casa non è brutta, **anzi** mi piace; È un oggetto inutile, **eppure** tutti lo vogliono; Non volevo ritornare in quel posto, **nondimeno** l'ho fatto; Non perdete tempo, **piuttosto** datemi una mano; Non mi sembra la soluzione migliore, **tuttavia** l'accetto.	– **anzi, eppure, nondimeno, piuttosto, tuttavia**… per esprimere un contrasto (funzione avversativa) + *invece, ma, però*…
– Sta arrivando l'autunno, **infatti** le giornate sono più corte; Arriverò per Ognissanti, ossia il 1° novembre.	– **infatti, ossia (vale a dire)**… per introdurre una spiegazione (funzione dichiarativa/esplicativa) + *cioè, infatti*…
– Non ci sono abbastanza iscritti, **pertanto** non attiveranno il corso.	– **pertanto**… per specificare la conseguenza (funzione conclusiva) + *dunque (quindi), perciò, allora*…
– Ho comprato **e** la frutta **e** la verdura; Laura **non solo** lavora, **ma** si occupa **anche** del fratello minore; Stasera **o** esco con gli amici **o** rimango a casa.	– **e… e, non solo… ma anche, o… o**… per creare una correlazione (funzione correlativa) + *sia… sia, né… né*…

 OG1 ➔ p. 129, per gli esercizi sulle forme con i connettivi non evidenziati in viola nella tabella

obiettivo grammatica

FORME | **USI E FUNZIONI**

Connettivo coordinante *o*

Con il connettivo coordinante *o* quando collega due o più soggetti, il verbo è in genere al singolare, soprattutto quando l'alternativa è decisa (*Vai tu **o** Giorgio a fare la spesa?*), altrimenti è possibile anche la concordanza al plurale (*Se volete la frutta, **c'è** solo una pera **o** una mela*, ma anche *Se volete la frutta, **ci sono** solo una pera **o** una mela*).

LINGUA IN USO

Uso di *piuttosto che*
Nella lingua parlata di uso colloquiale usiamo *piuttosto che* con valore disgiuntivo, con il significato di *o*, *oppure*, per segnalare una alternativa equivalente (*Se vogliamo fare qualcosa insieme, stasera possiamo andare a fare quattro passi in centro, **piuttosto che** (= oppure) andare al cinema*), e non con valore avversativo o comparativo (*Stasera resterei a casa, piuttosto che andare a cena fuori*). Questo uso non è adatto nella lingua parlata e scritta *standard*.

Usi formali dei connettivi
Alcuni connettivi coordinanti (evidenziati in viola nella tabella) sono in genere caratteristici della lingua parlata e scritta *standard* di uso formale e si trovano frequentemente in testi di tipo espositivo e di tipo argomentativo (*La congiuntivite, **vale a dire** il processo infiammatorio delle congiuntive, si manifesta con arrossamenti dell'occhio*).

---

1 Completa le frasi con i connettivi coordinanti per esprimere la funzione indicata, come nell'esempio.

	funzione
1. Non sono convinto che sia la scelta migliore, _tuttavia_ la sosterrò.	avversativa
2. La prossima estate _____ andrò in Scozia _____ visiterò l'Irlanda.	correlativa
3. Informa la segreteria, _____ il professore della tua assenza.	copulativa
4. Arrivate puntualmente a casa, _____ la mamma si preoccupa.	disgiuntiva
5. Il film è molto interessante, _____ lo proporrò alla classe.	conclusiva
6. Carlo _____ è un giovane studioso, _____ molto concreto.	correlativa
7. Informerò Giulio Russo, _____ parlerò con il responsabile.	dichiarativa/esplicativa
8. È un uomo scostante, _____ ha qualità di correttezza e precisione.	avversativa
9. Dubitavo dell'informazione, _____ poi è risultata falsa.	dichiarativa/esplicativa
10. Ti spieghi male, _____ sono io che non ti capisco.	disgiuntiva

2 Completa le frasi con i connettivi coordinanti della lista, come nell'esempio.

o... o – eppure – nonché – altrimenti – infatti – e... e – piuttosto – vale a dire – pertanto – non solo

1. La chiesa è già chiusa, _pertanto_ dovremo tornare domani se vogliamo visitarla.
2. Si è alzata la temperatura, _____ la neve si sta sciogliendo.
3. Non ho abbastanza tempo, _____ preparo l'esame, _____ scrivo la relazione.
4. Non guardare la tv, _____ apparecchia la tavola: il pranzo è pronto.
5. Ho conosciuto entrambi: _____ Filippo _____ Lorenzo.
6. La dialettologia, _____ lo studio dei dialetti, mi ha sempre affascinato.
7. Carlo non è venuto alla mia mostra, _____ me lo aveva promesso.

7.1. Connettivi/Congiunzioni coordinanti

8. Ti consiglio di indossare un maglione pesante, _____ di portare i guanti.
9. È bravo: _____ capisce tutto, ma parla anche senza fare errori.
10. Vi accompagnerà probabilmente Luisa, _____ vi posso portare anche io.

3 Completa il testo con i connettivi coordinanti della lista.

vale a dire – nondimeno – invece – pertanto – ovvero – tuttavia
infatti – non solo… ma anche – infatti – non solo… ma anche – e… e

Lo *sharenting* visto dagli adolescenti

Lo sviluppo tecnologico produce numerosi cambiamenti nelle famiglie e crea nuove abitudini, fra le quali c'è (1) _____ quella di condividere informazioni e foto personali sui *social network*, _____ quella di pubblicare dati sui propri figli. Questo fenomeno, definito "sharenting" (da *share*, "condividere" e *parenting*, "fare i genitori"), fa sì che molti genitori diano informazioni sui propri figli, relativi anche a prima della loro nascita, (2) _____ dati di quando erano ancora nel ventre materno, e postano la prima ecografia.

I genitori tendono a sottovalutare i rischi del proprio comportamento online, (3) _____ enti ed organizzazioni internazionali non si stancano di ricordare agli adulti di sviluppare una maggiore consapevolezza del Web e (4) _____ suggeriscono loro, fra le varie cose, un uso adeguato delle impostazioni sulla *privacy* dei *social network*. Su un altro fronte, gli psicologi studiano (5) _____ il punto di vista dei figli. Sebbene i bambini piccoli non abbiano ancora la percezione della propria identità digitale, (6) _____ dalla preadolescenza iniziano a essere consapevoli (7) _____ del comportamento dei propri genitori sui social _____ della presenza dei propri dati sul *Web*. Anche se gli adolescenti affermano di solito di comprendere i loro genitori, (8) _____ credono nelle loro buone intenzioni, (9) _____ molti sono preoccupati per questo comportamento e preferirebbero controllare i post dei genitori che li riguardano.

Lo *sharenting* può portare anche a "brutte sorprese", che riguardano (10) _____ l'accettazione dei pari – paura di ricevere commenti negativi –, _____ la possibilità di essere vittima di bullismo o cyberbullismo.

(S. Costa, *Quando i dati dei figli vanno on line*, «State of Mind», 30.10.2019, URL: https://bit.ly/3410v2O, ultimo accesso: 2.11.2022)

obiettivo grammatica

FORME | **USI E FUNZIONI**

7.2. Connettivi/Congiunzioni subordinanti

I connettivi subordinanti uniscono due o più frasi e specificano i legami logico-sintattici fra la principale e la subordinata.

(frasi) Laura e Paolo vanno a Roma **perché** vogliono visitare i Musei Vaticani.
Nonostante piova a dirotto, Francesca va a correre al parco.

- **I parte**

I connettivi subordinanti della tabella richiedono in genere il modo indicativo nella frase subordinata esplicita che introducono.

Esempi	Usiamo i connettivi subordinanti
– Lia ha dieci anni, **mentre** il fratello ne ha otto; Ho lasciato gli studi, **quando invece** tutti mi consigliavano di continuare; **Anziché** mettersi a studiare, è uscito; **Invece di** tornare a casa, è andato in palestra;	– **mentre** (*invece*), **quando** (*invece*); **anziché**, **invece di**… per esprimere un contrasto (funzione avversativa)
– **Dal momento che** non c'è nessun motivo per restare qui, andiamocene; **Poiché** il lavoro è terminato, me ne vado.	– **dal momento che** (*dato che*, *poiché*, *siccome*, *visto che*)… per esprimere la causa (funzione causale) + *perché*…
– **Dopo che** avrò cenato, uscirò; Puoi restare qui **finché** vorrai; **Non appena** sarai arrivato, chiamami; **Una volta che** sarai a casa, ti sentirai meglio.	– **dopo che**, **finché** (*fino a che*, *fino a quando*), **(non) appena** (*che*), **una volta che**… per esprimere il tempo (funzione temporale) + *mentre*, *quando*
– Il film era noioso **a tal punto che** siamo usciti dalla sala. Il libro era **così** bello **che** l'ho letto in poche ore.	– **a tal punto che**; **così… che** (*talmente… che*, *tanto… che*)… per esprimere la conseguenza (funzione consecutiva) (funzione consecutiva)

 OG1 ➜ p. 131, per gli esercizi sulle forme con i connettivi non evidenziati in viola nella tabella

---

Connettivi per esprimere subordinate soggettive, oggettive, relative

Non consideriamo in genere connettivi gli elementi (*che*, *cui*, *il/la quale*) che introducono le subordinate
- soggettive (*Mi sembra **che** sia una ottima persona*)
- oggettive (*Penso **che** il corriere passi verso le cinque*)
- relative (*Gli studenti **che**/**i quali** hanno terminato la prova possono uscire*).

LINGUA IN USO

Uso di *mentre* con valore avversativo
Nella lingua parlata di uso comune usiamo di frequente *mentre* con valore avversativo (*Sei andato via, **mentre** saresti dovuto restare*).

Uso di *dato che*, *dal momento che* al posto di *poiché*
Nella lingua parlata di uso comune usiamo di frequente al posto di *poiché*, con valore causale, *dato che*, *dal momento che* (***Dal momento che*** (= *poiché*) *non volevi parlare con me, me ne sono andato*).

7.2. Connettivi/Congiunzioni subordinanti

FORME | USI E FUNZIONI

7.2. Connettivi/Congiunzioni subordinanti

1 Completa le frasi con i connettivi subordinanti della lista per esprimere la funzione indicata, come nell'esempio.

> così… che – mentre – finché – siccome – perché – ~~dopo che~~ – mentre
> visto che – talmente… che – quando

	frase	funzione
1.	Riprenderemo a camminare verso il rifugio *dopo che* ci saremo riposati per almeno un'ora.	temporale
2.	La situazione climatica è **così** grave **che** gli Stati devono prendere dei seri provvedimenti.	consecutiva
3.	**Visto che** Palazzo Pitti il lunedì è chiuso, gli studenti possono andare a visitare il Giardino di Boboli.	causale
4.	**Mentre** Lorenzo è un ragazzo gentile e discreto, il suo amico è scortese e impiccione.	avversativa
5.	Siamo entrati nel portone dell'edificio per trovare riparo **perché** pioveva a catinelle.	causale
6.	La nostra casa è a vostra disposizione e potete fermarvi senza problemi a Firenze **finché** vorrete.	temporale
7.	Sono entrato nella sala del convegno proprio **mentre** il rettore faceva una lezione magistrale su Dante Alighieri.	temporale
8.	Il film *This Must Be the Place* di Paolo Sorrentino è **talmente** bello **che** l'ho guardato due volte.	consecutiva
9.	Ragazzi, **siccome** stasera ho molta fame, ordino non solo la pizza ma anche l'antipasto.	causale
10.	Stamani, **quando** sono uscito, la temperatura era sotto lo zero, ma ora ci sono almeno dieci gradi.	temporale

- **II parte**

I connettivi subordinanti della tabella richiedono nella frase subordinata esplicita che introducono in alcuni casi il modo indicativo e in altri casi il modo congiuntivo, oppure entrambi, come nel caso dei connettivi con funzione comparativa, o di quelli con funzione interrogativa.

Esempi	Usiamo i connettivi subordinanti
– Luca è **così** disponibile **come** credevo; È **meglio** andare **che** restare; È **meno** faticoso andare in treno che andare in macchina; È **più** interessante ascoltarlo **che** leggerlo; È **più** intelligente **di quanto** tu credi (= creda); Farei qualsiasi cosa **piuttosto che** mettermi a studiare.	– **(così)…come** (**(tanto)…quanto**), **meglio/peggio… che** (**meglio/peggio… di quanto**), **meno… che**, **più… che…**, **piuttosto che**… per esprimere una comparazione (funzione comparativa)
– **A quanto** dice la stampa, il governo non cadrà; **Per quanto** ne so, Lia è ancora qui; **Secondo quanto** stabilisce la legge, Carlo è colpevole.	– **a quanto**, **per quel(lo) che** (**per quanto**), **secondo quanto**… per esprimere una limitazione (funzione limitativa)
– Mi chiedo **che cosa** abbia (= ha fatto); Mi informo su **chi** debba (= devo) scegliere; Mi chiedo **come** stia (= sta); Mi ha chiesto **dove** abitassi (= abitavo) da giovane.	– **che cosa, chi, come, dove, perché**… per esprimere una domanda (funzione interrogativa)

obiettivo grammatica

FORME | **USI E FUNZIONI**

Esempi	Usiamo i connettivi subordinanti
– Ti presto la macchina **a condizione che** tu guidi con prudenza; **Qualora** voi siate in difficoltà, avvertitemi; **Se** facesse bel tempo, andrei al mare.	– **a condizione che** (**a patto che**, **purché**), **qualora**, **se**… per esprimere la condizione (funzione condizionale)
– **Anche se** non hai sete (= sebbene tu non abbia sete), prendi una birra con noi; **Benché** abbia l'influenza, vuole venire.	– **anche se**, **benché** (**malgrado**, **nonostante**, **sebbene**, **per quanto**)… per esprimere la causa di un effetto inatteso (funzione concessiva)

LINGUA IN USO

Uso di *come mai* e di *com'è che* al posto di *perché*
Nella lingua parlata di uso colloquiale, al posto di *perché*, con valore interrogativo, usiamo frequentemente *come mai* (*Mi chiedo **come mai** (= perché) te ne sei andato via?*) e *com'è che* (*Carlo si domanda **com'è che** Giulia ha deciso di non venire*).

Uso di *anche se* al posto di *sebbene* e *quantunque*
Nella lingua parlata di uso comune, al posto di *sebbene*, con valore concessivo, usiamo frequentemente *anche se* (***Anche se** non hai (= sebbene tu non abbia) più la febbre, resta a casa ancora qualche giorno*).

Indicativo e congiuntivo nelle subordinate che esprimo una domanda (interrogative indirette)
Nella lingua parlata di uso comune l'uso del modo congiuntivo nelle interrogative indirette non è obbligatorio e riguarda gli usi più formali della lingua (*Mi domandò come fossi riuscito (= ero riuscito) a tornare a casa in così poco tempo*), ed esprime incertezza (*Ci domandiamo come Anna si sia trovata (= si è trovata) in quella famiglia*).

---

2 Completa le frasi con i connettivi subordinanti della lista per esprimere la funzione indicata, come nell'esempio.

malgrado – anche se – a condizione che – se – come – sebbene – secondo quanto – ~~meglio di quanto~~ – meno… di quanto – qualora

	funzione
1. Per fortuna l'esame cardiologico di nostra madre è andato *meglio di quanto* pensavamo.	comparativa
2. _____ ha detto ieri il professore, l'appello dell'esame ci sarà in dicembre e non in novembre.	limitativa
3. Ragazzi, _____ abbiate finito il compito, potete uscire dalla classe.	condizionale
4. Pietro continua ad avere una brutta tosse _____ è guarito dalla bronchite.	concessiva
5. Il sentiero è lungo, ma è molto _____ impegnativo _____ sembri.	comparativa
6. _____ si impegni, fatica a trovare un lavoro nel settore dell'insegnamento.	concessiva
7. Compreremo il motorino a Marta _____ lei ottenga dei buoni voti a scuola.	condizionale
8. Anna non è mai venuta a casa mia, _____ l'abbia invitata in più occasioni.	concessiva
9. Mi piacerebbe iscrivermi a un corso di yoga, _____ non finissi di lavorare così tardi.	condizionale
10. Mi chiedo _____ stia la madre di Matteo dopo quel brutto incidente domestico.	interrogativa

7.2. Connettivi/Congiunzioni subordinanti

FORME | **USI E FUNZIONI**

- **III parte**

I connettivi subordinanti della tabella richiedono in genere il modo congiuntivo nella frase subordinata esplicita che introducono.

Esempi	Usiamo i connettivi subordinanti
– Ti chiamo **prima che** tu parta.	– **prima che** per esprimere il tempo (funzione temporale)
– Andiamo al cinema, **a meno che** tu **non** abbia un'altra idea; Potevo pensare tutto, **fuorché** tu mi lasciassi.	– **a meno che** (**eccetto che**, **salvo che**, **tranne che**), **fuorché** per esprimere una restrizione (funzione eccettuativa)
– Mi ha pregato **affinché** gli dicessi la mia opinione.	– **affinché** (**perché**)… per esprimere il fine (funzione finale)
– Si comporta **come se** fosse un amico intimo; Agisci **in modo che** vengano entrambi.	– **come** (**se**) (**quasi**), **in modo che**… per esprimere il modo (funzione modale)
– Carlo ama Anna **senza che** lei lo sappia.	– **senza che** per esprimere una esclusione (funzione esclusiva)

I connettivi subordinanti del riquadro richiedono in genere il modo congiuntivo nella frase subordinata che introducono (*Ti parla **quasi fosse** un tuo superiore*), fa eccezione *fuorché*, che richiede in genere l'infinito semplice (*Accetto ogni critica, **fuorché sentirmi** dare dell'intransigente*).

3 Abbina le parti di frasi e indica la funzione del connettivo sottolineato, come nell'esempio.

1. Ti ripeto il luogo dell'appuntamento,
2. Rispondete alla proposta di lavoro
3. Si comportava severamente con i figli
4. Mi sento triste in questi giorni
5. <u>Prima che</u> vi mettiate a tavola,
6. Stasera andiamo al cinema,
7. Vi ricordo la data di consegna della tesi
8. Non ti chiedo molto,
9. Mi ha raccontato dei fatti personali
10. <u>A meno che</u> tu non voglia riposarti,

a. <u>perché</u> imparassero a essere educati.
b. è necessario che vi laviate le mani.
c. accompagnami in città a fare spese.
d. <u>nel modo che</u> ritenete più adeguato.
e. <u>tranne che</u> tu sia più comprensivo con me.
f. <u>come se</u> ci fosse molta confidenza fra noi.
g. <u>senza che</u> sia successo niente di grave.
h. <u>affinché</u> tu non ti possa sbagliare.
i. <u>perché</u> vi possiate organizzare per tempo.
l. <u>a meno che</u> Anna non voglia restare a casa.

1	2	3	4	5	6	7	8	9	10
h									
finale									

obiettivo grammatica

FORME **USI E FUNZIONI**

4 Completa il testo con i connettivi della lista.

se – anche se – sebbene – qualora – quasi – come se – poiché

Giovani e adulti sono divisi anche nell'informazione

Giovani e adulti in Italia si informano attraverso strumenti diversi. Le abitudini di lettura variano molto in base all'età. Mentre per gli anziani le fonti di *news* sono ancora giornali e televisione, tra i *millennials* e i giovani di età compresa tra i 18 e i 29 anni vincono i *social network* e Internet, (1) _____ questi ultimi siano centrali anche per i più adulti *baby boomers*.

È (2) _____ ci trovassimo davanti a una profonda ridefinizione per età dei media di riferimento. Se non che, in fondo, è forse sempre stato così. I giornali dei padri, infatti, difficilmente sono i giornali dei figli (3) _____ i conflitti generazionali sono da sempre il motore del cambiamento.

L'attenzione dei giovani è dunque catturata dalle nuove tecnologie, che regolano la vita sociale e quantificano il livello di socialità e di successo per mezzo del numero di *like* e *follower*. Tramontano invece i miti dell'immaginario collettivo validi dal secondo dopoguerra in poi, vale a dire il posto fisso, la casa di proprietà, l'automobile nuova. (4) _____ sono sempre dimensioni importanti, le nuove generazioni le pongono in secondo piano. L'attenzione dei giovani si concentra sul "qui e ora", dimensione accentuata dalle dinamiche dei *social network*, che enfatizzano il presente (5) _____ volessero eliminare passato e futuro. Prevale inoltre il richiamo al *selfie* come strumento di ascesa sociale. Sono infine più attenti alla cura del corpo, dai tatuaggi al *fitness* e alla chirurgia estetica.

(6) _____ è vero che la società sta spostando i propri interessi sulle nuove forme di comunicazione, i miti di un tempo saranno sempre più marginali. Il problema che si pone è quindi come fare a ricostruire un nuovo immaginario collettivo per il presente e il futuro del Paese. (7) _____ le nuove tecnologie siano la forma, quale sarebbe il contenuto?

(Testo adattato, S. Maccolini, *Giornali, tv, social: giovani e vecchi sono divisi anche nell'informazione*, "LINKCHIESTA", 16.01.2019, URL: https://bit.ly/31FOIup, ultimo accesso: 2.11.2022).

obiettivo grammatica

FORME | **USI E FUNZIONI**

8. LINGUAGGIO DI GENERE

La lingua italiana dispone di due generi: il maschile e il femminile (non dispone del genere neutro). Solitamente nella comunicazione pubblica (documenti amministrativi, documenti legali, corrispondenza) si usa il cosiddetto "maschile generico" per riferirsi al maschile e al femminile, tuttavia questo uso può essere interpretato come segno di discriminazione linguistica. Pertanto, si sente la necessità di dare pari valore ai due generi utilizzando i mezzi di cui dispone la lingua per evitare qualsiasi tipo di gerarchia linguistica.

La classe di parole che è maggiormente coinvolta nell'uso del maschile generico è quella dei nomi di professione. Le ragioni dell'uso del maschile generico sono di ordine socioculturale e sono legate al fatto che molte professioni un tempo erano svolte in modo quasi esclusivo da uomini. In relazione alle trasformazioni in atto nella società si sente quindi il bisogno di adeguare la lingua a tali cambiamenti sociali e di formare nuove abitudini linguistiche che diano pari visibilità alle donne come agli uomini.

Quando si fa riferimento a più persone, è possibile adottare o strategie linguistiche che diano visibilità a entrambi i generi (strategie di sdoppiamento), o strategie linguistiche che non specifichino il genere (strategie di oscuramento), e valutare di volta in volta quella più adeguata in relazione al contesto (p. es. tipo di testo, lunghezza del testo). Per mantenere la leggibilità del testo può essere opportuno ricorrere a strategie diverse anche all'interno di uno stesso testo.

Le strategie per utilizzare un linguaggio sensibile alle differenze di genere riguardano i seguenti fenomeni: posizione delle parole e strutture sintattiche, nomi, aggettivi, pronomi.

FORME

- **Scelte sintattiche**
- **Posizione delle parole**

Esempi	Fenomeni
– *Il segretario* Riccardo Neri e *la segretaria* Angela Rossi partecipano al Consiglio di istituto. / *La segretaria* Angela Rossi e *il segretario* Riccardo Neri partecipano al Consiglio di istituto.	– Utilizzo dell'ordine maschile + femminile o femminile + maschile

Ordine femminile + maschile
L'ordine femminile + maschile non è adeguato se l'aggettivo, che ha l'accordo al maschile, precede il nome (*i noti esperti*). In questo caso è consigliabile l'uso dell'ordine maschile + femminile (*I noti esperti ed esperte*), oppure di una forma diversa (*le esperte e gli esperti di fama*).

- **Forma passiva (strategia di oscuramento)**

USI E FUNZIONI

Esempi	Fenomeni
– *I laureandi* devono consegnare la tesi in segreteria entro domani > La tesi deve *essere consegnata* in segreteria entro domani.	– Uso della forma passiva (senza il complemento d'agente)

obiettivo grammatica

FORME | **USI E FUNZIONI**

- **Forma impersonale** (strategia di oscuramento)

Esempi	Fenomeni
– *I ricercatori* devono scegliere i rappresentanti nel Senato accademico. > *Si devono* scegliere i/le rappresentanti nel Senato accademico.	– Uso della forma impersonale

- **Nome**
- Uso di nomi collettivi (strategia di oscuramento)

Esempi	Fenomeni
– *I professori* si riuniscono oggi in assemblea. > *Il corpo docente* si riunisce oggi in assemblea. – In questo istituto *gli studenti* di origine straniera sono il 60% > In questo istituto *la popolazione studentesca* di origine straniera è il 60%.	– Preferenza di nomi collettivi per indicare il ruolo svolto (*corpo docente/insegnante, direzione, magistratura, personale dipendente/docente, servizio di assistenza, utenza*)

- Uso di forme prive di referenza di genere (strategia di oscuramento)

Esempi	Fenomeni
– *Gli impiegati* sono in attesa del rinnovo di contratto. > *Il personale impiegatizio* è in attesa del rinnovo di contratto.	– Uso di forme neutre e opache riguardo al genere (*individuo, persona, soggetto*)

- Omissione di nomi con referenza di genere (strategia di oscuramento)

Esempi	Fenomeni
– Sono previste agevolazioni economiche per la partecipazione a convegni per *le dottorande* e *i dottorandi*. > Sono previste agevolazioni economiche per la partecipazione a convegni.	– Omissione dei nomi che richiedono l'indicazione dei due generi

- Uso di nomi di entrambi i generi (strategia di visibilità)

Esempi	Fenomeni
– *I colleghi* presenteranno domani il progetto. > *Le colleghe* e *i colleghi* presenteranno domani il progetto.	– Sdoppiamento dei generi e uso di forma estesa

- Sdoppiamento dell'articolo e della preposizione (strategia di visibilità)

Esempi	Fenomeni
– *Il dirigente* svolgerà le mansioni indicate al punto (b) > *Il/La dirigente* svolgerà le mansioni indicate al punto (b); Il comunicato *del responsabile* è di ieri > Il comunicato *del/della responsabile* è di ieri.	– Sdoppiamento dell'articolo e della preposizione quando il nome è uguale al maschile e al femminile (in documenti amministrativi: bandi di concorso, moduli…)

8. Linguaggio di genere

| | FORME | USI E FUNZIONI |

– Uso di nomi con forma unica per entrambi i generi

Esempi	Fenomeni
– **Le professoresse e i professori** hanno il dovere di far rispettare la disciplina in classe. >**Le/I docenti** hanno il dovere di far rispettare la disciplina in classe.	– Preferenza per nomi con una unica forma per maschile e femminile

– Sdoppiamento dell'articolo e forma contratta del nome (strategia di visibilità)

Esempi	Fenomeni
– **Il segretario** e **la segretaria** della Presidenza hanno l'ufficio al piano superiore > **Il/La segretario/a** della Presidenza hanno l'ufficio al piano superiore.	– Sdoppiamento dell'articolo con forma contratta del nome (in documenti amministrativi: bandi di concorso, moduli…)

Uso della forma contratta
Per motivi di economia grafica, soprattutto in testi brevi (moduli), è possibile abbreviare con la barra obliqua "/" le espressioni che contengono due nomi di genere diverso uniti dal connettivo coordinante e (*le alunne e gli alunni* > **le/gli alunni/e**).

Accordo articolo + nome
L'articolo è coerente per genere (maschile, femminile) e numero (singolare, plurale) con il nome a cui si riferisce, usiamo pertanto *la sindaca*, *la ministra*, e non ~~la sindaco~~, ~~la ministro~~. (**La sindaca** ha inaugurato il nuovo padiglione della fiera).

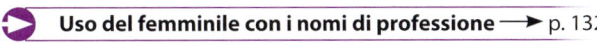 Uso del femminile con i nomi di professione → p. 132

- **Aggettivo**
– Accordo nome-aggettivo/verbo (participio)

Esempi	Fenomeni
– **Gli studenti** e **le studentesse** sono **stati ammessi** alla prova. / **Le studentesse** e **gli studenti** sono **stati ammessi** alla prova	– Uso dell'ordine femminile + maschile per l'accordo dell'aggettivo e del participio con nomi plurali di genere diverso

Accordo nome-aggettivo
Quando l'aggettivo qualificativo si riferisce a più nomi
- di genere maschile, l'aggettivo è maschile plurale (*Pietro e Giorgio sono italiani*)
- di genere femminile, l'aggettivo è femminile plurale (*Gina e Angela sono italiane*)
- di genere diverso, l'aggettivo è maschile plurale (*Gina e Pietro sono italiani*).

Quando i nomi di genere diverso sono al plurale è preferibile collocare il nome maschile vicino all'aggettivo (*Le bambine e i bambini sono italiani*), ma è anche possibile l'accordo al femminile plurale se il nome femminile è vicino all'aggettivo (*I bambini e le bambine sono italiane*) anche se la frase è ambigua.

Accordo nome-aggettivo/verbo
L'accordo di aggettivi e participi è al maschile plurale quando i nomi di genere diverso sono al singolare (*La studentessa e lo studente tedeschi sono stati ammessi alla prova/Lo studente e la studentessa tedeschi sono stati ammessi alla prova*).

obiettivo grammatica

FORME | **USI E FUNZIONI**

- Uso dell'aggettivo che comprende entrambi i generi

Esempi	Fenomeni
– L'assemblea di **studentesse e studenti** è stata convocata per domani. > L'assemblea **studentesca** è stata convocata per domani.	– Utilizzo dell'aggettivo comprensivo di entrambi i generi che deriva dal nome

- Uso dell'aggettivo con forma unica per entrambi i generi

Esempi	Fenomeni
– **Egregi** colleghi ed **egregie** colleghe, sono lieto di comunicare la fine dei lavori alla biblioteca. > **Gentili** colleghi e colleghe, sono lieto di comunicare la fine dei lavori alla biblioteca.	– Scelta di aggettivi con una unica forma per maschile e femminile

• Pronomi
- Uso dei pronomi relativi e indefiniti

Esempi	Fenomeni
– **Gli studenti** e **le studentesse** che desiderano iscriversi al corso possono farlo da domani. > **Chi** desidera iscriversi al corso può farlo da domani. – **Le colleghe** e **i colleghi** che intendono prendere le ferie nei mesi estivi devono comunicarlo entro il mese di febbraio. > **Chiunque** intenda prendere le ferie nei mesi estivi, deve comunicarlo entro il mese di febbraio.	– Utilizzo di pronomi relativi (*chi*) e di pronomi indefiniti (*chiunque*) comprensivi di entrambi i generi

---

LINGUA IN USO

Usi sconsigliati della lingua

Per favorire la diffusione di un linguaggio inclusivo, in alcuni contesti è fortemente sconsigliabile usare

- il titolo di "Signora" in un contesto professionale (*gentile architetta/professoressa/dottoressa* e non *gentile signora*)
- il suffisso –*essa* con i nomi di professione che hanno un regolare femminile in –*a* o in –*ante/–ente* (*l'avvocata* e non *l'avvocatessa*; *la presidente* e non *la presidentessa*)
- il titolo di "Signorina" (in passato usato con il significato di "donna non sposata"), che non ha un corrispettivo nel genere maschile, e che fa esplicito riferimento allo stato civile di una donna non rispettandone la *privacy* (*cara signora* e non *cara signorina*)
- l'articolo davanti al solo cognome femminile e non maschile (*Loren e Mastroianni* e non *la Loren e Mastroianni*).

8. Linguaggio di genere

FORME **USI E FUNZIONI**

8. Linguaggio di genere

1 Riformula le frasi e usa la forma passiva senza il complemento d'agente.

1. Gli studenti superano l'esame con il punteggio minimo di 60 punti su 100.

2. I corsisti devono compilare il modulo di valutazione del master.

3. Gli inquilini potranno riconsegnare l'appartamento entro la fine del mese.

4. Il prestatore d'opera allegherà una marca da bollo da 16 euro alla domanda.

2 Riformula le frasi e sostituisci i nomi sottolineati con nomi comprensivi dei due generi.

1. <u>Le signore e i signori</u> possono accomodarsi nella sala d'attesa del medico.

2. <u>Il segretario e la segretaria della direzione</u> sono in riunione con i responsabili del progetto.

3. <u>Gli impiegati e le impiegate della segreteria</u> sono in assemblea sindacale.

4. Il comitato <u>delle professoresse e dei professori</u> si riunirà nel pomeriggio.

3 Riformula le frasi e sostituisci le parti sottolineate con un pronome (*chi, chiunque*).

1. Alla selezione sono ammessi <u>i candidati</u> che sono in possesso di diploma di laurea.

2. Tutti <u>gli studenti immatricolati</u> possono accedere gratuitamente ai servizi della struttura.

3. <u>I dottorandi</u> che si vogliono addottorare quest'anno devono fare domanda entro il 30 maggio.

4. <u>Qualsiasi lavoratore</u> che ha compiuto il trentesimo anno di età può partecipare al concorso

obiettivo grammatica

FORME | **USI E FUNZIONI**

4a Scrivi i nomi maschili della lista nel riquadro corretto.

architetto – archivista – assegnista – astronomo – commissario – fisioterapista – giudice – biotecnologo – consigliere – magistrato – medico – educatore – pediatra – presidente – professore – supervisore – rettore – psicologo – ingegnere – interprete – editore – responsabile – sindaco – infermiere – assessore – notaio – docente – insegnante

–o (–logo), –aio, –ario	–ista	–e	–ante/–ente

–iere	–tore	–sore	–a

4b Trasforma i nomi della lista (attività 4a) al femminile e scrivili nel riquadro corretto.

–a (–loga), –aia, –aria	–ista	–e	–ante/–ente (–essa)

–iera	–trice	–sora/–essa	–a

5 Riformula le espressioni evidenziate e usa lo sdoppiamento dei generi e la forma estesa.

Commissione d'esame

In ogni istituzione scolastica statale, le funzioni di Presidente della Commissione d'esame sono svolte (1) dal dirigente scolastico preposto _____. In caso di sua assenza o di impedimento, tali funzioni saranno svolte da (2) un docente collaboratore _____ (3) del dirigente scolastico _____, appartenente al ruolo della scuola secondaria di I grado.

In ogni istituzione scolastica paritaria le funzioni di Presidente sono svolte (4) dal coordinatore _____ delle attività educative e didattiche.

8. Linguaggio di genere

6 Riformula le espressioni evidenziate e usa le indicazioni sul linguaggio di genere. Trasforma il verbo quando è sottolineato.

Bando di concorso per l'assegnazione di borse di studio per soci studenti

Obiettivi

Il presente bando regolamenta l'erogazione per l'anno 2022 di borse di studio ai Comitati esteri della Società Dante Alighieri, con l'obiettivo di offrire (1. sdoppiamento dei generi) ai propri soci _____ la possibilità di migliorare la conoscenza della lingua italiana partecipando ai corsi erogati dalla Dante presso le proprie scuole in Italia.

Il corso

(2. pronome relativo) I fruitori _____ della borsa di studio parteciperanno a un corso di lingua italiana erogato da una delle cinque Scuole di Italiano della Società Dante Alighieri. Le Scuole di Italiano di Roma, Firenze, Milano, Bologna e Torino organizzano corsi di lingua e cultura italiane rivolti a (3. sdoppiamento dei generi) tutti gli studenti stranieri _____ che decidono di avvicinarsi per la prima volta o di approfondire lo studio della lingua e della cultura italiane. I corsi di lingua coprono tutti i livelli, dall'A1 al C2 secondo il Quadro comune europeo di riferimento per le lingue (QCER).

Il corso di lingua italiana erogato avrà le seguenti caratteristiche:

- 40 ore di lezione concentrate in due settimane di corsi.
- (4. sdoppiamento dell'articolo e forma contratta del nome) Lo studente _____ avrà la possibilità di partecipare alle lezioni del corso di lingua adeguato al suo livello di conoscenza dell'Italiano (da A2 a C1). Non sono ammesse richieste per corsi di conversazione.

Il Comitato dovrà indicare nella domanda di partecipazione i nominativi (5. sdoppiamento della preposizione e del nome; ordine delle parole) dei candidati _____, i quali dovranno soddisfare i seguenti requisiti:

a) Essere (6. sdoppiamento del nome; ordine delle parole) soci _____ attivi del Comitato per l'anno 2022 ed essere regolarmente registrati nell'Intranet della Società Dante Alighieri.

b) Essere maggiorenni. La verifica della sussistenza delle condizioni suddette è a carico del Comitato che inoltra la domanda alla sede presso la quale (7. pronome relativo) il candidato _____ è tesserato.

(Fonte: (testo adattato) s.a. *Bando di concorso per l'assegnazione di borse di studio per soci studenti della Società Dante Alighieri*, «Società Dante Alighieri», 2019, URL: https://bit.ly/38vxfIS).

obiettivo grammatica

TEST DI CONTROLLO E TAVOLE DEI VERBI

Per scaricare i test di controllo, con le soluzioni, e le tavole dei verbi, inquadra il **codice QR** con la telecamera del tuo cellulare.

Attenzione! Se non riesci a usare il **codice QR,** segui questo percorso online:

1. Vai sul sito www.ornimieditions.com/it
2. Risorse Gratuite
3. Obiettivo Grammatica 2
4. Clicca e segui il percorso indicato per scaricare i test o le tavole dei verbi

obiettivo grammatica

INDICE LINGUA IN USO

SEZIONE 1 – VERBO

LINGUA IN USO

Modi e tempi verbali	*OG1, p.	*OG2, p.
Indicativo		
• Uso dell'indicativo al posto del congiuntivo nelle interrogative indirette		55, 65, 113
• Uso dell'indicativo al posto del congiuntivo dopo verbi di opinione		55, 65
Indicativo presente		
• Uso dell'indicativo presente di *esserci*	10	
• Uso dell'indicativo presente al posto del futuro semplice	15, 28	96
• Uso dell'indicativo presente al posto del passato		11
• Uso di *dovere, potere, volere, sapere*	17	
Indicativo passato prossimo		
• Uso del passato prossimo e differenze regionali		15
• Uso del passato prossimo al posto del futuro composto		28
Indicativo imperfetto		
• Uso dell'indicativo imperfetto		18
• Uso dell'indicativo imperfetto al posto del condizionale semplice	37	
• Uso dell'indicativo imperfetto al posto del condizionale composto		44, 99
• Uso dell'indicativo imperfetto nel periodo ipotetico (discorso indiretto)		111
Indicativo trapassato prossimo		
• Uso del trapassato prossimo		21
• Uso del trapassato prossimo nel periodo ipotetico dell'irrealtà (III tipo)		44, 68
• Uso dell'indicativo imperfetto nel periodo ipotetico dell'irrealtà (III tipo)		93
Indicativo futuro semplice		
• Uso del futuro semplice per esprimere dubbi o supposizioni		25
• Uso del futuro semplice al posto del futuro composto		28
• Uso dell'infinito e del futuro semplice al posto dell'imperativo		48
• Uso dell'indicativo presente al posto del futuro semplice		96
Indicativo futuro composto		
• Uso del futuro composto per esprimere dubbi o supposizioni		28
• Uso del futuro semplice al posto del futuro composto		28
Indicativo passato remoto		
• Uso del passato remoto e differenze regionali		33
• Uso del passato remoto al posto del trapassato remoto		33
Imperativo		
• Uso dell'imperativo attenuato	42	
• Uso dell'imperativo rafforzato	42	
• Uso dell'infinito e del futuro semplice al posto dell'imperativo		48
Condizionale		
• Uso del condizionale nel linguaggio giornalistico		41, 44
Condizionale semplice		
• Uso dell'indicativo imperfetto al posto del condizionale semplice	37	
Congiuntivo		
• Uso dell'indicativo al posto del congiuntivo nelle interrogative indirette		55, 65, 113

217

obiettivo grammatica

INDICE LINGUA IN USO

LINGUA IN USO

Modi e tempi verbali	*OG1, p.	*OG2, p.
• Uso dell'indicativo al posto del congiuntivo nelle interrogative indirette		105
• Uso dell'indicativo al posto del congiuntivo dopo verbi di opinione		55, 65
Congiuntivo presente		
• Uso del congiuntivo esortativo di III persona plurale (Loro)		48
Infinito semplice		
• Uso dell'infinito e del futuro semplice al posto dell'imperativo		48

SEZIONE 2 – ARTICOLO, NOME, AGGETTIVO, PRONOME, AVVERBIO, PREPOSIZIONI, CONNETTIVI, LINGUAGGIO DI GENERE

LINGUA IN USO

Argomenti	*OG1, p.	*OG2, p.
Articolo		
Articolo determinativo		
• Uso dell'articolo determinativo con i nomi propri di persona femminili		120
• Uso dei cognomi femminili senza articolo determinativo		121
Articolo indeterminativo		
• Uso dell'articolo indeterminativo con pneumatico		123
Formazione del femminile		
• Uso del femminile con i nomi di professione		132
Aggettivo		
Aggettivo qualificativo		
• Uso del superlativo assoluto	79	144
• Uso dell'aggettivo qualificativo al posto dell'avverbio		140, 186
Aggettivi e pronomi		
• Uso dei dimostrativi	86	
• Uso dei dimostrativi *questo* e *quello* al posto di *ciò*		150
• Uso di *come mai* al posto di *perché*	94	
• Uso di *che* al posto di *quale*	94	
• Uso di *che, che cosa, cosa*	94	
Pronome		
• Uso del pronome indiretto *gli*	107	
• Uso dei pronomi allocutivi		163
• Uso di *a me mi*	107	
• Uso della particella avverbiale e pronominale *ci*		174
• Uso di *dove* al posto di *cui* e delle forme invariabili		180
• Uso di *che* al posto di *in cui*		180
Avverbio		
• Uso dell'aggettivo qualificativo al posto dell'avverbio		140, 186
• Uso del superlativo assoluto		144, 191
• Uso di *maggiormente* e di *leggermente*		191

obiettivo grammatica

INDICE LINGUA IN USO

LINGUA IN USO

Argomenti	*OG1, p.	*OG2, p.
Preposizione		
• Forma delle preposizioni articolate		196
Connettivi		
Connettivi coordinanti		
• Uso di *piuttosto che*		202
• Usi formali dei connettivi		202
Connettivi subordinanti		
• Uso di *mentre* con valore avversativo		204
• Uso di *come mai* e di *com'è che* al posto di *perché*		206
• Uso di *anche se* al posto di *sebbene* e *quantunque*		206
• Indicativo e congiuntivo nelle subordinate che esprimono una domanda (interrogative indirette)		206
Linguaggio di genere		
• Usi sconsigliati della lingua		212

*OG1 ⊃ Obiettivo Grammatica volume 1
*OG2 ⊃ Obiettivo Grammatica volume 2

SOLUZIONI

SEZIONE 1
SEZIONE 2

obiettivo grammatica

SEZIONE 1 - VERBO

1. INDICATIVO, p. 10

1.1. Indicativo – Presente, p. 10
1 1. si surriscalda, e; 2. girano e; 3. scoppia, a; 4. esce, d; 5. sono, c; 6. vado, b; 7 comanda, e
2 2. Luciano Pavarotti nasce nel 1935 e muore nel 2007; 3. L'acqua gela a 0° gradi; 4. Gli esami di maturità si svolgono oggi; 5. Le elezioni comunali hanno luogo il prossimo mese; 6. In estate annaffiamo le piante più spesso; 7. Nelle/Alle elezioni politiche del 1948 la Democrazia Cristiana ottiene il 48% dei voti; 8. Chi fa da sé, fa per tre
3 1. nasce; 2. è, 3. ha, 4. vuole, 5. inizia, 6. si trasferisce, 7. migliora, 8. mostra, 9. avviene, 10. comincia, 11. portano, 12. Sono; 13. produce, 14. offre, 15. conosce

1.2. Indicativo – Passato prossimo, p. 13
1 1. sono andate, b; 2. ha rischiato, c; 3. hanno sentito, d; 4. hanno costruito, a; 5. sono aumentati, b; 6. se ne è andata, d
2 1. Si è trasferita; 2. leggeva; 3. guardavano; 4. è riuscita; 5. ho frequentato; 6. provava; 7. ho vissuto; 8. hanno venduto
3 1. ha scoperto; 2. ha deciso; 3. ha superate; 4. si è dovuto; 5. ha potuto; 6. ha proposto; 7. ha dovuto; 8. ha partecipato; 9. ha riscosso; 10. è stato nominato; 11 hanno celebrato; 12. ha ricevuto

1.3. Indicativo – Imperfetto, p. 17
1 1. si rompeva, chiedevo, a; 2. salivano, rubava, b; 3. finivo, mi rompevo, e; 4. eri, portava, c; 5. si verificava, determinava, b; 6. volevo, volevo, d
2 1. portavo; 2. hanno proclamato; 3. eri; 4. lo conoscevo; 5. mi trovavo; 6. ho studiato; 7. sono rimasta; 8. ci conoscevamo
3 1. ascoltava; 2. preparavano; 3. teneva; 4. bastava; 5. succedeva; 6. voleva; 7. dipendeva; 8. era; 9. raccoglieva; 10. guardava; 11. soffriva

1.4. Indicativo – Trapassato Prossimo, p. 20
1 2. avevo ritratto; 3. aveva deciso; 4. ti eri allontanato/a; 5. avevate telefonato; 6. avevo finito; 7. aveva chiuso; 8. avevano dato; 9. si era annoiata; 10. avevamo capito: 11. avevate riflettuto; 12. avevano detto; 13. ci eravamo addormentati/e; 14. avevi vinto; 15; avevamo fatto; 16. aveva aperto
2 1. ti eri nascosto/a; 2. avevano temuto; 3. si era servito/a; 4. avevate scritto; 5. avevano fatto; 6. eri stato/a; 7. avevate letto; 8. aveva tradotto; 9. ti eri divertito/a; 10. avevate incontrato; 11. aveva detto; 12. erano andati/e; 13. eravamo partiti/e; 14. avevi supposto; 15. avevamo chiesto
3 1. era stato, d; 2. avevano frequentato, a; 3. Erano successe, d; 4. eravamo venuti, c; 5. aveva provato, b; 6. mi ero dimenticato/a, a
4 1. abbiamo deciso; 2. avevamo avuto; 3. ci eravamo fermate; 4. avevamo visto; 5. abbiamo scelto; 6. avevo prenotato; 7. ha detto; 8. eravamo atterrate; 9. ci siamo rese; 10. avevamo mai fatto
5 **Testo 1.** Caterina de' Medici: 1. aveva cresciuta; 2. si era diffuso; **Testo 2.** Cristoforo Colombo: 3. avevano dimostrato; 4. aveva fornito; **Testo 3**: Michelangelo Buonarroti: 5. era diventato; 6. avevano abbozzato

1.5. Indicativo – Futuro semplice, p. 24
1 1. avrà, b; 2. potrete, c; 3. sarà, b; 4. inaugureranno, d; 5. sarà, a
2 2. Luca non si troverà a suo agio con i colleghi; 3. I pazienti staranno seguendo una dieta; 4. Saprete già la mia risposta; 5. Luca starà studiando in biblioteca; 6. I miei compagni staranno mangiando alla mensa; 7. Le mie amiche Sara e Paola saranno malate; 8. Il professore starà correggendo i compiti.
3 1. accadrà; 2. assisteremo; 3. cambierà; 4. trarrà; 5. saranno; 6. saranno; 7. aumenterà; 8. sarà; 9. potremo; 10. faranno

1.6. Indicativo - Futuro composto/anteriore, p. 27
1 2. voi vi sarete alzati/e; 3. loro avranno preso; 4. lui sarà rimasto; 5. io mi sarò dedicato/a; 6. voi sarete saliti/e - avrete salito; 7. tu sarai guarito/a - avrai guarito; 8. lui si sarà pentito; 9. noi saremo vissuti/e - avremo vissuto; 10. io avrò scritto; 11. loro si saranno accomodati/e; 12. tu avrai spiegato; 13. voi sarete usciti/e; 14. noi ci saremo chiariti/e; 15. lei sarà ritornata; 16. io mi sarò preparato/a
2 1. ti sarai divertito/a; 2. avrete ottenuto; 3. mi sarò trovato/a; 4. avremo vinto; 5. sarà giunto/a; 6. avranno scommesso; 7. avrete deciso; 8. saranno scomparsi/e; 9. avrete risposto; 10. sarà nato/a; 11. avrai preferito; 12. avremo acceso; 13. ti sarai messo/a; 14. avrò tolto; 15. avranno ridotto
3 2. avrò finito, A; 3. avrai dimenticata, B; 4. avrà spento, B; 5. avrete scolato, A; 6. saranno usciti, B
4 2. Il meccanico avrà riparato la macchina questa mattina; 3. Le tue amiche si saranno annoiate alla festa; 4. Marta avrà scritto la e-mail, ma io non l'ho letta; 5. Saranno state le sei, quando sono arrivati. Non mi ricordo bene; 6. È tardi ormai. Gli impiegati saranno andati via dall'ufficio.
5 1. potranno; 2. avranno compiuto; 3. sarà riservata; 4. saranno ammesse; 5. avrà comunicato; 6. avrà vinto; 7. dovrà; 8. avrà partecipato: 9. dovranno; 10. saranno arrivati; 11. confermerà

1.7. Indicativo – Passato remoto, p. 30
1a **telefonare**: telefonasti, telefonaste; **vendere**: vendé, venderono; **aprire**: aprii, aprimmo; **sentire**: sentì, sentiste; **preferire**: preferii, preferì; **ricevere**: ricevesti, riceveste; **ascoltare**: ascoltammo, ascoltarono; **offrire**: offristi, offriste
1b **chiedere**: chiuse, chiudeste; **scrivere**: scrissi, scrivemmo; **bere**: bevesti, bevvero; **raccogliere**: raccolsi, raccoglieste; **decidere**: decidesti, decisero; **sapere**: seppe, sapeste; **risolvere**: risolsi, risolvemmo; **volere**: volesti, vollero
2 2. lui espresse; 3. loro ridussero; 4. tu mangiasti; 5. loro dissero; 6. fui; 7. noi conducemmo; 8. io composi; 9. noi venimmo; 10. lui-lei finse
3 1. sapeste; 2. convinsi; 3. dicesti; 4. si dimenticò; 5. ricevettero; 6. diedi/detti; 7. crescemmo; 8. spingesti; 9. coinvolgeste
4 1. costrinse, a; 2. abbiamo assistito, b; 3. ricevette, d; 4. comparvero, a; 5. scese, c; 6. cercò, d; 7. hanno sempre rivolto, b; 8. mi avviai, c
5 **Testo 1:** ha trovato, resero, riusciva; **Testo 2:** cercavano, cominciai, è successo; **Testo 3:** poteva, costituirono, ha sottolineato
6 1. decise; 2. formò; 3. assunse; 4. iniziò; 5. venne completato; 6. nacque; 7. venne proposta; 8. riscosse; 9. comprese; 10. cominciò

1.8. Indicativo - Verbi ausiliari (*essere, avere*) nei tempi composti, p. 36
1 1. è vola<u>to</u>; 2. hanno volu<u>to</u>; 3. si è stanca<u>ta</u>; 4. è/ha nevica<u>to</u>; 5. sono già vissu<u>ti</u>/hanno già vissu<u>to</u>; 6. ha piovu<u>to</u>; 7. è stata rifiuta<u>ta</u>; 8. sono termina<u>ti</u>; 9. sono perdu<u>te</u>; 10. sono stati alleva<u>ti</u>; 11. ha dovu<u>to</u> andarci; 12. sono inciampa<u>ta</u>/ho inciampa<u>to</u>
2 1. ha guarito; 2. ha diminuito; 3. è corso; 4. è migliorato; 5. ha corso; 6. è sbandato; 7. ha migliorato; 8. Mi sono voluto/a; 9. ha sbandato; 10. è guarito; 11. è diminuito; 12. abbiamo dovuto
3 1. è cadu<u>ta</u>; 2. si è tuffa<u>to</u>; 3. è riusci<u>to</u>; 4. è sta<u>ta</u>; 5. si è verifica<u>ta</u>; 6. ha pre<u>so</u>; 7. è cadu<u>ta</u>; 8. è stata trascina<u>ta</u>; 9. si è tuffa<u>to</u>; 10. è riusci<u>to</u>; 11. ha chiama<u>to</u>; 12. sono trascor<u>si</u>; 13. sono interven<u>uti</u>; 14. è stata trasporta<u>ta</u>; 15. è stata assisti<u>ta</u>; 16. sono sta<u>te</u>; 17. è stato condot<u>to</u>

2. CONDIZIONALE, p. 40

2.1. Condizionale – Semplice/Presente, p. 40
1 1. dovremmo, b; 2. sarebbero, a; 3. aiuterei, e; 4. ritireremmo, b; 5. vi trovereste, c
2 1. determinerebbe, f; 2. inciderebbero, h; 3. fornirebbe, a; 4. ci sarebbero, c; 5. dipenderebbe, b; 6. riguarderebbe, d; 7. causerebbero, e; 8. produrrebbero, g
3 1. risparmieremmo; 2. si ridurrebbero; 3. sarebbe; 4. potrebbe; 5.

obiettivo grammatica

SOLUZIONI

otterrebbe; 6. scenderebbe; 7. dovrebbero; 8. consentirebbero; 9. avrebbe; 10. sarebbe

2.2. Condizionale composto/passato, p. 43

1 2. avrebbero pulito; 3. avrebbe scelto; 4. avremmo viaggiato; 5. mi sarei messo/a; 6. avreste dormito; 7. ti saresti laureato/a; 8. si sarebbe vestito; 9. avremmo riso; 10. sarei morto/a; 11. avrebbero archiviato; 12. avresti proibito; 13. avreste composto; 14. ci saremmo feriti/e; 15. avrebbe costretto; 16. sarei rientrato/a.

2 mi sarei alzato/a; 2. avrebbero ricevuto; 3. si sarebbe pentito/a; 4. avremmo passeggiato; 5. sareste riusciti/e; 6. avrebbero tratto; 7. ti saresti nascosto/a; 8. sarebbero invecchiati/e; 9. avremmo calpestato; 10. sarebbe rimasto/a; 11. avresti preferito; 12. avrei represso; 13. avrebbe colto; 14. vi sareste dedicati/e; 15. avrei prodotto

3a 2. avrebbero reagito; 3. avremmo già terminate; 4. avrebbe fatto; 5. ci sarebbe stata; 6. sareste voluti

3b a. desideri irrealizzati/irrealizzabili: 4, 6; b. conseguenze irreali: 1, 3; c. eventi futuri rispetto a eventi passati: 2, 5

4 2. si sarebbe iscritto, B; 3. avremmo preferito, A; 4. mi sarei messo/a, B; 5. avrebbe rimandato, A; 6. si sarebbe svegliato, A; 7. avreste aiutato, B; 8. avrebbero accettato, A

5 1. avrei preferito; 2. ci saremmo risparmiati; 3. saremmo partiti; 4. avremmo preso; 5. avremmo dovuto; 6. avremmo fissato; 7. ci saremmo rivolti; 8. avremmo trovato; 9. avremmo potuto; 10. mi sarei mai immaginato

3. IMPERATIVO, p. 46

1 1. Venga, b; 2. facciano, a; 3. Scriva, d; 4. si preoccupi, a; 5. prenda, c; 6. scelga, d

2 1. gli telefoni; 2. lo comprate/compratelo; 3. ci faccia; 4. mi aiuti; 5. lo guardate/guardatelo; 6. alzati; 7. La firmi; 8. ricordati; 9. sbrighiamoci; 10. scrivile

3 2. scrivetegliela; 3. vacci; 4. me la consegni; 5. falli; 6. lo dica; 7. dallo; 8. glielo vendete/non vendeteglielo; 9. la faccia; 10. portagliene; 11. li cambiate/cambiateli; 12. raccontateglielo

4 1. *legga*; 2. si ricordi; 3. Faccia; 4. consumi; 5. Controlli; 6. lo confonda; 7. verifichi; 8. ne visualizzi; 9. mantenga; 10. riponga

4. CONGIUNTIVO, p. 51

4.1. Congiuntivo - Presente, p. 51

1a *Verbi regolari*
1. finiscano; 2. preferisca; 3. vendiamo; 4. ricevano; 5. parli; 6. scendiate; 7. abiti; 8. partiamo

1b *Verbi irregolari*
1. rimanga; 2. escano; 3. spieghi; 4. vogliano; 5. facciate; 6. cominci; 7. cerchi; 8. venga

2 2. lui/lei apra; 3. loro escano; 4. io sia; 5. noi studiamo; 6. lui/lei voglia; 7. tu ti sieda; 8. voi inviate; 9. io mi senta; 10. io riesca.

3 1. lui/lei entri; 2. facciamo; 3. sappiate; 4. tu finisca; 5. io esca; 6. lui/lei si vergogni; 7. loro sciino; 8. loro si cerchino; 9. lui/lei dorma

4.2. Congiuntivo - Passato, p. 54

1 2. abbiate sottratto; 3. abbia alluso; 4. si sia scusata; 5. abbia preferito; 6. abbia ammesso; 7. abbiano trascorso; 8. si sia vergognato; 9. abbiamo navigato; 10. si sia nascosta; 11. abbiano bruciato/siano bruciati; 12. ve la siate cavata; 13. sia riuscito/a; 14. abbia agito; 15. abbia riassunto; 16. abbiano gioito

2 1. (lui/lei) abbia danneggiato; 2. (io) abbia avuto; 3. si siano avvalsi/e; 4. (tu) sia stato/a; 5. abbiano seguito; 6. abbiate fatto; 7. abbiamo disdetto; 8. abbiate vinto; 9. (lui/lei) abbia chiarito; 10. si siano nascosti/e; 11. mi sia distinto/a; 12. abbiano evidenziato; 13. ti sia confrontato/a; 14. ci siamo trasferiti/e; 15. abbiamo cercato

3 2. rimanga, f; 3. sia, g; 4. abbiate, c; 5. telefoni, e; 6. arrivi, d; 7. aiutiate, e; 8. stia, a

4 1. abbiano svolto, b; 2. abbia già comprato, f; 3. siano usciti, g; 4. abbiate concluso, c; 5. abbiate trascorso, d; 6. abbiate già inviato, e; 7. abbiano voluto, f; 8. abbia capito, b

5 1. abbia partecipato; 2. sia potuto/è potuto; 3. abbia entusiasmato; 4. sia andata; 5. siano stati; 6. abbia voluto; 7. possa; 8. ci siano; 9. arrivi; 10. possa; 11. abbiano detto; 12. facciano/fanno

6 1. prima che, esca, a; 2. a condizione che, si iscrivano, c; 3. affinché, si responsabilizzino, b; 4. nonostante, ripetano, d; 5. perché, comprenda, b; 6. sebbene, vada, d; 7. a patto che, assicuri, c

7 1. benché, abbia piovuto, c; 2. sebbene, abbia visto, c; 3. prima che, siano usciti, a; 4. purché, sia finito, b; 5. nonostante, abbia già comprato, c; 6. prima che, abbia parlato, a; 7. qualora, abbiano completato, a

8 1. abbia condiviso/diviso; 2. possa; 3. abbiano; 4. abbiano diviso/condiviso; 5. conosca; 6. sia; 7. costituisca; 8. prenoti; 9. sia; 10. abbia fatto; 11. faccia; 12. abbia speso

4.3. Congiuntivo presente e passato (nelle frasi indipendenti), p. 60

1 1. si accomodino, a; 2. dica/abbia detto, d; 3. mostri, c; 4. entrino, c; 5. prenda, b; 6. faccia, a; 7. prema, b

2 2. aprano; 3. si sieda/si segga; 4. rimangano; 5. telefonino; 6. prenda; 7. invii; 8. esca; 9. finiscano

3 1. dica; 2. aspetti; 3. guardi; 4. vada; 5. giri; 6. faccia; 7. prenda; 8. corra; 9. si ricordi

4.4. Congiuntivo - Imperfetto, p. 62

1a *Verbi regolari*
1. tacesse; 2. acquistassimo; 3. ascoltassi; 4. cancellassi; 5. ripetessero; 6. amaste; 7. salissero; 8. sentissimo

1b *Verbi irregolari*
1. dicessero; 2. produceste; 3. bevesse; 4. faceste; 5. ponesse; 6. stessi; 7. dessi; 8. traessi

2 2. lui/lei potesse; 3. loro dovessero; 4. io rimandassi; 5. voi vi perdeste; 6. lui/lei volesse; 7. noi agissimo; 8. tu facessi; 9. loro stessero; 10. io dicessi

3 1. voi veniste; 2. lui chiedesse; 3. lei fosse; 4. loro rimanessero; 5. io riuscissi; 6. io prendessi; 7. noi mettessimo; 8. voi finiste; 9. tu fuggissi

4.5. Congiuntivo - Trapassato, p. 64

1 2. voi foste apparsi; 3. tu avessi sorriso; 4. lei fosse morta; 5. io avessi finto; 6. lui avesse taciuto; 7. loro avessero assunto; 8. lui avesse redatto; 9. noi avessimo tratto; 10. lei fosse apparsa; 11. loro avessero eletto; 12. voi aveste contraddetto; 13. tu te ne fossi andato/a; 14. lui fosse giunto; 15. lei avesse morso; 16. loro avessero rinvenuto

2 1. lui fosse vissuto/avesse vissuto; 2. io avessi finito; 3. loro avessero potuto; 4. tu avessi interpellato; 5. loro avessero servito; 6. voi aveste fatto; 7. io avessi tratto; 8 voi aveste scritto; 9. lui avesse dormito; 10. loro si fossero svegliati/e; 11. tu ti fossi distinto/a; 12. lui avesse cresciuto/lui fosse cresciuto; 13. voi aveste cucinato; 14. loro avessero compresso; 15. noi fossimo riusciti/e

3 1. ci fosse, a; 2. portassimo, c; 3. finissero, b; 4. potessi, g; 5. andassi, d; 6. si alzasse, e; 7. si impegnasse, f; 8. ti sentissi, b

4 1. avesse partecipato, c; 2. fossi stato/a, a; 3. foste presentati/e, g; 4. si fosse nascosto, a; 5. fosse guarito, d; 6. avessero regolamentato, e; 7. fosse aumentato, b; 8. ti fossi presentato/a, f

5 1. credevo, si trattasse; 2. sembrava, avesse; 3. sembrava, si muovesse; 4. dubitavo, avesse visto/a; 5. temevo, potesse; 6. avevo timore, rivolgesse; 7. era inaccettabile, si mostrasse; 8. immaginavo, andassero; 9. immaginavo, si fosse rifatto; 10. immaginavo, avesse/avesse avuto; 11. mi auguravo, se la passasse; 12. chiese, volessi

6 1. prima che, arrivasse, a; 2. nonostante, si esprimesse, d; 3. perché, tu ti impegnassi, b; 4. a condizione che, restituissi, c; 5. malgrado, fossero, d; 6. affinché, potessero, b; 7. prima che, chiudesse, a

7 1. prima che, mi fossi trasferito, a; 2. benché, si fossero fermati, c; 3. se, avesse avvertito, b; 4. sebbene, avesse deliberato, c; 5. prima che, fosse terminato, a; 6. a condizione che, avesse avvertita, b; 7. prima che, fossero rincasati, a

8 1. sebbene, avesse assicurato; 2. a patto che, si incontrassero; 3. se, avesse fatto; 4. nonostante, mettesse; 5. affinché, pensasse; 6. benché, reputasse; 7. nonostante, volesse/avesse voluto; 8. prima che,

obiettivo grammatica

si incontrassero; 9. perché, si facesse; 10. perché, pensasse

4.6. Congiuntivo (imperfetto e trapassato) nelle frasi indipendenti, p. 70

1 1. fosse già partito, b; 2. vincesse, a; 3. aveste ascoltato, d; 4. avesse perso, b; 5. avessero avvertito, d; 6 fossi, c; 7. potessimo, a

2 2. vedessero, 3. se ne fosse dimenticata; 4. invitassero, 5. fossimo potuti; 6. fosse

3 1. potesse; 2. fosse stata; 3. me ne fossi resa conto; 4. facesse; 5. dovessero; 6. riflettessero

5. INFINITO, p. 72

5.1. Infinito - Semplice/Presente, p. 72

1 2. da lavare, h; 3. per avere tanto mal di testa, a; 4. prima di venire, i; 5. a dare retta, b; 6. di iscriversi, g; 7. eccetto correggere, d; 8. per salutare, f; 9. con cui stare, h; 10. senza pensare, e

2 1. allo scopo di; 2. più… che; 3. Invece di; 4. di; 5. di; 6. così… da; 7. Con lo; 8. di; 9. A; 10. eccetto che; 11. senza; 12. Con il; 13. Oltre a; 14. che cosa; 15. Prima di; 16. con cui; 17. Ø

3 1. ad avere; 2. adottare; 3. essere colmato; 4. da modificare; 5. a completare; 6. da insegnare; 7. a cercare; 8. trovarla; 9. a lamentarsi; 10. nel fare; 11. ricercare; 12. a essere

5. GERUNDIO, p. 76

6.1. Gerundio semplice/presente, p. 76

1 1.b; 2. riguardandoti, e; 3. facendo, a; 4. dovendovi, c; 5. trovandoci, d

2 2. essendo, A; 3. aiutandoti con le stampelle, D; 4. pur/anche partendo, B; 5. rivedendo, E; 6. essendo, A; 7. trasferendosi, C; 8. fermandomi, E; 9. pur/anche essendo, B; 10. coricandosi, C

3 1. sorprendendola; 2. volendo; 3. gettandogli; 4. trasformandolo; 5. scappando; 6. specchiandosi; 7. riconoscendo; 8. placando; 9. riempiendola; 10. desiderando

7. PERIFRASI VERBALI/VERBI FRASEOLOGICi, p. 79

1 2. G-d; 3. I-i; 4. H-a; 5. A-g; 6. D-c; 7. J-e; 8. E-b; 9. B-j; 10. C-f.

2 1. La lezione di fisica sta per cominciare; 2. L'orchestra finisce/smette di provare in genere alle sette; 3. Ecco, comincia/inizia a nevicare; 4. Perché continui ancora a lavorare?; 5. La signora sta per/è sul punto di svenire; 6. Il relatore finisce/termina di rispondere alle domande; 7. Con la/Alla fine dell'estate le giornate cominciano/iniziano ad accorciarsi; 8. Nonostante il freddo continua/persiste a portare i sandali

3 1. stanno, a; 2. è in procinto, a; 3. comincerà, b; 4. continua, c; 5. smetter, d; 6. si è messa, b; 7. finirà, d; 8. persisteva/ha persistito, c

8. FORMA RIFLESSIVA E PRONOMINALE DEL VERBO, p. 81

1 1. si diano, b; 2. ci leggiamo/ci leggevamo, c; 3. si sono dati, b; 4. si medicherà/si medica, a; 5. ti sia lavato/a, a; 6. ci siamo guardati, c

2a 2. abbottonare/abbottonarsi; 3. pulire/pulirsi; 4. ~~pentire~~/pentirsi; 5. aiutare/aiutarsi; 6. ~~fidare~~/fidarsi; 7. ~~congratulare~~/congratularsi; 8. ~~vergognare~~/vergognarsi; 9. prendere/prendersi; 10. lamentare/lamentarsi

2b 1. si è pentita; 2. si è congratulato; 3. hanno pulito; 4. si sono arrabbiati/si sono lamentati; 5. ha abbottonato; 6. ci siamo fidati

3 2. ha dovuto laurearsi; 3. non ho potuto fermarmi; 4. Se si fosse voluto riposare; 5. si devono alzare presto; 6. Volevo convincermi; 7. avevano dovuto rassegnarsi; 8. dobbiamo preoccuparci; 9. si siano voluti comportare

4 1. addormentarmi; 2. rilassarmi; 3. mi distendevo; 4. mi muovevo; 5. mi concentravo; 6. si capacitava; 7. alzarmi; 8. mi immergevo; 9. mi divertivo.

9. SI IMPERSONALE, p. 84

1 1. si riesce; 2. si sta; 3. si spende; 4. si arriva; 5. si parla; 6. si preferisce; 7. si prepara; 8. si legge

2 1. si spende; 2. si trascorrerà; 3. si riuscirà; 4. si risparmierebbe; 5. si osservi; 6. si andasse

3 2. Si è discusso a lungo; 3. Non si era parlato con nessuno; 4. Si era risposto per e-mail; 5. Si sarebbe preferito uscire; 6. Si è detto di no; 7. Magari si fosse dormito tutta la notte; 8. Si sarebbe pagato in anticipo

4 1. Oggi si parte insieme per le vacanze; 2. Si parla lentamente per farsi capire; 3. Per ritirare il pacco si deve andare all'ufficio postale; 4. Ci si riposa poco e si è molto stanchi; 5. Si deve arrivare puntualmente alla riunione 6. Ci si deve occupare di più dell'ambiente

5 2. Per il mondo della ricerca si spende troppo in oggetti futili; 3. Grazie alla congiuntura economica positiva si risparmierà di più; 4. Non si riusciva a dormire con il forte rumore proveniente dalla strada; 5. Si vorrebbe frequentare la biblioteca anche la sera; 6. Si arriverà alla cerimonia di premiazione per le otto; 7. In questa classe ci si ritrova nel pomeriggio per studiare; 8. In questa zona della città, dove ci si può divertire la sera?

6 1. ci si è trovati; 2. ci si è sentiti soddisfatti; 3. si è discusso; 4. si è usciti; 5. si è lavorato; 6. si è rimasti sorpresi; 7. ci si è preparati; 8. si è guadagnato; 9. si è diventati adulti; 10. Si è sognato

7 1. si è arrivati; 2. ci si è comprati; 3. ci si arrabbi; 4. si scrive/si scriverebbe; 5. ci si è confrontati; 6. si sarebbero andati

8 1. si è andati, I; 2. ci si è recati, I-R; 3. ci si è diretti, I-R; 4. si è partiti, I; 5. si è proseguito, I; 6. si è camminato, I; 7. ci si è sentiti appagati, I-R

10. FORMA PASSIVA, p. 88

1 2. sono stati/e processati/e; 3. sarebbe stato/a finito/a; 4. (tu) sia sconvolto/a; 5. essere stato/a/i/e servito/a/i/e; 6. fosti superato/a; 7. foste stati/e visti/e; 8. essendo colpito/a/i/e; 9. fossimo uccisi/e; 10. saranno stati/e urtati/e; 11. sia stato/a riconosciuto/a; 12. era stato/a lavato/a; 13. saremmo stati/e respinti/e; 14. siano stati/e conclusi/e; 15. sono amato/a; 16. saresti interrogato/a

2 2. fossero stati/e approvati/e; 3. condurrei; 4. essendo finito/a; 5. acquistò; 6. erano ristrutturati/e; 7. tu saluti; 8. essere condiviso; 9. eravamo stati/e criticati/e; 10. supererò; 11. sarà stato/a tradotto; 12. abbiamo promosso

3 2. P, passato prossimo; 3. A, condizionale composto; 4. P, indicativo presente; 5. P, indicativo imperfetto; 6. A, indicativo imperfetto; 7. P, trapassato prossimo; 8. A, passato prossimo; 9. P, condizionale semplice; 10. A, passato prossimo

4a 2. sono stati condannati; 3. fu bloccato; 4. sarebbe stata incrementata; 5. fu sconfitto; 6. sarebbe stata spinta; 7. sono stati iscritti; 8. era stata affidata

4b a. 3, 5, 8; b. 2, 4, 6; c. 1, 7

5 1P. I responsabili dello scempio edilizio furono/vennero arrestati dai carabinieri; 2A. Il curatore della mostra ha portato a Firenze la *Pietà* di Giovanni Bellini; 3P. Penso che l'assassino sia stato riconosciuto dal testimone; 4A. La Sovrintendenza dovrebbe restaurare quell'edificio storico; 5P. Tutti gli studenti dovevano essere coinvolti nella discussione dall'insegnante/Tutti gli studenti andavano coinvolti nella discussione; 6A. Il Consiglio comunale avrebbe approvato ieri il bilancio per l'anno in corso; 7P. Si temeva che la cooperativa agricola fosse/venisse sfrattata dai proprietari del terreno; 8A. Un motociclista aveva investito i due ragazzi; 9P. Dopo che le ante saranno state verniciate dall'artigiano, gli armadi saranno venduti; 10A. Luca, poiché alcuni compagni lo minacciavano sempre, andava a scuola malvolentieri.

6 1. è stato salvato; 2. erano state interrotte; 3. sono state condotte; 4. era stata/è stata circoscritta; 5. è stato contattato; 6. sono state seguite; 7. era stato allestito; 8. è stato affidato; 9. possono essere definite; 10. sia stata riscontrata

11. PERIODO IPOTETICO, p. 92

1 1. partirete, a; 2. riuscissi, b; 3. avessimo riflettuto, c; 4. rispondesse, b; 5. passerò, a; 6. sarebbe caduto, c; 7. avresti, b; 8. avessero avuto/avessero, c; 9. porti, a; 10. avremmo dovuto, c

2 2. Se ci recassimo in agenzia, la troveremmo sicuramente aperta; 3. Se non rientrassi troppo tardi dal viaggio, mi potresti chiamare senza problemi; 4. Ti sentiresti senz'altro meglio, se facessi più sport all'aria aperta; 5. Se il professore stesse spiegando, non do-

obiettivo grammatica

SOLUZIONI

vresti interromperlo; 6. Se oggi i bambini non venissero al cinema, lo farebbero la prossima volta; 7. Non varrebbe la pena comprare il biglietto in anticipo, se non ci fossero degli sconti; 8. Stasera farei il tiramisù, se avessi tutti gli ingredienti.

3 2. Vinceremmo alla lotteria, se giocassimo più spesso; 3. Se avessi seguito i consigli del tuo insegnante, ti saresti iscritto a medicina; 4. Se le persone rispettano l'ambiente, fanno la raccolta differenziata; 5. Se non bevessero tanta birra alla festa, non si ubriacherebbero; 6. Se tu mi avessi amato davvero, non mi avresti parlato con tanta freddezza; 7. Se qualcuno ti chiede/chiederà del denaro in Internet, devi/dovrai avvisare subito la polizia postale; 8. Se veniste in vacanza sulle Dolomiti, trascorrereste delle bellissime giornate con noi.

4 1. fossi; 2. sapresti, 3. farai, 4. contribuirai, 5. dovrai, 6. iscriviti, 7. porta, 8. avesse portato, 9. sarebbe

12. CONCORDANZA DEI TEMPI, p. 96
12.1. Concordanza dei tempi all'indicativo, p. 96

1 1. sta, C; 2. marinava, A; 3. lascerà, P; 4. ha già trovato, A; 5. si trovano, C; 6. hai fatto/facesti, A; 7. si trasferirà, P; 8. state, C; 9. ci saranno/ci sono, P; 10. aveva già incontrato, A

2 1. ebbe/ha avuto/aveva; 2. passeranno; 3. si trovano; 4. è diventata; 5. realizzerà; 6. ci sono; 7. hanno già discusso/avevano già discusso; 8. sarà già partito; 9. soggiornate/state soggiornando; 10. hanno firmato

3 1. sono; 2. ci siamo fatti; 3. dovremo; 4. risulta; 5. hanno; 6. influenzano; 7. hanno mostrato; 8. esiste; 9. dipende; 10. hanno trascorso; 11. riconosce; 12. cambierà

4 1. verranno, P; 2. è successo, A; 3. starà/sta, C; 4. avranno, P; 5. farà, P; 6. valuteremo; C; 7. ha potuto/poteva, A; 8. cambierà, P; 9. starete/state, C; 10. si sono incontrati, A

5 1. ha/avrà; 2. aveva già ingannato; 3. ci rifiuteremo; 4. avete migliorato; 5. mancheranno/mancano; 6. si iscriverà; 7. vi sentirete; 8. era; 9. verrà/viene; 10. ho sostenuto

6 1. preferiremo; 2. dovrà; 3. interagirà; 4. inizierà; 5. ha avuto; 6. sarà; 7. cambierà; 8. sapremo

7 1. aveva, C; 2. si era fatto, A; 3. si sarebbe ripresentato/(si ripresentava), P; 4. c'era, C; 5. era uscito, A; 6. ci trovavamo, C ; 7. avrebbe operato/(operava), P; 8. avevate superato, A; 9. avrebbero discusso/(discutevano), P; 10. si guadagnava, C

8 1. aveva vinto; 2. si sarebbe dimesso/(si dimetteva); 3. era; 4. era successo; 5. avrebbe adottato/(adottava); 6. sapeva; 7. aveva preso; 8. avrebbero dovuto/(dovevano); 9. erano; 10. aveva rapinato.

9 1. potrà; 2. si vedeva; 3. abbiamo/avremo; 4. avrebbero partecipato/(partecipavano); 5. avevano già scelto; 6. era/è/sarà; 7. avrei richiamato/(richiamavo); 8. erano già rincasati; 9. pensava; 10. accetterò

10 1. era/fosse; 2. avrebbe dovuto/(doveva); 3. avrebbero assunto/assumevano; 4. avrebbero affidato/affidavano; 5. piacevano; 6. avrei dovuto/(dovevo); 7. ti eri laureata; 8. avevi già trovato; 9. ti trovavi; 10. era; 11. ti eri fidanzata; 12. saresti andata/(andavi)

12.2. Concordanza dei tempi al congiuntivo, p. 102

1 1. sappia, C; 2. si sia accorto/si accorgesse, A; 3. voglia, C; 4. sia, C; 5. esca/uscirà, P; 6. abbia rubato, A; 7. danneggi, C; 8. si siano avvalsi, A; 9. abbia vinto, A; 10. chiudano/chiuderanno, P

2 1. si sia nascosto; 2. si rompa/si romperà; 3. aiutino; 4. si siano stancati; 5. paghino; 6. amino; 7. siano stati; 8. studino; 9. abbia sbagliato; 10. abbia

3 1. siano/vengano pubblicate; 2. sia stato definito; 3. abbia; 4. scelgano; 5. moderino; 6. sia esagerato; 7. assumano; 8. acquistino; 9. valutino

4 1. fosse, A; 2. si fosse nascosto, A; 3. crollasse/stesse crollando, C; 4. stesse, C; 5. concedesse/avrebbe concesso, P; 6. dicesse/avrebbe detto, P; 7. fosse, C; 8. fossero venuti, A; 9. desse /avrebbe dato, P; 10. potessimo, C/avremmo potuto, P

5 1. fossi venuto; 2. potessi/saresti potuto/a; 3. fosse; 4. mi fossi iscritto/a; 5. ti divertissi/saresti divertito; 6. avessi acquistato; 7. smettesse/avrebbe smesso; 8. fosse risultata; 9. dicessero/stessero dicendo;

10. piovesse/avrebbe piovuto

6 1. potesse, C; 2. fosse stato aggiunto, A; 3. si fosse trattato, A/si trattasse, C; 4. ruotasse, C; 5. si fosse azzardato, A; 6. fosse stato/fosse, A

13. IL DISCORSO INDIRETTO, p. 107

1 1. in quel luogo; 2. oggi; 3. il giorno precedente; 4. poco fa; 5. va; 6. domani; 7. due anni prima; 8. questa; 9. allora; 10. il mese scorso; 11. dopo molto; 12. anni fa

2 1. si sente; 2. devono; 3. loro; 4. richiamerà; 5. lui
2. 1. può; 2. andare; 3. sua; 4. ha; 5. vuole; 6. lo; 7. può; 8. si metteranno

3 1 … <u>aveva ritrovato</u> alcune sue vecchie fotografie, Sì; 2. … pensava <u>di partire</u> con il primo treno della mattina, No; 3. … prima di allora, <u>aveva dato</u> già due esami di filosofia, No; 4. … <u>avrebbe risposto</u> alla e-mail del direttore nel pomeriggio, Sì; 5. … immaginava che Luca <u>si fosse risentito</u> della loro decisione, No; 6. … <u>di darle</u> retta perché Sara lavorava proprio nello stesso settore, Sì; 7. … quella domenica Marco <u>sarebbe andato</u> volentieri in campagna, No; 8. … il padre della madre di Antonio <u>era morto</u> durante la guerra, No

4 2. … si preparavano per la lezione; 3. … avrebbe finito presto il compito; 4. … avevano già visitato quella mostra; 5. … avevano studiato all'Università di Napoli; 6. … Luca sarebbe voluto tornare a casa; 7. … pensavano di partire nel fine settimana; 8. … sarebbe salito sul palco per primo; 9. … temevano di aver preso il raffreddore; 10. … cadeva camminando sul ghiaccio; 11. … erano stati fortunati a conoscere Antonio; 12. … aveva temuto che il bambino si fosse perso; 13. … i colleghi avrebbero preferito incontrarsi alle tre; 14. … Anna aveva acquistato quel posto auto

5 2. … il giorno prima si sarebbe fermato volentieri da loro; 3. "Credo che Anna si sia innamorata di me/lui"; 4. … dopo un anno si sarebbe trasferito lì, in quella città; 5. … il mese prima era andato lì con sua figlia; 6. "Prima mi occupavo della mia ditta"; 7. "Avevo già incontrato questo ragazzo da Lea"; 8. … Paolo li avrebbe assunti il mese dopo; 9. … la sera prima aveva avuto un forte mal di testa; 10. "Lia mi/gli ha parlato solo due giorni fa"; 11. … quel giorno si trovavano a Pisa per lavoro; 12. "Penso/Pensavo che Matteo sia/fosse un insegnante"

6 2. … che il giorno dopo avrebbe portato la cagnolina dal veterinario e la avrebbe fatta sterilizzare, D; 3. … se era possibile riparare il guasto della lavatrice oppure se ne doveva comprare una nuova, I; 4. … che le voci sull'apertura di una nuova sede erano assolutamente attendibili: le aveva avute/perché le aveva avute da una fonte sicura, D; 5. … come io abbia fatto a rinunciare a una occasione di lavoro tanto vantaggiosa per me, I; 6. … di spegnere/che spegnesse la sigaretta e di smettere/che smettesse subito di fumare, V; 7. … se gli/le avrebbe dato/dava una mano a mettere in ordine il garage, se avesse avuto/aveva un po' di tempo il giorno dopo, I; 8. … di rincasare/che rincasasse entro mezzanotte e di non fare/che non facesse tardi come il fine settimana prima, V

7 1. Disse che la settimana prima si era incontrato con Luca e insieme avevano discusso di quando avrebbero consegnato il programma dell'evento; 2. Disse all'automobilista di rimuovere/che rimuovesse l'autovettura da quel passo carrabile e di parcheggiarla/che la parcheggiasse dove era consentito, altrimenti gli/le avrebbe dovuto fare una multa; 3. Domandò alla figlia se, quando avesse finito la triennale, si sarebbe iscritta alla magistrale oppure si sarebbe messa alla ricerca di un lavoro; 4. Comunicò alla classe che la settimana dopo avrebbero lavorato al progetto di cui aveva parlato loro il giorno prima e che avrebbero dovuto ultimare entro la fine di quel mese; 5. Li udì dire che, se almeno avessero ricevuto un compenso adeguato, sarebbero stati soddisfatti del lavoro fatto, anche se era stato molto complesso; 6. Gli ordinò di trovare/che trovasse una soluzione ai suoi problemi personali, affinché non influenzassero il suo lavoro, oppure di andarsene/che se ne andasse; 7. Mi chiese perché avessi/avevo deciso di lasciare un lavoro che mi piaceva e che in futuro mi avrebbe dato delle soddisfazioni; 8. Lo sentì bisbigliare che, se il giorno dopo il direttore non fosse andato all'incon-

225

obiettivo grammatica

tro, probabilmente non ci sarebbe andato neppure lui.

8 1. ... che forse era meglio che si spostasse da lì e che andasse a cacciare in un'altra zona; 2. Di non mangiarlo/che non lo mangiasse e di risparmiarlo/che lo risparmiasse; 3. ... di non mangiarlo/che non lo mangiasse perché con lui non si sarebbe saziato che per po-

chi minuti. Infatti, era così tanto piccolo per un leone tanto grande quanto lui; 4. ... che le sue piccole ossicine/ossa avrebbero rischiato di andargli di traverso in gola; 5. ... che se lo avesse lasciato andare, gli sarebbe stato riconoscente per tutta la vita.

SEZIONE 2 - ARTICOLO, NOME, AGGETTIVO, PRONOME, AVVERBIO, PREPOSIZIONI, CONNETTIVI, LINGUAGGIO DI GENERE

1. ARTICOLO, p. 118
1.1. Articolo determinativo, p. 118

1 1. l', riassunto; 2. il, fine settimana; 3. lo, attività fisica/sport; 4. il, laboratorio/lavoro di gruppo; 5. la, moda; 6. il, insuccesso; 7. il, tesserino; 8. il, schermo; 9. il, pettegolezzo; 10. l', lieto fine; 11. l', albergo; 12. l', pubblico; 13. lo, spettacolo; 14. il, autoscatto; 15. lo, merenda/spuntino

2 1. la, il; 2. il; 3. il; 4. lo

3 1. No, *locuzioni avverbiali*; 2. No, *indefiniti*; 3. il, Sì, *percentuali*; 4. No, *nomi di isole*; 5. i, Sì, *cognomi*; 6. No, *espressioni fisse*; 7. la, Sì, *nomi propri specificati*; 8. il, la, Sì, *nomi di squadre di calcio*; 9. la, Sì, *numerali*; 10. No, *appellativi*; 11. No, *espressioni temporali*; 12. le, Sì, *nomi di isole al plurale*; 13. No, *frasi esclamative*; 14. il, Sì, *espressione di tempo*; 15. No, *nomi di città*

4 1. le; 2. la; 3. l'; 4. il; 5. il; 6. il; 7. la; 8. gli; 9. Ø; 10. la; 11. il; 12. Ø; 13. il; 14. il; 15. i; 16. l'; 17. il, 18. il; 19. il; 20. le

1.2. Articolo indeterminativo, p. 123

1 1. un/un'; 2. un/una; 3. un; 4. una; 5. un; 6. un; 7. un/una; 8. un; 9. un; 10. un; 11. una; 12. un; 13. uno; 14. un/una; 15. una; 16. un; 17. uno; 18. un; 19. un; 20. uno

2 1. una, a; 2. un, c; 3. una, b; 4. un, c; 5. un, e; 6. una, c, 7. una, a; 8. una, c; 9. uno, b

3 1. un; 2. un; 3. una; 4. un'; 5. un; 6. una; 7 una; 8. un; 9. un; 10. un; 11. un

4 1. una; 2. un; 3. una; 4. una; 5 una; 6 un; 7. uno; 8. un; 9. un'; 10. una; 11. un; 12. un; 13. una; 14. un; 15. un

1.3. Articolo determinativo e indeterminativo, p. 126

1 1. un (e), un (e); 2. una (f); 3. un (e), il (d); 4. uno (e), lo (d); 5. un (g); 6. un (e), l' (d); 7. la (c), una (b); 8. l' (a)

2 1. un', L'; 2. il, un; 3. un, Il; 4. l', Il; 5. Gli; 6. Il, uno; 7. la; 8. il

3 1. L'; 2. un; 3. le; 4. una; 5. un/Ø; 6. un; 7. l'; 8. un; 9. una; 10. un/il; 11. un/il; 12. la; 13. la; 14. Ø; 15. Ø; 16. una; 17. i; 18. una; 19. il; 20. una

4 1. Il; 2. una; 3. una; 4. lo; 5. una: 6. i; 7. la; 8. il; 9. il; 10. il; 11. un'; 12. un; 13. l'; 14. un; 15. la; 16. il

2. NOME, p. 128
2.1. Maschile e femminile, singolare e plurale, p. 128

1 1. **nomi in –ci**; 2. i tecnici; 3. i farmaci; 4. i sindaci; 5. gli amici; **nomi in –chi**: 1. i cuochi; 2. i buchi; 3. i parchi; 4. gli archi; 5. i banchi; **nomi in –gi**: 1. i biologi (biologhi); 2. gli asparagi; 3. gli archeologi (archeologhi); 4. i filologi (filologhi); 5. i ginecologi; **nomi in –ghi**: 1. gli alberghi; 2. i luoghi; 3. i funghi; 4. i cataloghi; 5. i dialoghi

2 **nomi in –che**: 1. le amiche; 2. le fabbriche; **nomi in –ghe**: 1. le pieghe; 2. le rughe; 3. le botteghe; 4. le colleghe; **nomi in –ce**: 1. le docce; 2. le facce; 3. le cosce; 4. le gocce; **nomi in –ge**: 1. le piogge; 2. le frange; 3. le spiagge; 4. le regge; **nomi in –cie/–cìe**: 1. le farmacie; 2. le socie; 3. le camicie; 4. le scie; **nomi in –gie/–gìe**: 1. le strategie; 2. le valigie; 3. le ciliegie; 4. le allergie

2.2. Formazione del femminile, p. 131

1 1. il pianista; 2. la custode; 3. l'attrice; 4. l'insegnante; 5. la collega; 6. il decoratore; 7. il dirigente; 8. la giornalista; 9. il pediatra; 10. la can-

tante; 11. la poliziotta; 12. il responsabile; 13. l'agente; 14. la sindaca

2 2. i capitali, la capitale, le capitali; 3. i giardinieri, la giardiniera, le giardiniere; 4. gli avvocati, l'avvocata/avvocatessa, le avvocate/avvocatesse; 5. i cani, la cagna, le cagne; 6. i docenti, la docente, le docenti; 7. i porti, la porta, le porte; 8. i senatori, la senatrice, le senatrici; 9. i presidenti, la presidente, le presidenti; 10. gli dèi, la dea, le dee; 11. i baristi, la barista, le bariste; 12. gli autori, l'autrice, le autrici; 13. i re, la regina, le regine; 14. i medici, la medica, le mediche; 15. i poeti, la poetessa/poeta, le poetesse/poete

3 2. la musicista; 3. la gatta; 4. la nipote; 5. la presidente; 6. la pittrice; 7. l'infermiera; 8. la leonessa; 9. la cuoca; 10. la dea; 11. la ciclista; 12. la regina; 13. la principessa; 14. la cagna; 15. la comandante; 16. la vacca

4 2. la, F; 3. il, M; 4. l', F; 5. l', M; 6. la, F; 7. il, M; 8. la, F; 9. l', M; 10. la, F; 11. l', M; 12. la, F; 13. il, M; 14. il, M; 15. la, F; 16. il, M

5 1. varietà; 2. Pianeta; 3. specie; 4. materiale; 5. generazioni; 6. zona; 7. barriere; 8. superficie; 9. aumento; 10. catastrofe; 11. distruzione; 12. foresta; 13. taglio; 14. cause; 15. mammiferi; 16. caccia; 17. rappresentanti; 18. accordo; 19. misure; 20. obiettivo; 21. risorse; 22. garanzia; 23. futuro

6 1. specialista; 2. mansioni; 3. tecnologie; 4. fattori; 5. popolazione; 6. figure; 7. società; 8. soggetti; 9. operatori; 10. anziani; 11. cambiamenti; 12. sprechi; 13. imprese; 14. materie

3. AGGETTIVO, p. 137
3.1. Aggettivo qualificativo, p. 137
3.1.1. Maschile e femminile, singolare e plurale, p. 137

1 1. esami facili (M); 2. scelte suicide (F); 3. scrittori vietnamiti (M); 4. ragazze altruiste (F); 5. edifici alti (M); 6. luci colorate (F); 7. ipotesi pessimiste (F); 8. vecchi egoisti (M); 9. signore cortesi (F): 10. discorsi idioti (M); 11. bimbe entusiaste (F); 12. atti ipocriti (M)

2 2. randa*gie*; 3. fres*chi*; 4. lun*ghe*; 5. fradi*ce*; 6. ser*i*; 7. selva*gge*; 8. cons*ce*; 9. pola*cche*; 10. tipi*ci*

3.1.2. Particolarità degli aggettivi qualificativi, p. 139

1 2. *socioeconomico,* socioeconomici, socioeconomica, socioeconomiche; 3. dispari, *dispari,* dispari, dispari; 4. idiota, idioti, *idiota,* idiote; 5. *antifurto,* antifurto, antifurto, antifurto; 6. dappoco, dappoco, *dappoco,* dappoco; 7. largo, larghi, larga, *larghe*; 8. ipocrita, *ipocriti,* ipocrita, ipocrite; 9. entusiasta, entusiasti, entusiasta, *entusiaste*

2 1. La ragazza che abbiamo conosciuto è ipocrit*a* e falsa - Le ragazze, che abbiamo conosciuto, sono ipocrite e false; 2. Quel bambino è egoista ed egocentric*o* - Quei bambini sono egoisti ed egocentrici; 3. La crema a base di timo è battericid*a* e disinfettante - Le creme a base di timo sono battericide e disinfettanti; 4. Non dobbiamo fare uno scherzo così idiot*a* e puerile - Non dobbiamo fare scherzi così idioti e puerili; 5. Alla riunione hanno proposto un tema non banale e neanche dappoc*o* - Alla riunione hanno proposto (dei) temi non banali e neanche dappoco; 6. Per il soggiorno ci piacerebbe una poltrona grigia o bianc*o* avorio - Per il soggiorno ci piacerebbero (delle) poltrone grigie o bianco avorio

3 1. perbene, oneste; 2. entrambi, entusiaste; 3. gentili, competenti; 4. buon 5. futuriste; 6. pessimisti, diffidenti; 7. socioculturali; 8. gran

obiettivo grammatica

SOLUZIONI

4 1. autosufficienti; 2. magici; 3. falsi; 4. idealista; 5. individualista; 6. affettiva; 7. collaborative; 8. indipendenti; 9. sensibile; 10. opportunista; 11. fedele; 12. incredibili

5 2. straordinario; 3. pari; 4. benefiche; 5. pericolose; 6. battericide; 7. utile; 8. biologiche; 9. pesticida; 10. ambientaliste

3.1.3. Gradi dell'aggettivo, p. 143

1 **positivo**: enorme, bravo, magnifico; **comparativo**: migliore, meno turistico, più antico, interessante quanto; **superlativo relativo**: il più grande, la più alta, il migliore; **superlativo assoluto**: superveloce, simpaticissimo, pessimo, stracarico, molto strano

2 1. che; 2. che; 3. del; 4. che; 5. dei; 6. che; 7. della; 8. che; 9. di; 10. che; 11. delle; 12. che

3 2. La fiducia nel futuro è il sentimento più importante di tutti; 3. La Valle d'Aosta è la regione meno popolata d'/dell'Italia; 4. In Italia si trova il numero più grande/maggiore di siti UNESCO; 5. La Sardegna e la Sicilia sono le isole italiane più conosciute; 6. La manifestazione ospita gli stilisti più famosi del mondo; 7. Laura è la meno studiosa delle/fra le mie compagne di classe; 8. Mantova è la città italiana con la qualità di vita più buona/migliore

4 1. più bassi di; 2 la (città) più vivibile delle; 3. efficienti come/quanto; 4. minori di; 5. meno sicure delle; 6. altissimi; 7. maggiore/più grande che; 8. più importante che

3.2. Aggettivi e pronomi, p. 147
3.2.1. Indefiniti, p 147

1 2. alcuna, A; 3. ognuno, B; 4. parecchi, A; 5. Chiunque, B; 6. ciascun, A; 7. qualunque, A; 8. tale, B; 9. certe, A; 10. Una, B

2 1. chiunque; 2. Qualsiasi/Qualunque; 3. ciascuno/ognuno; 4. qualsiasi/qualunque; 5. Ciascun; 6. qualsiasi/qualunque; 7. chiunque; 8. ciascuna/ognuna

3 1. notizia certa; 2. diversi problemi; 3. data certa; 4. vari/diversi anni; 5. idee diverse; 6. certi comportamenti; 7. paesaggio vario

4 2. Lo studente non ha corretto alcun errore; 3. Laura non compra alcuna cartolina della città; 4. Non ho lavorato in alcuno studio di architetti; 5. Giovanni non ci ha spiegato alcun suo bisogno; 6. Il bambino non ha mangiato alcuna caramella; 7. La donna non nutre alcun cane randagio; 8. Non ho ripassato alcun capitolo del manuale

5 1. qualunque/qualsiasi; 2. Alcune; 3. altre; 4. parecchia; 5. ogni; 6. ciascuno; 7. Chiunque; 8. pochi; 9. Qualche; 10. tanti; 11. tutte; 12. qualunque/qualsiasi; 13. Alcune; 14. qualcuno; 15. Qualunque/Qualsiasi; 16. ogni; 17. uno

3.3. Posizione dell'aggettivo, p. 152
3.3.2. Posizione obbligatoria dell'aggettivo, p. 153

1 1. curioso ragazzo; 2. modo semplice; 3. porta aperta; 4. convegno nazionale; 5. bella vita; 6. piacere unico; 7. primo momento; 8. trama avvincente

2 2. vecchi amici; 3. sistema solare; 4. piazza gremita; 5. grandi pittori; 6. notizie certe; 7. medico bravo; 8. divano giallo-chiaro

3 2. nona edizione; 3. grandi maestri; 4. direttrice artistica; 5. problematiche urgenti; 6. linguaggi ricchi; 7. diverse mostre/mostre diverse; 8. ambienti circostanti; 9. vari lavori; 10. fotografi documentaristici; 11. nostro tempo; 12. narrazione piena

4.1 PRONOME, p. 155
4.1. Pronomi personali, p. 155

1 1. te, e; 2. lei, b; 3. io, g; 4. voi, d; 5. noi, a; 6. loro, f; 7. lui, h; 8. io, c

2 1. Lei; 2. Io, lei; 3. loro; 4. io; 5. lo; 6. noi; 7. lui, lei

3 1. lei; 2. lui; 3. esso; 4. me; 5. tu; 6. io; 7. lei; 8. Noi; 9. Lei

4 1. essi; 2. essa; 3. esso; 4. Ella/Essa; 5. Egli; 6. esso, 7. egli, 8. essa

5 1. Ella/Essa; 2. egli; 3. ella; 4. essi; 5. egli; 6. egli, 7. ella/essa; 8. Essa

4.1.2. Pronomi riflessivi, p. 159

1 2. Luca ripromette a se stesso di non arrivare in ritardo, B; 3. Anna e Laura curano se stesse con la medicina alternativa, A; 4. Ragazzi aspettate, ora facciamo a noi stessi/stesse una bella foto, B; 5. Quando guardo me stesso/stessa allo specchio, noto molti cambiamenti; A; 6. Quelle ragazze giudicano se stesse troppo severamente, A; 7. Adesso mettiamo il cappotto a noi stessi/stesse e usciamo, B

2 1. Carlo si è esposto a gravi rischi; 2. Maria e io ci sforziamo a non intervenire; 3. Gli apprendenti si impegnano al massimo; 4. L'uomo si è ridotto in miseria; 5. Ragazze, perché vi siete incolpate?; 6. Ti sei messa in una posizione ambigua.

3 2. Ragazzi vestitevi elegantemente; 3. Signora, non si preoccupi; 4. Devi prenderti le ferie/Ti devi prendere le ferie; 5. Scusi, si fermi qui per fare una sosta; 6. Chi ha dovuto alzarsi presto ieri?/Chi si è dovuto alzare presto ieri?; 7. Gli alunni si devono sedere in cerchio/Gli alunni devono sedersi in cerchio.

4 2. Esprimiamo; 3. Parliamo; 4. si esprime; 5. si manifesta; 6. si lega; 7. si sono verificati; 8. si distingue; 9. si caratterizza; 10. si differenzia; 11. sono giustificati; 12. associarsi; 13. ci sentiamo; 14. facciamo/abbiamo fatto; 15. si può presentare/può presentarsi; 16. svolgiamo

4.1.3. Pronomi allocutivi e forma di cortesia, p. 162

1 1. ti; 2. ti; 3. ti; 4. tu; 5. tuo; 6. tuo; 7. tu; 8. ti; 9. tu; 10. ti; 11. Ti

2 1. Le; 2. Le; 3. Lei; 4. Suo; 5. Le; 6. Suo; 7. Le

3 1. La; 2. Lei; 3. Lei; 4. Le; 5. La; 6. Suo; 7. La

4.1.4. Pronomi combinati, p. 165

1 1. te la; 2. te li; 3. ce ne; 4. me l'; 5. ce lo; 6. te l'; 7. gliele; 8. te lo

2 1. gliel'; 2. me l'; 3. me li; 4. ce l'; 5. gliene; 6. –gliene/–tene

3 1. Te le; 2. Gliele; 3. Gliela; 4. portamela; 5. Ce ne; 6. Ve li; 7. te la; 8. portarglieli; 9. ve ne; 10. me le

4 2. Gliela scrive; Gliel'ha scritta; 3. Te le portiamo; Te le abbiamo portate; 4. Ce li accompagnate; Ce li avete accompagnati; 5. Ve la dicono; Ve l'hanno detta; 6. Gliela cantiamo; Gliel'abbiamo cantata

5 1. La signora Amelia te le mostra; 2. Gliela dovete inviare completa/Dovete inviargliela completa; 3. I compagni di corso me lo vogliono restituire/I compagni di corso vogliono restituirmelo; 4. Lo studente glielo può consegnare/Lo studente può consegnarglielo; 5. Me le devi dare/Devi darmele; 6. Ce la puoi fare vedere/Puoi farcela vedere.

6 2. Carlo ce li può prestare/Carlo può prestarceli; 3. Gliele vuoi fare verdere?/Vuoi fargliele vedere?; 4. Ve lo devo chiedere/Devo chiedervelo; 5. Te lo voglio consigliare/Voglio consigliartelo; 6. Gliela puoi scrivere domani?/Puoi scrivergliela domani?

7 1. Me le; 2. Te l'; 3. te le; 4. te ne; 5. te lo; 6. glieli; 7. te lo; 8. me le

4.1.5. Pronomi personali: sintesi, p. 169

1 1. te la; 2. ce ne, assegnati; 3. mi ci; 4. me ne, dimenticata; 5. gliel', raccontato; 6. ce le, date; 7. glieli; 8. se ne, messe

2 1. mi; 2. -si; 3. le; 4. le; 5. me ne; 6. Si; 7. se ne; 8. si; 9. mi; 10. ce ne; 11. me l'; 12. me lo; 13. -lo; 14. -la; 15. -le; 16. Glieli; 17. -ne/-mene; 18. mi

3 2. Arriviamo subito! Ecco*ci*. 3. *Li/Le* dovete accompagnare/Dovete accompagnar*li/le* a casa alle dieci. 4. Prendete*vi* del tempo prima di rispondere! 5. La badante *la* sta preparando/sta preparando*la*. 6. Ti prego, di*mmi* qualcosa! 7. La mattina *ci* alziamo alle sette. 8. *Mi* scusi Signora, non l'avevo vista! 9. Non *gli* parlare/Non parlar*gli*, sta dormendo! 10. I genitori non *li/le* sanno ascoltare/sanno ascoltar*li/le*. 11. Giovanni *ti* vuole vedere/vuole veder*ti* subito. 12. Ho bisogno di incontrar*vi* oggi. 13. Domani *la* comincerò a scrivere/comincerò a scriver*la*. 14. *Ti* puoi svegliare/Puoi svegliar*ti* prima la mattina? 15. Sei riuscito a trovar*lo*/*Lo* sei riuscito a trovare? 16. Giovanna *mi* sta per dire/sta per dir*mi* che cosa fare; 17. *Loro* sono usciti senza di me.

4 2. Va' a prenderlo tu alla stazione/Vallo a prendere tu alla stazione; 3. Vaccele a chiamare/Va' a chiamarcele subito; 4. Non le comprare/Non comprarle, per favore. 5. Ci si è conosciuti ieri alla festa; 6. Mi ci sono fermata al rientro delle vacanze; 7. Domani te ne devo parlare/devo parlartene; 8. Ve ne abbiamo restituiti alcuni; 9. Attenzione, lo stai per perdere/stai per perderlo; 10. Ce le siamo dimenticate in classe

obiettivo grammatica

5 1. mi; 2. si; 3. Mi; 4. -lo; 5. -gli; 6. -lo; 7. -lo; 8. lui; 9. ne; 10. me l'; 11. a me/mi; 12. gli; 13. l'; 14. mi

4.2. Particelle pronominali *ci* (*vi*), *ne*, p. 173
1 2. ne, B; 3. ci, A; 4. ne, B; 5. me ne, A; 6. ci, B; 7. c', A; 8. ne, A
2 1. ci; 2. ne; 3. ci; 4. ci; 5. ne; 6. c'; 7. ci; 8. ne
3 1. ne; 2. ci; 3. ne; 4. ci; 5. ne; 6. ci; 7. ne; 8. ci
4 2. ci (agli orecchini); 3. ne (di che cosa sia successo); 4. ci (alle sue parole); 5 ne (dal figlio); 6. ci (su questo); 7. ne (del suo paese); 8. ci (con i colleghi)
5 1. si è dimenticata, se ne è dimenticata; 2. ha comprato, ne ha voluti comprare; 3. hai rifiutato, se ne sono avute; 4. non ho saputo, non ne ho saputo; 5. ho preso, ne ho prese/o; 6. ci è voluta, ce ne è voluta; 7. ci siamo ricordati, ce ne siamo ricordati; 8. non ha fatto, non ce ne ha fatto; 9. ho buttato, ce ne ho messi/a; 10. se ne sono andati
6 1. ne sapevo (del testamento); 2. ce ne sono (di proprietà); 3. farsene (della credenza); 4. ne avrà (dalla credenza); 5. farne (della casa); 6. andarci (in quella casa); 7. farci (alla torre); 8. arrivarci (alla torre); 9. ci si arriva (alla torre)

4.3. Pronomi relativi, p. 178
1 2. Il motivo per cui (per il quale) lo studente è assente è molto serio; 3. I valori in cui (nei quali) crediamo fermamente sono giustizia e libertà; 4. Le persone fra cui (fra le quali) mi trovo ogni giorno sono molto piacevoli; 5. L'architetto (a) cui (al quale) mi sono rivolto si chiama Attilio Vitale; 6. Gli amici con cui (con i quali) esco per cena si chiamano Francesco e Beatrice; 7. La scrivania su cui (sulla quale) hai posato le chiavi è in soggiorno; 8. Il tema di cui (del quale) state parlando è secondario; 9. La città da cui (dalla quale) provengo si trova nella Sicilia occidentale; 10. Le ferie su cui (sulle quali) conto per riposarmi sono lontane
2 1. in cui, C; 2. che, B; 3. da cui, C; 4. che, B; 5. di cui, C; 6. che, A; 7. a cui, C; 8. che, A; 9. con cui, C; 10. che, A
3 1. il quale; 2. Ø; 3. i quali; 4. la quale; 5. Ø; 6. le quali; 7. la quale; 8. i quali; 9. Ø; 10. le quali
4 2. Abito in una casa, le cui finestre (le finestre della quale) sono troppo piccole 3. Giovanni, la cui figlia (la figlia del quale) è una mia compagna di scuola, è un cantante lirico; 4. Questi alberi sono dei peri, i cui frutti (i frutti dei quali) sono deliziosi; 5. Ho preso in affitto una villetta, il cui balcone (il balcone della quale) si affaccia sul mare; 6. I miei risparmi, il cui rendimento (il rendimento dei quali) è basso, sono modesti
5 1. che; 2. in cui; 3. i quali; 4. nella quale; 5. in cui; 6. la cui; 7. che; 8. alla quale; 9. delle quali; 10. la cui; 11. le cui; 12. il quale; 13. dai quali

4.3.1. Pronomi relativi doppi *chi e quanto*, p. 183
1 1. chi; 2. quanti/quante; 3. Chi; 4. quanto; 5. chi; 6. quanto; 7. chi; 8. quante; 9. Chi; 10. quanti/quante
2 2. chi è intervenuto/a; 3. per chi ama; 4. chi vuole, deve iscriversi; 5. di chi si imbarca; 6. chi le ha lasciato; 7. chi nega, ignora; 8. chi lotta; 9. chi lo maltrattava; 10. chi si batte
3 2. coloro che/quelli/quelle che; 3. colui/quello che; 4. ciò/quello che; 5. coloro/quelli/quelle che gli vogliono; 6. coloro che/tutte quelle che; 7. ci sono alcuni/alcune che preferiscono; 8. quello che/ciò che; 9. colui/colei che, quello/quella che; 10. tutte quelle che
4 1. coloro; 2. chi; 3. Chi; 4. Quanti; 5. chi; 6. Coloro; 7. chi; 8. quanti; 9. chi; 10. quanti

5. AVVERBIO, p. 186
5.1. Avverbi di giudizio, tempo, luogo, quantità, modo, p. 186
1 2. gattoni; 3. bocconi; 4. rotoloni; 5. cavalcioni; 6. tastoni; 7. tentoni 8. penzoloni; 9. balzelloni; 10. barcolloni
2 2. B, ovunque; 3. A, inoltre; 4. B, anche/addirittura; 5. A, improvvisamente; 6. A, speditamente; 7. C, talvolta; 8. B, addirittura; 9. C, adagio; 10. B, esattamente; 11. C, perloppiù; 12. B, eccessivamente
3 1. h; 2. d; 3. f; 4. c; 5. a; 6. b; 7. e; 8. g

4 1. malino; 2. volentieri; 3. velocemente; 4. personalmente; 5. improvvisamente; 6. economicamente; 7. male
5 1. anche; 2. successivamente; 3. più; 4. sicuramente; 5. mai; 6. maggiormente; 7. soprattutto; 8. sempre; 9. forse; 10. solo; 11. brevemente; 12. a cavalcioni; 13. Solitamente; 14. mai

5.2. Posizione dell'avverbio, p. 189
1 2. mai, B; 3. dietro, B; 4. troppo, C; 5. molto, D; 6. sicuramente, A; 7. davvero, C; 8. probabilmente, B; 9. assai, D; 10. mai, B
2 1. sempre; 2. non; 3. troppo; 4. sicuramente; 5. probabilmente; 6. esattamente; 7. più; 8. giù
3 1. sempre; 2. solo; 3. mica; 4. magari; 5. magari; 6. anche; 7. abbastanza; 8. almeno; 9. solamente; 10. non; 11. forse; 12. più; 13. così; 14. forse; 15. anche

5.3. Gradi dell'avverbio, p. 191
1 2. più tardi; 3. pochissimo; 4. male quanto/come; 5. meglio; 6. meno velocemente; 7. benissimo/ottimamente; 8. peggio
2 2. benone; 3. malaccio; 4. pianino; 5. lontanino; 6. tardino; 7 maluccio
3 1. pochino; 2. tardissimo; 3. molto bene; 4. molto peggio; 5. benone; 6. velocissimamente/subitissimo; 7. subitissimo/velocissimamente; 8. lentissimamente; 9. più lenta

6. PREPOSIZIONI, p. 194
6.1. Preposizioni semplici e articolate, p. 194
1 1. g; 2. c; 3. h; 4. a; 5. f; 6. d; 7. b; 8. e
2 1. alla; 2. dal; 3. dei; 4. nella; 5. dall'; 6. alla; 7. dagli; 8. al; 9. dai; 10. dalla
3 1. per; 2. di; 3. di; 4. dai; 5. di; 6. sui; 7. della; 8. dalla; 9. per; 10. in; 11. fra/tra; 12. per; 13. dai; 14. in

6.2. Verbi, aggettivi con preposizioni, p. 197
1 **verbo** + **a** + **infinito**: abituarsi, cominciare, costringere, rinunciare, riuscire; **verbo** + **di** + **infinito**: avere voglia, cercare, incaricare, permettere, smettere; **verbo** + **infinito**: preferire, amare
2 1. di; 2. Ø; 3. di; 4. a; 5. a; 6. di; 7. di; 8. a; 9. di; 10. a; 11. Ø; 12. a
3 **aggettivo** + **a**: adeguato, favorevole, idoneo, relativo, utile; **aggettivo** + **da**: distante, diverso, libero; **aggettivo** + **di**: invidioso, privo, soddisfatto, tipico
4 1. a/agli; 2. di; 3. ad/alle; 4. alla; 5. dall'; 6. della; 7. dai; 8. alle; 9. da/dalle; 10. degli; 11. al; 12. dei
5 1. del; 2. a; 3. da; 4. a; 5. al; 6. di; 7. agli; 8. dai
6 1. da; 2. di; 3. Ø; 4. di; 5. al; 6. alla; 7. dell'; 8. ad; 9. a; 10. all'; 11. a; 12. alla; 13. al; 14. Ø

7. CONNETTIVI, p. 201
7.1. Connettivi/Congiunzioni coordinanti, p. 201
1 2. o… o; 3. nonché; 4. o/altrimenti; 5. dunque/pertanto; 6. non solo… ma anche; 7. cioè/ossia/vale a dire; 8. ma/eppure/tuttavia; 9. infatti; 10. o/altrimenti
2 2. infatti; 3. o… o; 4. piuttosto; 5. e… e; 6. vale a dire; 7. eppure; 8. nonché; 9. non solo; 10. altrimenti
3 1. non solo… ma anche; 2. ovvero/vale a dire; 3. pertanto; 4. infatti; 5. invece; 6. tuttavia; 7. e… e; 8. vale a dire/ovvero; 9. nondimeno; 10. non solo… ma anche

7.2. Connettivi/Congiunzioni subordinanti, p. 204
1 2. così… che/talmente… che; 3. Visto che/Siccome; 4. Mentre; 5. perché; 6. finché; 7. mentre; 8. così… che/talmente… che; 9. siccome/visto che; 10. quando
2 2. Secondo quanto; 3. qualora; 4. anche se; 5. meno… di quanto; 6. Sebbene/Malgrado; 7. a condizione che; 8. malgrado/sebbene; 9. se; 10. come
3 2. d, modale; 3. a, finale; 4. g, esclusiva; 5. b, temporale; 6. l, eccettuativa; 7. i, finale; 8. e, eccettuativa; 9. f, modale; 10. c, eccettuativa
4 1. sebbene; 2. come se; 3. poiché; 4. Anche se; 5. quasi; 6. Se; 7. Qualora

obiettivo grammatica

SOLUZIONI

8. LINGUAGGIO DI GENERE, p. 209

1 1. L'esame è superato con un punteggio minimo di 60 punti su 100; 2. Il modulo di valutazione del master deve essere compilato; 3. L'appartamento potrà essere riconsegnato entro la fine del mese; 4. Sarà allegata alla domanda una marca da bollo da 16 Euro.

2 1. I/Le pazienti possono accomodarsi nella sala d'attesa del medico; 2. Il personale della direzione è in riunione con i responsabili del progetto; 3. Il personale della segreteria è in assemblea sindacale; 4. Il comitato del corpo docente si riunirà nel pomeriggio

3 1. Alla selezione è ammesso <u>chi</u> è in possesso di diploma di laurea; 2. <u>Chiunque</u> può accedere gratuitamente ai servizi della struttura; 3. <u>Chi</u> si vuole addottorare quest'anno deve fare domanda entro il 30 maggio; 4. <u>Chiunque</u> abbia compiuto il trentesimo anno di età può partecipare al concorso

4a **–o, –aio/–ario**: architetto, astronomo, commissario, biotecnologo, magistrato, medico, notaio, psicologo, sindaco; **–ista**: archivista, assegnista, fisioterapista; **–e**: giudice, interprete, ingegnere, responsabile; **– ante/–ente**: presidente, docente, insegnante; **–iere**: consigliere, infermiere; **–tore**: educatore, rettore, editore; **–sore**: professore, supervisore, assessore; **–a**: pediatra

4b **–a, –aia, –aria**: architetta, astronoma, commissaria, biotecnologa, magistrata, medica, notaia, psicologa, sindaca, ingegnera; **–ista**: archivista, assegnista, fisioterapista; **–e**: giudice, interprete, responsabile; **– ante/–ente (-essa)**: presidente (presidentessa), docente, insegnante; **–iera**: consigliera, infermiera; **–trice**: educatrice, rettrice, editrice; **–sora/-essa**: professoressa, supervisora, assessora; **–a**: pediatra

5 1. dalla dirigente scolastica/dal dirigente scolastico preposto/i; 2. una docente collaboratrice/un docente collaboratore; 3. della dirigente scolastica e del dirigente scolastico; 4. dalla coordinatrice/dal coordinatore

6 Possibile riscrittura
1. ai propri soci e alle proprie socie/alle proprie socie e ai propri soci; 2. chi fruirà… parteciperà; 3. tutti gli studenti stranieri e tutte le studentesse straniere/tutte le studentesse straniere e tutti gli studenti stranieri; 4. lo/la studente/studentessa, lo/la studente; 5. delle candidate e dei candidati; 6. socie e soci; 7. chi si candida

obiettivo grammatica

FONTI

Sezione 1

1. INDICATIVO

1.1. Indicativo – Presente
- Attività 3
  https://it.wikipedia.org/wiki/Marcello_Mastroianni#/media/File:EnricoIV_-_Mastroianni.png

1.3. Indicativo Imperfetto
- Attività 3
  https://it.wikipedia.org/wiki/Sandro_Ciotti#/media/File:Sandro_Ciotti.jpg

1.4. Indicativo Trapassato prossimo
- Attività 5
  1. https://it.wikipedia.org/wiki/Cristoforo_Colombo#/media/File:Ridolfo_Ghirlandaio_Columbus.jpg
  2. https://it.wikipedia.org/wiki/Michelangelo_Buonarroti#/media/File:Michelangelo_Daniele_da_Volterra_(dettaglio).jpg
  3. https://it.wikipedia.org/wiki/Caterina_de%27_Medici#/media/File:Catarina_de_medici.jpg

1.6. Indicativo Passato remoto
- Attività 6
  1. https://it.m.wikipedia.org/wiki/File:Olivetti_Programma_101_%28%22La_Perottina%22%29.jpg
  2. Il gruppo: https://it.wikipedia.org/wiki/Pier_Giorgio_Perotto#/media/File:P101_team_-_Pier_Giorgio_Perotto,_Giovanni_De_Sandre,_Gastone_Garziera,_Giancarlo_Toppi.jpg

3. IMPERATIVO
- Attività 4
  www.customercareservice.net/wp-content/uploads/2019/02/etichette-nutrizionali

6. GERUNDIO

6.1. Gerundio semplice/presente
- Attività 3
  https://it.wikipedia.org/wiki/Pittura_storica#/media/File:Titian_-_Diana_and_Actaeon_-_1556-1559.jpg

12. CONCORDANZA DEI TEMPI
- Attività 6
  1. Leonardo Da Vinci https://it.wikipedia.org/wiki/Leonardo_da_Vinci#/media/File:Leonardo_self.jpg
  2. Isaac Newton https://it.wikipedia.org/wiki/Isaac_Newton#/media/File:Sir_Isaac_Newton_by_Sir_Godfrey_Kneller,_Bt.jpg
  3. Galileo Galilei https://it.wikipedia.org/wiki/Galileo_Galilei#/media/File:Justus_Sustermans_-_Portrait_of_Galileo_Galilei_(Uffizi).jpg

Sezione 2

1. ARTICOLO

1.1. Articolo determinativo
- Attività 4
  upload.wikimedia.org/wikipedia/commons/f/f6/Bibione_spiaggia.jpg

4. PRONOME

4.2. Particelle pronominali *ci* (*vi*), *ne*
- Attività 6
  www.allonsanfan.it/wp-content/uploads/2021/08/vita-immaginarianew-copia.jpg

---

Attenzione!

Le immagini usate nel presente volume e non inserite in questo elenco sono state prese da www.shuttestock.com, www.pixabay.com oppure sono di proprietà delle autrici.

obiettivo grammatica

Teoria, esercizi e test di lingua italiana

obiettivo grammatica 1 — A1-A2

obiettivo grammatica 2 — B1-B2+

- ✔ esercizi e attività
- ✔ testi e contenuti motivanti
- ✔ test di controllo
- ✔ tavole morfologiche
- ✔ soluzioni
- ✔ Materiale extra online

"Per scoprire la grammatica in modo pratico e completo"

ornimi
EDITIONS